2013 年度水利部公益性行业科研专项经费
广东省水利科技创新资金 资助

珠江河口治理研究文献指引

广东省西江流域管理局 编

中国水利水电出版社
www.waterpub.com.cn

内 容 提 要

本书主要收录了1949—2014年间珠江河口有关治理开发研究的文献目录，主要分四部分：1949—1979年、1980—2000年、2001—2014年以及附录。各章分别简述了阶段治理规划及实施概况，按河床演变、泥沙运动、河流模拟、水环境、遥感技术、治理开发等进行分类，以文献刊印时间为序编列文献目录。在附录中，编列了部分民国时期相关文献目录，并简述秦汉至1949年间珠江河口有关治理开发状况。

本书可供从事水利水电、河口海岸、港口航道、环境保护等方面的专业技术人员、高校师生参考。

图书在版编目（CIP）数据

珠江河口治理研究文献指引 / 广东省西江流域管理局编. -- 北京 : 中国水利水电出版社, 2015.11
ISBN 978-7-5170-3834-4

Ⅰ. ①珠… Ⅱ. ①广… Ⅲ. ①珠江－河口－河道整治－专题目录 Ⅳ. ①Z88: TV882.4

中国版本图书馆CIP数据核字(2015)第283418号

书　名	**珠江河口治理研究文献指引**
作　者	广东省西江流域管理局　编
出版发行	中国水利水电出版社 （北京市海淀区玉渊潭南路1号D座　100038） 网址：www.waterpub.com.cn E-mail：sales@waterpub.com.cn 电话：（010）68367658（发行部）
经　售	北京科水图书销售中心（零售） 电话：（010）88383994、63202643、68545874 全国各地新华书店和相关出版物销售网点
排　版	中国水利水电出版社微机排版中心
印　刷	北京瑞斯通印务发展有限公司
规　格	184mm×260mm　16开本　12.75印张　302千字
版　次	2015年11月第1版　2015年11月第1次印刷
印　数	0001—1000册
定　价	**39.00**元

《珠江河口治理研究文献指引》
编写人员名单

主　　编：陈小文

副 主 编：王海丽

参加编写人员：陈小文　詹小米　王海丽　罗　挺　陈昌权
陈理达　陈文彪　刘乐吟　张　蔚　杜　静
贾　琼　吴宏旭　刘建东　付　超　耿　磊
杨　京　邹丽君

前言

西江、北江、东江以及三角洲诸河水沙入注珠江三角洲后，经虎门、蕉门、洪奇门、横门和磨刀门、鸡啼门、虎跳门、崖门等八大口门出海。珠江三角洲集水面积为 26820km^2，其中网河区面积为 9750km^2。入注三角洲的主要中小河流有潭江、流溪河、增江、沙河、高明河、深圳河等。珠江河口的范围泛指西江、北江思贤滘及东江石龙以下，至外伶仃岛、横岗岛、万山岛、小襟岛南面外沿、赤溪半岛鹅头颈的连线以上，包括入注三角洲诸河流域的区域，从上游往下通常划分为三角洲网河区、八大口门区和河口延伸区。珠江河口“三江汇流、八口出海，河网密布、洪潮交错”，具有鲜明的动力平面形态以及空间分布特征，呈“西北至东南走向，河流径流动力区居中，潮汐动力分居两侧”之大格局，河口湾具有“东岸多湾、西岸多滩”的形态特征，出海口门具有“一主一汊”天然结构等特点。

珠江河口毗邻港澳，物产丰饶，人杰地灵，作为中国南大门，改革开放的前沿地带，在过去几十年里，经济社会发展取得了令世界瞩目的成就，同时珠江河口治理规划研究也取得了丰硕成果。然而，在气候变化及自然演变的背景下，急剧的人类活动，对珠江河口的水沙动力格局以及区域防洪排涝、水资源供给、水生态环境保护及河口滩涂湿地保护造成一系列深刻影响。进入新的历史时期，生态文明建设已成社会共识，珠江河口地区也必将迎接新的机遇和挑战！

2013—2014 年，广东省西江流域管理局与河海大学、广东省水文局合作，组织实施了 2013 年度水利部公益性行业科研专项经费项目“珠江河口水沙动力格局变迁及治理对策研究”，并得到了广东省水利科技创新资金的资助。项目实施过程中，广东省西江流域管理局组织广东省水利水电科学研究院以及河海大学、广东省水文局等单位，检索收集了新中国成立以来珠江河口治理开发规划研究有关文献及部分历史文献资料，整理编制成《珠江河口治理研究文献指引》。本指引收集文献名录主要来源包括《中国知网期刊全文数据库》《万方数据库》《维普数据库》、广东省水利水电科学研究院档案室、广东省水利电力勘测设计研究院档案室、高要市档案馆以及百度搜索引擎检索、部分外文检索系统、有关专家收藏等。在此，对有关数据库、单位及专家表示衷心感谢！

由于时间仓促，并限于资料及编者水平，多有疏漏，敬请读者不吝赐教，以便我们今后进一步完善收集整理。联系邮箱：zjhkwxzy@163.com。

编者

2014年12月

目 录

第 1 章　1949—1979 年

1.1　概述

1.1.1　开发治理规划

民国时期，广东治河事宜处在柯维廉等协助下，开展水文测验及勘察测量，从河流综合治理开发的宏观角度研究了珠江下游及三角洲地区的防洪问题，分析论证了多种治理方案，这是广东水利史上第一次进行江河水利规划。他们提出的《西江测量报告》《北江测量报告》是珠江流域最早的河流防洪规划性质的技术文献，对促进民国时期珠江下游及三角洲堤防建设发挥了积极作用。之后，珠江水利局还编制了《珠江之本计划草案》和《珠江之本计划工作进行方案》等。

新中国成立以来，人们对珠江河口的形成发育、演变、特性以及存在问题、整治方法、开发利用等进行了不断地探索，从围垦滩涂到全面制定整治规划，从单个试验工程到全面实施河口整治，人们对河口的认识不断深化。20 世纪 50—60 年代，河口治理研究以水文、地形地貌等基础工作为主，并开展了个别口门的整治尝试；70 年代，对珠江河口的形成发育、动力特性、演变等，开展了理论探讨；80 年代以后，重点深入研究珠江河口存在的问题及整治方法，全面开展河口治理规划，提出了一系列治理规划成果，并逐步付诸实施。

1956 年年底，国务院决定开展珠江流域规划。规划工作至 1959 年告一段落，完成了《珠江流域开发与治理方案》等一系列规划成果。规划提出了“综合利用，对灌溉、防洪、发电、航运等综合考虑，上、中、下游统筹兼顾，以达到最合理、最大限度开发水利资源的目的”的流域治理方针。对广东的防洪，规划对西江上游水库提出了防洪要求，并决定在发展水土保持基础上，采用“蓄泄兼施、堤库结合”的方案；规划兴建思贤滘水闸等，实行西江、北江分治，西北江三角洲堤围进一步联成 22 个堤围。

1959 年珠江流域规划之后的 20 年间，广东省在原规划基础上对省内部分河流及地区又进行了多项水利规划。对于珠江三角洲，包括网河区河汊洪水流量分配及各级频率洪水水面线计算成果、白藤堵海有关报告、《广东省河道整治“四五”规划草案》等。1977 年 7 月，广东省水利电力局珠江三角洲整治规划办公室提出了《珠江三角洲整治规划报告（征求意见稿）》，报告提出进一步联围并流简化河系调配水沙的设想，主要措施包括建思贤滘、马口、南华等水闸，最终使西北江网河区联成 18 个堤围，东江网河区联成 3 个堤围等。

1.1.2　开发治理实践

20 世纪 50—60 年代，在堵口复堤基础上，大规模地实施了联围筑闸、简化河系、控支强干工程，1953 年及 1957 年分别建成了樵桑联围、中顺大围及其配套工程东河口水闸，从而简化了蕉门、洪奇门及横门上游的河系，加强了口门的主干动力。

1958 年，为减轻白蕉、干雾等地农田的咸、潮、洪、涝灾害，时中山县实施了白藤堵海工程。工程的实施对当地防潮、防咸有利，但引起新会县天河以下西江的水情变化，并影响上游 40 万亩农田自流排灌，造成上、下游矛盾。其后，时任水电部副部长钱正英等亲到现场，并组织以严恺为组长的专家组先后实地调查、研究，拟定措施消除堵海引起的副作用。1975 年完成“河湖分家”工程，加上逐年建设的电排工程，上游排灌问题获得解决。期间，1963 年严恺率专家工作组赴广州解决白藤堵海工程善后工作问题，1975 年 4—5 月，再次赴广东，会诊珠江三角洲，并提出《关于珠江三角洲整治规划问题的报告》。

从 1959 年冬开始，由于新丰江水电站投产，电力供应一度较为充足，广东省决定把发展珠江三角洲电力排灌工程列为重点水利建设项目，分期分批进行，计划 6 年完成，前三期工程建设计划兴建电力抽水站总装机容量 22 万 kW，并相应配套建设输电线路及变电站等。排涝收益面积 199 万亩，农业增产效果十分显著，基本达到规定的 10 年一遇 24h 暴雨 4 天排干的标准。

在《珠江三角洲整治规划报告》中提出“进一步联围筑闸，简化河系，控制水沙”措施的指导下，1975 年开始兴建江新联围，1978 年、1980 年分别建成了北街、睦洲等水闸，简化了西四口门上游的河系，加强了口门主干动力。当然，这一时期的珠江三角洲整治也有不少的经验教训，比如：1958 年白藤堵海的影响及善后处理；1971 年提出的靠挖河行洪、反对培筑堤防的错误原则下，动员 4 万人开挖潭洲水道 60 天，经两场洪水即回淤失效的损失等。

20 世纪 50 年代开始进行的大规模联围筑闸工程使珠江下游及三角洲的河道水情发生了变化。联围筑闸控制了网河区的许多支流及河汊，缩短防洪堤线，利于降低围内河涌洪水位；同时也改变了干支河流的洪水分配，使主要河流的洪水压力有所增大。据佛山市的资料分析，1968 年与 1952 年相比，北江三水以下紫洞、三多、勒流以及西江马口以下天河、甘竹、叠石等站，在中等洪水时水位约上升 0.1～0.3m，其中还包括河道淤积和口门延伸的影响。联围筑闸对珠江下游及三角洲的河流产生了控支强干的作用，影响水情变化幅度不大，且有联围工程附近河段初期水位上升稍大，其后又逐步回降趋于稳定的现象。

总体上看，这一阶段是在一定的总体思路指导下，大动作的“强力整治”阶段，进行了联围筑闸、河系简化的过程，大幅度提高了区域的防洪减灾能力和水平，同时也积累了十分丰富的河口整治经验和教训。这一时期，人们开始了较为系统的水文测验、地形测量以及大时间尺度发育演变、水沙动力特性研究等一系列具有开创性的、意义重大的基础工作。

1.2 河床演变

新中国成立后，珠江三角洲地区大力进行堵口复堤、联围筑闸。20 世纪 50 年代至 60 年代初期是历史上在较短期间内大规模进行联围筑闸工程的时期。联围筑闸过程使珠江三角洲河网区的水流及河床演变发生了深刻变化。针对这方面，不少单位、学者从不同角度作了研究，如广东省水利水电科学研究院对《珠江三角洲联围筑闸对水流及河床演变的影响》《珠江三角洲演变规律与整治方向探讨》等进行了研究；李春初等对《珠江三角洲的形成发育和演变》进行了研究。

[1] 叶汇．北江下游河道的变迁［J］．地理学报，1957（2）.
[2] 唐永鑾，谢永泉．西江三角洲滨海荒滩形成和演化中地球化学过程的初步分析［J］．中山大学学报（自然科学版），1961（4）：101－113.
[3] 佛山地区水文站．珠江三角洲西北江下游泥沙分析与演变［R］，1973.
[4] 吴文中，徐国璇，等．珠江三角洲全新世沉积概述［C］//南海海岸地貌学论文集 第一集．中国科学院南海海洋研究所，1975.
[5] 广东省水利水电科学研究所．珠江三角洲演变规律与整治方向探讨［R］，1976.2.
[6] 曾昭璇，黄少敏．珠江水系下游河道变迁［J］．广东师范学院学报（自然科学版），1977（1）：60－77.
[7] 广东省水利水电科学研究所．沙口建闸后佛山涌的冲淤变化［R］，1977.9.
[8] 李春初，杨千然．珠江三角洲的形成发育和演变［R］．中山大学地理系河口研究所，1977.11.
[9] 程明豪．伶仃洋及珠江三角洲河床表层沉积分布的初步分析［C］//广东省地理学会地貌专业组会议地貌学论文选集之二．中国科学院南海海洋研究所海岸地貌研究室，1978.
[10] 清华大学水利系泥沙研究室．河床演变学［M］．北京：清华大学出版社，1978.
[11] 乔彭年．珠江三角洲西江干流河床演变的近代过程［C］//全国地理学会1979年年会论文，1979.
[12] 广东省水利水电科学研究院．珠江三角洲联围筑闸对水流及河床演变的影响［R］，1979.9.

1.3 治理开发

新中国成立以来，河口治理科技队伍逐步发展壮大，开展了一系列工作，1949—1979年，不少学者在珠江三角洲综合治理、河口观测研究、电力排灌、河道变迁等方面进行了研究。如吴开玖等对《河口观测与研究》进行了研究、林颖夫等对《珠江三角洲河口网河区电力排灌的布局、标准和效用》进行了研究、广东省科学技术委员会对《珠江三角洲综合治理的调查和关键技术试验》进行了研究，等等。

[1] 珠江水利工程总局．珠江流域水利建设基本情况汇编 [R]，1955.6.
[2] 陈世训．珠江流域降水与径流的关系 [R]，1956.
[3] 广东省水电设计院．珠江流域西北江下游及珠江三角洲堤防规划十年廿年一遇设计洪水水面线 [R]，1956.6.
[4] 广东省水电设计院．珠江三角洲历年洪水灾害统计表 [R]，1956.11.
[5] 曾昭璇．珠江三角洲附近地貌类型 [R]，1957.
[6] 曾昭璇．南海沿岸大陆最近升降问题 [G] //华南自然地理论文集．广州：新知识出版社，1957.
[7] 曾昭璇．珠江三角洲地貌类型 [G] //华南自然地理论文集．广州：新知识出版社，1957.
[8] 叶汇．西江与北江汇合点-思贤滘的初步研究 [J]. 中山大学学报（自然科学版），1957 (2)：172-183.
[9] 广东省水电设计院．西北江下游珠江三角洲防洪问题研究 [R]，1957.6.
[10] 广东省水电设计院．珠江三角洲网河区雨量资料系列统计表 [R]，1958.1.
[11] 广东省水电设计院．西北江三角洲灌区之设计暴雨 [R]，1958.2.
[12] 钟柏松，黄广耀．珠江三角洲的几个问题 [J]. 地理学资料，1958 (3).
[13] 广东省水电设计院．珠江三角洲堵塞陈村涌工程 [R]，1958.4.
[14] 广东省水电设计院．珠江三角洲近期工程登州筑闸方案 (1400) [R]，1958.4.
[15] 广东省水电设计院．珠江三角洲近期工程沙口筑闸方案限流 600m³/s [R]，1958.4.
[16] 广东省水电设计院．西北江三角洲防洪效益分摊 [R]，1958.6.
[17] 徐俊鸣．珠江流域古代历史地理初探 [R]，1959.
[18] 吴开玖．河口观测与研究 [J]. 水文月刊，1959 (7)：30-33.
[19] 广东省水电设计院．珠江三角洲一九五九年洪水调查收集资料（堤围部分）[R]，1959.11.
[20] 徐俊鸣．宋代广东经济地理的初步研究 [R]，1960.
[21] 李文泰，等．珠江河口概况及其主要水利问题 [R]，1960.
[22] 广东省水电设计院．西北江三角洲1959年实测全潮枯水流量资料整编分配分析 [R]，1960.1.
[23] 赵焕庭，等．白藤堵海工程区动力地貌与围垦预测 [R]，1961.
[24] 武汉水利电力学院河流动力学及河道整治教研组．河流动力学 [M]．北京：中国工业出版社，1961.
[25] 广东省水电设计院．西北江三角洲河道出海口门最高、平均低潮水位 [R]，1961.4.
[26] 佛山专署农业局．中山县白蕉、干雾等区扩大围垦面积和利用的调查报告 [R]，1962.
[27] 佛山专署农林水办公室．番禺县有关今后围垦工作初步调查报告 [R]，1962.

[28] 佛山专署农林水办公室．东莞县有关今后扩大围垦面积调查报告 [R]，1962.
[29] 赵焕庭．珠江三角洲西江河口发育的初步探讨 [R]，1962.
[30] 周业华．珠江三角洲地质地貌的基本特征与三角洲的发育过程 [R]，1962.
[31] 沈灿桑．珠江三角洲（洼）地的研究 [C] //广东海洋湖泊学会年会论文选集，1962.
[32] 广东省水电设计院．一九六一年珠江下游西北江三角洲网河区（洪水资料）[G]，1962.1.
[33] 黄新华，曾水泉，易绍桢，等．西江三角洲的咸害问题 [J]. 地理学报，1962 (2)：137-148.
[34] 广东省水电设计院．西北江三角洲5、10、20年一遇水面线 [R]，1962.2.
[35] 广东省水电设计院．西北江三角洲网河区堤围补充 [R]，1962.2.
[36] 广东省水电设计院．西北江三角洲水位相关曲线 [R]，1962.10.
[37] 广东省水电设计院．佛山区西北江三角洲水利情况与今后展望 [R]，1962.11
[38] 唐永銮，谢永泉，覃朝峰，等．广东滨海红树林景观型的生物地球化学特点 [J]. 中山大学学报（自然科学版），1963 (4)：101-111.
[39] 广东省水利电力厅勘测设计院．珠江三角洲水利情况介绍 [R]，1963.4.
[40] 黄兆栋．珠江三角洲河口咸潮活动规律的探讨 [R]，1963.
[41] 广东省水利电力厅勘测设计院．珠江三角洲堤围发展情况资料 [R]，1963.
[42] 中山县水电局．中山县堤围修建历史资料 [R]，1963.
[43] 钟功甫．珠江三角洲的沙田 [M]. 珠江三角洲农业志．出版地，出版者不详，1963.
[44] 董兆英．珠江河口滨海荒滩的形成和围垦利用问题 [R]，1963.
[45] 广东省水利电力厅勘测设计院．珠江三角洲沙田水利情况的调查资料 [R]，1963.
[46] 作者不详．珠江三角洲水系特征 [C] //南海海洋地貌学论文集 第二集．中国科学院南海海洋研究所，1963.
[47] 广东省水电设计院．珠江三角洲防洪的水文分析和水利计算简介 [R]，1963.3.
[48] 广东省水电设计院．珠江三角洲海坦围垦经验调查 [R]，1963.4.
[49] 广东省水电设计院．白藤堵海善后处理规划报告 [R]，1963.8.
[50] 徐俊鸣．历史时期珠江三角洲水陆变迁管窥 [R]，1964.
[51] 中国科学院广州地理研究所．珠江三角洲地貌条件的农业分区评价（初稿）[R]，1964.
[52] 徐俊鸣．历史时期珠江三角洲水流变迁研究方法的初步探索 [R]，1964.
[53] 朱云成．河口堵海水利工程经济效益分析方法——（参加珠江三角洲河口某堵海工程经济效益调查的一些体会） [J]. 中山大学学报（自然科学版），1964 (1)：127-129.
[54] 任美锷．珠江河口动力地貌特征及海滩利用问题 [J]. 南京大学学报（自然科学版），1964 (1)：135-147.

[55] 广东省水电设计院．珠江三角洲电力排灌的布局、标准和效用［R］，1964.3.
[56] 广东省水电设计院．西北江三角洲网河区各种频率水位分析计算［R］，1964.3.
[57] 广东省水电设计院．珠江三角洲网河区水面线推算法初步总结（初稿）［R］，1964.4.
[58] 广东省水电设计院．北江三角洲河道概况调查报告（潭洲水道及平洲水道）［R］，1964.5.
[59] 广东省水电设计院．珠江三角洲顺德支流冲淤分析［R］，1964.5.
[60] 广东省水电设计院．珠江三角洲焦门水道河床冲淤分析［R］，1964.5.
[61] 黄胜．潮汐河口问题讲义［R］．南京水利科学研究所，1964.6.
[62] 广东省水电设计院．珠江三角洲甘竹溪水道河道冲淤分析［R］，1964.7.
[63] 广东省水电设计院．珠江三角洲海州水道河道冲淤分析［R］，1964.7.
[64] 广东省水电设计院．珠江三角洲沙湾水道河床冲淤变化［R］，1964.8.
[65] 广东省水电设计院．珠江三角洲沙田区的潮水排灌［R］，1964.9.
[66] 广东省水电设计院．珠江三角洲文沙南北冲淤分析［R］，1964.9.
[67] 广东省水电设计院．珠江三角洲河床质泥沙分析［R］，1964.9.
[68] 潘树荣，徐希扬，温伟英．西江河口红树林荒滩的自然地理基本特征［J］．中山大学学报（自然科学版），1965（1）：100-109，143.
[69] 林颖夫，张浦先，李彭周．珠江三角洲河口网河区电力排灌的布局、标准和效用［J］．水利学报，1965（3）：1-11.
[70] 吴许凡，朱植楷．广东省珠江三角洲电力排灌工程基本建设的几点经验［J］．水利水电技术，1965（8）：26-31.
[71] 广东省水电设计院．珠江三角洲潭洲水道、平洲水道固定断面代表性的分析论证［R］，1967.5.
[72] 广东省水电设计院．珠江三角洲西江干流磨刀门水道1952、1960、1967年河道分析资料［R］，1967.5.
[73] 广东省水利水电科学研究院．潭洲平洲水道河工模型试验［R］，1968.5.
[74] 广东省水利电力厅科研所．潭洲平洲河河工模型试验第一阶段报告（导流方案比较试验）［R］，1968.5.
[75] 广东省水电设计院．西北江三角洲及广州市西北郊防汛参考资料（初稿）第一部分［R］，1970.3.
[76] 广东省水电设计院．西北江三角洲及广州市西北郊防汛参考资料（初稿）第二部分［R］，1970.3.
[77] 广东省农林水工程总队勘测设计队革委会．潭洲、平洲水道河工模型试验第二阶段报告［R］，1970.5.
[78] 广东省水电设计院．整治西北江三角洲河道的初步意见［R］，1970.6.
[79] 广东省水电设计院．西、北江三角洲整治规划［R］，1971.10.
[80] 广东省水电设计院．西、北江三角洲网河区河道整治规划［R］，1971.10.
[81] 广东省水电设计院．珠江三角洲河道整治“四五”规划报告［R］，1970.11.

[82] 徐俊鸣．珠江三角洲［M］．广州：广东人民出版社，1973.
[83] 广东省水利电力科学实验所．珠江三角洲地区预制浮运水闸简介［J］．广东水电科技，1973（2）：35－39.
[84] 广东省水利水电科学研究所．珠江河口水文泥沙初步分析［R］，1973.6.
[85] 广东省水利电力局．关于珠江三角洲的情况和问题［R］，1973.11.
[86] 中山大学地理系水文专业"台风暴潮"研究小组．华南沿海应用长浪方法辅助台风暴潮预报的展望［J］．中山大学学报（自然科学版），1974（4）：106－116.
[87] 莲花山水道浅滩研究小组．黄埔港莲花山水道浅滩研究补充报告［R］，1975.
[88] 赵焕庭，宋朝景，王文介，等．珠江口狮子洋水道的地形发育［C］//南海海岸地貌学论文集（第一集）．中国科学院南海海洋研究所，1975.
[89] 珠江三角洲工作组．关于珠江三角洲整治规划问题的报告［R］，1975.
[90] 佛山地区革命委员会《珠江三角洲农业志》编写组．珠江三角洲农业志（佛山地区行署，1976出版）［M］．出版者不详，1976.
[91] 广东省水利水电科学研究所．珠江河口区河道特性初步分析［R］，1976.8.
[92] 华南师院地理系．珠江三角洲历史时期河道调查报告第五号［R］，1977.
[93] 李岳生，杨世孝，肖子良．网河不恒定流隐式方程组的稀疏矩阵解法［J］．中山大学学报（自然科学版），1977（3）：28－38.
[94] 广东省水利水电科学研究所．西北江三角洲建闸后河道淤积问题的初步探讨［R］，1977.9.
[95] 黄少敏．对西江正干—磨刀门水道历史变化的初探（天河—磨刀门段）［D］．华南师范学院地理系，1978.
[96] 广东省科学技术委员会．珠江三角洲综合治理的调查和关键技术试验［R］，1978.2.
[97] 吴因．国内外潮汐河口治理概况及动向［J］．水利水运科技情报，1978（4）：9－35.
[98] 何洪鉅．7712台风暴潮的予报与分析［J］．海洋科技资料，1978（4）：31－36.
[99] 李春初．珠江三角洲的形成演变规律与三角洲整治问题［R］，1978.10.
[100] 叶汇．内伶仃洋三角港西侧横门、洪奇沥、蕉门口外滩槽发育与演变的模式［R］．中山大学地理系河口海岸研究室，1979.
[101] 曾昭璇．思贤滘河道历史时代变迁［J］．华南师院学报（自然科学版），1979（1）：52－74.
[102] 黄远略．珠江三角洲北江河口区河道的历史变迁［J］．华南师院学报，1979（3）.
[103] 上海师大河口海岸研究所．珠江口伶仃洋淤积趋势初步分析［R］，1979.3.
[104] 吴郁文．珠江三角洲西江河口区水系变迁［J］．华南师院学报，1979（3）.
[105] 叶汇．珠江三角洲河汊发育问题的初步研究［C］//广东省地理学会1979年年会论文，1979.

[106] 广东省水利水电科学研究院．黄埔新港模型试验水文分析报告 [R]，1979.7.

[107] 广东省水利水电科学研究院．黄埔新港河工模型试验阶段报告 [R]，1979.7.

[108] 伶仃洋水文调查组．伶仃洋水文调查总结报告 [R]，1979.12.

[109] 广东省水利电力局．珠江三角洲水利概况 [R]，时间不详.

[110] 广东省水利电力厅勘测设计院．珠江三角洲堤围发展情况资料 [R]，时间不详.

[111] 中山大学地理系水文专业河口研究组．珠江口磨刀门海滩围垦研究 [R]，时间不详.

第2章　1980—2000年

2.1　概述

2.1.1　开发治理规划

20世纪80年代以来，人们重点深入研究珠江河口存在问题及整治方法，全面开展河口治理规划，提出了治理规划方案，并逐步付诸实施。水利部珠江水利委员会在认真总结以前规划工作及整治工程经验教训的基础上，全面开展了河口治理规划，陆续提出了《珠江磨刀门口门治理开发工程规划报告》《珠江三角洲综合治理规划报告》《伶仃洋治导线规划报告》《黄茅海及鸡啼门治理规划报告》《广州—虎门出海水道整治规划报告》《珠江河口澳门附近水域综合治理规划报告》等多项重大规划成果，并相继经水利部批复或国务院批准同意。上述规划从总体上拟定了珠江河口八大口门整治的总体布局，制定了口门整治开发活动必须遵守的规划治导线，成为珠江河口地区治理和开发建设的基本依据。规划报告确定的治导线是治理与开发工程建设的外缘控制线，在规划区内进行任何工程建设都必须严格依据该治导线，不得以任何理由外伸，并严格按基建程序审批。

1986年编制的《珠江流域综合利用规划报告》对广东的防洪工作提出了本着上、中、下游"统筹兼顾，以泄为主，泄蓄兼施"的方针，仍采用堤库结合的防洪方案。规划具体措施包括对五个重点堤围加固；西江、北江兴建控制性水库，以提高西江、北江三角洲地区的防洪能力。此次还制订了广州—虎门水道岸线、磨刀门—鸡啼门海区及黄茅海海区整治规划，并结合围垦规划河口滩涂面积约45万亩。

为保障广东全省主要河道堤防的防洪安全，确保河道顺畅泄洪，为社会发展提供安全稳定的局面，1991年广东省划定河道行洪控制线，领导小组办公室组织对西江干流封开县湖浪至天河、北江干流飞来峡下白庙至紫洞、东江干流河源市至东莞石龙樊屋、珠江三角洲网河区西北江片及东江片的网河区进行了行洪控制线划定，经广东省人民政府批准，原水利电力厅于1993年5月印发了广东省主要河道行洪控制线规划成果及管理办法，有关成果在河道管理、审批等工作中长时间发挥了重要作用。

2.1.2　开发治理实践

在有关规划的指导下，自20世纪80年代初选择了磨刀门作为珠江河口整治试验工程以来，各口门的治理工程已陆续付诸实施，珠江河口的泄洪格局和延伸布局基本形成。其中，磨刀门口门浅海区一主一支的格局及白龙河排涝河道基本形成，蕉门已按规划形成一主一支格局，横门已形成南北汊分流的规划格局，黄茅海东岸基本形成较规则的东治导堤，西治导堤延伸了10km。1983年珠江三角洲治理规划提出在西江、北江三角洲重点建设五大联围，即景丰联围、樵桑联围、佛山大堤、江新联围和中顺大围，按50年一遇洪水标准进行扩建。到1985年珠江三角洲共有江堤993条，长5312km，保护耕地797万亩，人口 1056 万。其中保护耕地万亩以上 136 条，长 2754km，捍卫耕地 661 万亩，人口 884 万。总体上讲，这一时期的珠江规划及整治，成果丰硕，成效显著，对区域安澜发挥了重要作用。

2.2 河床演变

20 世纪 80 年代后，由于改革开放政策的推进，人类活动频繁、剧烈，尤其是人为无序、超量挖沙，使河床普遍下切，改变了河道自然演变的规律，并且愈演愈烈，这给人们提出了一个值得关注的问题。不少单位和学者从多个角度去研究珠江三角洲演变规律、伶仃洋滩槽发育演变、珠江河口河道冲淤演变等，取得了许多成果，得出了不同的结论。如广东省水利水电科学研究院对《珠江三角洲演变规律问题初探》《珠江河口湾纵剖面的塑造及其演变》等进行了研究，水利部珠江水利委员会对《珠江河口局部区域演变研究》进行了研究，刘沛然等对《珠江口伶仃洋滩槽发育演变影响因素分析》进行了研究等。

[1] 广东省水利水电科学研究院．珠江三角洲演变规律问题初探 [R]，1980.1.

[2] 侯晖昌．珠江三角洲演变规律问题初探 [J]. 人民珠江，1980 (1)：52-60，38.

[3] 张虎男．断块型三角洲 [J]. 地理学报，1980 (1).

[4] 曾昭璇，黄少敏．西江下游冲积三角洲地貌发育的历史分析 [J]. 华南师院学报(自然科学版)，1980 (2)：83-96.

[5] 广东省水利水电科学研究院．珠江河口湾纵剖面的塑造及其演变 [R]，1980.10.

[6] 叶汇．再论科氏力对河汊发育的影响——以珠江三角洲河网为例 [C] //中国地理学会 1977 年地貌学术讨论会论文集．北京：科学出版社，1981.

[7] Luo，Z. T.，Zhang R. X.，He L. S.．Tectonics and deposits of the Cenozoic era in the South China Sea [J]. Energy，1981，6 (11)：1093-1098.

[8] 赵焕庭．珠江河口湾伶仃洋的地形 [J]. 海洋学报（中文版)，1981 (2)：255-274.

[9] 乔彭年．珠江三角洲河网发育的成因分析 [J]. 人民珠江，1981 (2)：31-40.

[10] 乔彭年．珠江河口湾纵剖面的塑造及其演变 [J]. 热带地理，1981 (3)：21-28.

[11] 黄镇国，李平日，等．珠江三角洲形成发育演变 [M]. 广州：科学普及出版社广州分社，1982.

[12] 曾昭璇．思贤滘——历史地形学研究 [J]. 人民珠江，1982 (1)：8-13，17.

[13] 张仲英，黄镇国，李平日，等．根据孢粉分析推断珠江三角洲地区晚更新世以来的气候变迁 [J]. 热带地理，1982 (1).

[14] 黄镇国，李平日，张仲英，等．珠江三角洲地区晚更新世以来海平面变化及构造运动问题 [J]. 热带地理，1982 (1)：29-37，63.

[15] 谢鉴衡．“天然河流河床演变”专题总报告 [J]. 泥沙研究，1982 (1)：60

-67.

[16] 王文介．珠江口浅地层结构与沉积特征 [J]. 热带海洋，1982 (2)：111-117.

[17] 王文介．伶仃洋近期淤积演变问题 [J]. 热带地理，1982 (2)：43-48.

[18] 赵焕庭，等．西江磨刀门河口动力地貌 [J]. 南海海洋科学集刊，1982 (3).

[19] 李平日，乔彭年．珠江三角洲六千年来的发展模式 [J]. 泥沙研究，1982 (3)：33-42.

[20] 李平日，黄镇国，张仲英，等．珠江三角洲的形成年代 [J]. 热带地理，1982 (4)：21-29，65.

[21] 曾昭璇，黄少敏．珠江三角洲汊道汇流区历史地貌研究——以思贤滘口沙洲发育为例 [J]. 人民珠江，1982 (4)：25-29.

[22] 乔彭年．几种演变模式的三角洲（上）[J]. 人民珠江，1982 (5)：39-42.

[23] 中山大学地理系河口海岸研究室．黄埔港新沙港址浅滩历史演变分析 [R]，1982.5.

[24] 赵焕庭．珠江三角洲的形成和发展 [J]. 海洋学报（中文版），1982 (5)：595-607.

[25] 乔彭年．几种演变模式的三角洲（下）[J]. 人民珠江，1982 (6)：16-21.

[26] 黄镇国，李平日，张仲英，等．珠江三角洲的沉积速率 [J]. 地理科学，1983 (1)：37-46.

[27] 黄玉昆，夏法，陈国能．断裂构造对珠江三角洲形成和发展的控制作用 [J]. 海洋学报（中文版），1983 (3)：316-327.

[28] 袁家义．珠江口滩涂的特征 [J]. 海洋学报，1984 (4)：471-478.

[29] 广东省水利水电科学研究院．狮子洋河床演变与建新沙港问题 [R]，1984.1.

[30] 黄镇国，李平日，张仲英，等．珠江三角洲地貌发育的新认识 [J]. 台湾海峡，1984 (2)：189-198.

[31] 李平日，黄镇国，张仲英，等．珠江三角洲的第四纪地层 [J]. 地理科学，1984 (2)：133-142.

[32] 黎子浩．珠江三角洲联围筑闸对水流及河床演变的影响 [J]. 热带地理，1985 (2)：99-107.

[33] 黄镇国，李平日，张仲英，等．珠江三角洲第四纪沉积特征 [J]. 地质论评，1985 (2)：159-164.

[34] 张大雄．珠江三角洲工程地质分区初探 [J]. 人民珠江，1985 (3)：15-19.

[35] 曾昭璇．评《珠江三角洲形成发育演变》[J]. 地理学报，1985 (4)：383-384.

[36] 徐君亮，等．珠江口伶仃洋滩槽发育演变 [M]. 北京：海洋出版社，1985.

[37] 水利部珠江水利委员会．珠江河口局部区域演变研究 [R]，时间不详.

[38] 董兆英，盖广生．《珠江口伶仃洋滩槽发育演变》简介 [J]. 人民珠江，1985 (6)：50.

[39] 徐明广，马道修，周青伟，等．珠江三角洲地区第四纪海平面变化 [J]. 海洋地质与第四纪地质，1986 (3)：93-102.

[40] 江沛霖，宾放．磨刀门浅海二十年的水文地貌（上）[J]. 人民珠江，1986(5)：27-32.

[41] 江沛霖，宾放．磨刀门浅海二十年的水文地貌（下）[J]. 人民珠江，1986(6)：22-26.

[42] 李平日．珠江三角洲的海积物与七星岗海蚀遗迹 [J]. 热带地理，1987 (1).

[43] 黄镇国，李平日，等．华南晚更新世以来的海平面变化 [M] //中国海平面变化. 北京：海洋出版社，1987.

[44] 李平日．华南沿海第四纪研究的新进展 [J]. 矿物岩石地球化学通迅，1987(4).

[45] 邓家泉．伶仃洋东西航道演变分析 [J]. 人民珠江，1987 (5)：41-44，55.

[46] 李平日．广州七星岗古海蚀遗迹新证 [M]. 广州史志，1987.6.

[47] 李平日．珠江三角洲七千年来的海平面变化与未来海平面上升对环境的可能影响 [M] //珠江三角洲环境与空间发展研究．北京：科学出版社，1988.

[48] 李平日．广东海岸带第四纪地质．广东海岸带和海涂资源综合调整报告 [M]. 北京：海洋出版社，1988.

[49] 马道修，徐明广，周青伟，等．珠江三角洲沉积相序 [J]. 海洋地质与第四纪地质，1988 (1)：43-53.

[50] 应秩甫，陈志永，苏泽霖．思贤滘附近 X 形河道的形成与演变 [J]. 中山大学学报论丛，1988 (2)：8-14.

[51] 李平日．华南全新世海滩岩及其古地理意义 [J]. 海洋地质与第四纪地质，1988 (4).

[52] 钱宁．河床演变学 [M]. 北京：科学出版社，1989.

[53] 敖大光．天河以下西江干流河床演变分析 [J]. 人民珠江，1989 (4)：21-27，20.

[54] 任美锷．全球海平面上升与世界三角洲 [J]. 自然杂志，1989 (5)：365-367，382-400.

[55] Su，D.，White，N.，McKenzie，D.，Extension and subsidence of the Pearl River Mouth Basin，northern South China Sea [J]. Basin Research，1989 (2)：205-222.

[56] 李平日．华南沿海全新世沙堤的年代学研究 [J]. 科学通报，1989 (12).

[57] 李平日，黄光庆．华南沿海晚第四纪环境变化的生物记录与黄土记录的对比 [J]. 科学通报，1989 (20).

[58] 赵焕庭．珠江河口演变 [M]. 北京：海洋出版社，1990.

[59] 李平日．广东全新世海进与未来海平面上升对环境的可能影响 [M] //华南热带亚热带地理研究．北京：科学出版社，1990.

[60] Yu，H.．The Pearl River Mouth basin：a rift basin and its geodynamic relationship with the southeastern Eurasian margin [J]. Tectonophysics，1990，183：177-186.

[61] 王文介，欧兴进．横门入海水道的历史演变及中山港的开拓前景［J］．热带地理，1990（1）：25－30.

[62] 冯炎基，李平日，谭惠忠，等．珠江三角洲第四纪沉积年代学研究［J］．热带地理，1990（3）：247－255.

[63] 李平日，乔彭年，郑洪汉，等．珠江三角洲一万年来环境演变［M］．北京：海洋出版社，1991.

[64] 李平日．再论广州七星岗海蚀遗迹的形成年代和古地理意义［M］//地质及第四纪研究进展．北京：测绘出版社，1991.

[65] 李平日，方国祥，黄光庆．珠江三角洲全新世环境演变［J］．第四纪研究，1991（2）：130－139.

[66] 李平日．华南沿海全新世风成贝屑砂岩及其形成条件分析［J］．海洋学报，1991（2）.

[67] 李平日，方国祥．广东全新世海岸线变迁［J］．海洋地质与第四纪地质，1991（2）.

[68] 袁家义，赵焕庭，陆铁松，等．华南海岸动力地貌体系［J］．海洋学报（中文版），1992（1）：72－81.

[69] 廖远祺．珠江三角洲的治理开发与发育演变趋势［C］//桑园围垦珠江三角洲水利史讨论会论文集．广州：广东科技出版社，1992.

[70] 李平日，从地理学的角度看珠江三角洲堤围的利与弊［C］//桑园围垦珠江三角洲水利史讨论会论文集．广州：广东科技出版社，1992.

[71] 曾昭璇，张声才．桑园围历史地理［C］//桑园围垦珠江三角洲水利史讨论会论文集．广州：广东科技出版社，1992.

[72] Tyrrell W. W.，Christian H. E.．Exploration history of Liuhua 11－1 field，Pearl River Mouth basin，China［J］．American Association of Petroleum Geologists Bulletin，1992，76（8）：1209－1223.

[73] 苏亚芳．谈珠江三角洲的形成与发展［J］．遥感信息，1992（3）：29－30.

[74] 江沛霖，王廷华，沈健聪．鸡啼门演变趋势［J］．人民珠江，1993（1）：24－27.

[75] 谭棣华．清代珠江三角洲的沙田［M］．广州：广东人民出版社，1993.

[76] 曾昭璇，刘南威，胡男，等．SEA LEVEL RISE OF THE ZHUJIANG RIVER DELTA AND NEOTECTONICS［J］．Chinese Geographical Science，1993（1）：46－52.

[77] 陈特固，许时耕．近40年来珠江口海平面的变化趋势［J］．南海研究与开发，1993，6（2）.

[78] 乔彭年，等．中国河口演变概论［M］．北京：科学出版社，1994.

[79] 程禹平．弯道河床下切机理及稳定控制［J］．广东水电科技，1994（4）：17－26.

[80] 陈特固，杨清书．近几十年珠江口海平面变化的研究［M］//中国科学院院士

咨询报告　海平面上升对中国三角洲地区的影响及对策．北京：科技出版社，1994.

[81] 李平日，等．珠江三角洲的基本特征与海平面上升的影响 [M] //中国科学院院士咨询报告　海平面上升对中国三角洲地区的影响及对策．北京：科学出版社，1994.

[82] Yuan J. Y.，Zhao H. T.，Lu T. S.，Song C. J.，Zhang Q. M.. Dynamic Geomorphic Systems of South China Coast [J]. Oceanology of China Seas，1994 (5)：465 - 476.

[83] Li P.，Rao C.. Tectonic characteristics and evolution history of the Pearl River Mouth Basin [J]. Tectonophysics，1994，235：13 - 25.

[84] Wang C. X.，Sun Y. X.. Development of Paleogene Depressions and Deposition of Lacustrine Source Rocks in the Pearl River Mouth Basin，Northern Margin of the South China Sea [J]. American Association of Petroleum Geologists Bulletin，1994，78 (11)：1711 - 1728.

[85] Westaway R.. Reevaluation of extension in the Pearl River Mouth basin，South China Sea：implications for continental lithosphere deformation mechanisms [J]. Journal of Structural Geology，1994，16：823 - 838.

[86] Xia K.，Huang C.，Jiang S.，Zhang Y.，Su D.，Xia S.，Chen Z.. Comparison of the tectonics and geophysics of the major structural belts between the northern and southern continental margins of the South China Sea [J]. Tectonophysics，1994，235：99 - 116.

[87] 李平日．华南海岸带中晚全新世环境变化及其与美国加州之比较 [J]. 科学通报，1994 (22).

[88] 交通部天津水运工程科学研究所．珠江口伶仃洋西滩演变趋势分析 [R]. 国家八五科技攻关 85 - 404 - 01 - 01 - 002a 子专题报告，1995.

[89] Moldovanyi E. P.，Wall F. M.，Zhang Y. J.. Regional exposure events and platform evolution of Zhujiang formation carbonates，Pearl River Mouth Basin：evidence from primary and diagenetic seismic facies [J]. American Association of Petroleum Geologists Bulletin，1995，63：125 - 140.

[90] 程禹平．河床下切问题的研究进展 [J]. 广东水电科技，1995 (2)：45 - 52.

[91] 李平日．珠江平原第四系 [M] //广州百科全书．北京：中国大百科全书出版社，1996.

[92] Turner N. L.，Zhong H. P.. The lower Miocene Liuhua carbonate reservoir，Pearl River Mouth Basin，offshore People's Republic of China [J]. American Association of Petroleum Geologists Bulletin，1996 (6 - 9)：113 - 123.

[93] 钟建强，詹文欢，古森昌，等．珠江三角洲新构造运动与地壳稳定性分析 [J]. 华南地震，1996 (2)：57 - 63.

[94] 张瑞杭，刘启峻，黄广建．东江下游河段河床下降引发的问题和对策探讨 [J]. 热带地理，1996 (3)：236 - 239，340，241 - 243.

[95] 李平日．粤桂全新世海平面变化与现代海平面上升 [C] //第七届全国第四纪学术会议文摘，1997.

[96] 李平日，等.2000 年来华南沿海气候与环境变化 [J]. 第四纪研究，1997 (1).

[97] 徐起浩，冯炎基．广东中山晚更新世最早海侵层与水动型海平面变化 [J]. 地震地质，1997 (1)：92－96.

[98] 陈特固，杨清书，徐锡祯．广东沿海相对海平面变化特点 [J]. 热带海洋，1997 (1)：95－100.

[99] 徐海亮．平洲水道河床演变中的几个问题 [J]. 广东水利水电，1998 (1)：5－9.

[100] Li X.. Measurement of rapid agricultural land loss in the Pearl River Delta with the integration of remote sensing and GIS [J]. Environment and Planning B, 1998, 25: 447－461.

[101] 李平日，曾昭璇．珠江三角洲五百年来的气候与环境变化 [J]. 第四纪研究，1998 (1)：65－70.

[102] 刘沛然，闻平，周作付．珠江口伶仃洋滩槽发育演变影响因素分析 [J]. 中山大学研究生学刊 (自然科学版)，1999 (1)：32－38.

[103] 刘沛然，闻平，周作付，等．珠江口伶仃洋滩槽发育演变影响因素的分析 [J]. 台湾海峡，2000 (1)：119－124.

[104] 水利部珠江水利委员会勘测设计院．珠江三角洲河口浅海区冲淤演变分析 [R]，时间不详.

[105] 李平日．珠江三角洲环境问题及其对澳门的影响 [J]．澳门莲花环境杂志，2000 (2).

[106] 李平日，等．全球气候变暖及其对大环境的影响 [J]. 人民珠江，2000 (3).

[107] 广东省航道局，中大河口海岸研究室．珠江三角洲主要水道河床演变研究 [R]，2000.5.

[108] 李富铜．珠江口拦门沙的形成及演变 [C] //全国海岸带和海涂资源综合调查海岸工程学术会议论文集．北京：海洋出版社，1980.

[109] Weng Q.. Human－environment interactions in agricultural land use in a South China's wetland region: a study on the Zhujiang Delta in the Holocene [J]. 地学杂志，2000，51：191－202.

[110] Han M. K., Wu L., Liu Y. F., Mimu N.. Impacts of seal－level rise and human activities on the evolution of the Pearl River delta, South China [J]. Proceedings in Marine Science, 2000, 2: 237－246.

[111] 陈惠珍．茅海海域冲淤演变及其开发前景 [J]. 珠江水运，2000 (10)：35－36.

[112] 中国水利水电科学研究院泥沙研究所．珠江三角洲网河及口门附近海域冲淤演变分析计算 (初稿) [R]，2000.12.

[113] 罗宪林，等．珠江三角洲主要水道河床演变研究中期报告 [R]，2000.12.

2.3 泥沙运动

河流泥沙主要分为悬移质和推移质两种。进入珠江口的泥沙主要为悬移质，推移质数量甚少，其泥沙来源复杂，既有陆域来沙，又有海域来沙。这些泥沙受径流、潮流、盐水入侵以及风浪、水下地形、人类活动所影响，不断地运移。1980—2000 年，学者对泥沙来源、泥沙特征、泥沙絮凝沉降等方面的问题开展了大量研究，取得了许多成果。如吴文中等对《从沉积物的矿物分析论珠江河口湾伶仃洋的泥沙来源》进行了研究，张德茹等对《不均匀细颗粒泥沙粒径对絮凝的影响试验研究》进行了研究，严镜海对《潮汐水流中细颗粒泥沙絮凝沉降的初步探讨》进行了研究等。

---

[1] 武汉水利电力学院河流泥沙工程教研室. 河流泥沙工程学（上册）[M]. 北京：水利出版社，1980.

[2] 作者不详. 伶仃洋泥沙来源初步研究 [C]. 第三届第四纪会议论文摘要汇编，1980.

[3] 黄建维. 黏性泥沙在静水中沉降特性的试验研究 [J]. 泥沙研究，1981 (2).

[4] 齐雨藻，林兰英，张子安，等. 从化石硅藻分析东江三角洲的沉积相 [J]. 热带地理，1981 (3)：45 - 50，64.

[5] 吴文中，赵焕庭. 从沉积物的矿物分析论珠江河口湾伶仃洋的泥沙来源 [J]. 热带海洋，1982 (2)：97 - 110.

[6] 刘先紫，李永兴，马铭留，等. 珠江河口伶仃洋的悬移质泥沙特征 [J]. 热带地理，1982 (3)：31 - 38.

[7] 钱宁，万兆惠. 泥沙运动力学 [M]. 北京：科学出版社，1983.

[8] 黄建维，等. 黏性泥沙在流动盐水中沉降特性的试验研究 [C] //第二次河流泥沙国际学术学术讨论会论文集. 北京：水利电力出版社，1983.

[9] 武汉水利电力学院河流泥沙工程学校教研室. 河流泥沙工程学（下册）[M]. 北京：水利电力出版社，1983.

[10] 欧兴进，赵焕庭，宋朝景. 西江磨刀门河口水文泥沙特征 [J]. 热带海洋，1983 (4)：278 - 288.

[11] 珠江水利委员会科学研究所. 磨刀门潮汐河口的水流泥沙特性 [J]. 人民珠江，1984 (1)：18 - 23.

[12] 应秩甫，陈志永，陈世光. 试论思贤滘的演变及对水、沙的调节 [J]. 中山大学学报（自然科学版），1984 (4)：127 - 134.

[13] 叶锦培，何卓霞，周志德. 珠江河口潮汐水流挟沙力经验公式的探求 [J]. 人民珠江，1986 (1)：13 - 20.

[14] 李义天. 冲淤平衡状态下床沙质级配初探 [J]. 泥沙研究，1987 (1)：82 - 87.

[15] 罗肇森. 河口航道开挖后的回淤计算 [J]. 泥沙研究，1987 (2)：13 - 20.

[16] 李义天. 胡海明. 床沙混合活动层计算方法探讨 [J]. 泥沙研究，1987 (3).

[17] 罗肇森，辛文杰，黄晋鹏．珠江黄埔新沙港区泥沙回淤预报 [J]. 水利水运科学研究，1987 (4)：27-38.

[18] 陈培虹．珠江三角洲第四纪地层划分的认识 [J]. 人民珠江，1987 (6)：16-24.

[19] 罗宪林，李春初，田向平．西江磨刀门口外波浪特征及其对水下三角洲发育的影响 [J]. 泥沙研究，1988 (3)：53-60.

[20] 蓝先洪，马道修，徐明广，等．珠江口晚第四纪沉积物中粘土矿物及其指向意义 [J]. 台湾海峡，1988 (2)：127-134.

[21] 刘家驹．在风浪和潮流作用下淤泥质浅滩含沙量的确定 [J]. 水利水运科学研究，1988 (2)：69-73.

[22] 严镜海．潮汐水流中细颗粒泥沙絮凝沉降的初步探讨 [J]. 泥沙研究，1988 (4)：10-22.

[23] 邓家泉．潮汐河口水流挟沙力研究 [J]. 热带海洋，1989 (2)：48-54.

[24] 赵焕庭．珠江河口的水文和泥沙特征 [J]. 热带地理，1989 (3)：201-212.

[25] 李平日．中山港通海航道泥沙冲淤初步研究 [J]. 热带地理，1990 (1).

[26] 陈耀泰．珠江口伶仃洋表层沉积粘土矿物特性及其与动力环境的关系 [J]. 中山大学学报论丛，1990 (4)：55-60.

[27] 珠江水利委员会．黄茅海冲淤分析报告 [R]，1991.

[28] 陈耀泰．珠江入海泥沙的浓度和成分特征及其沉积扩散趋势 [J]. 中山大学学报（自然科学版），1991 (1)：105-113.

[29] 阮文杰．细颗粒泥沙动水絮凝的机理分析 [J]. 海洋科学，1991 (5)：46-49.

[30] 李平日，黄光庆，林晓东．广东东江三角洲第四纪沉积特征 [J]. 海洋学报（中文版），1991 (6)：797-803.

[31] 中国水利学会泥沙专业委员会．泥沙手册 [M]．北京：中国环境科学出版社，1992.

[32] 郑德延，温孝胜，赵焕庭，等．珠江三角洲思贤滘水文泥沙特征和现代演变 [J]. 热带海洋，1992 (1)：58-64.

[33] 夏法，黄玉昆，王建华．珠江三角洲地质环境与灾害性地质问题 [J]. 中山大学学报论丛，1992 (1)：138-146.

[34] 张振秋，等．珠江口细泥沙絮凝过程的试验研究 [C] //全国泥沙基本理论研究学术讨论会论文集，1992.

[35] 杨雪舞．珠江口黄茅海河口湾泥沙来源和运移过程分析 [J]. 海洋通报，1993 (6)：53-62.

[36] Li X.. A united model for quantitative remote sensing of suspended sediment concentration [J]. International Journal of Remote Sensing，1993，14 (14)：2665-2676.

[37] 张德茹，梁志勇．不均匀细颗粒泥沙粒径对絮凝的影响试验研究 [J]. 水利水运科学研究江，1994 (Z1)：11-17.

[38] 杨胜明．珠江口海域全新统淤泥层的初步研究［J］．南海地质研究，1994（00）：112-124.

[39] 黄胜，卢启苗．河口动力学［M］．北京：中国水利水电出版社，1995.

[40] 冯学英，等．泥沙水力特性试验［R］．天津：交通部天津水运工程科学研究所，1995.1.

[41] 刘家驹，喻国华．海岸工程泥沙的研究和应用［J］．水利水运科学研究，1995（3）：221-233.

[42] Wu C. Y., Yuan S. Y.. Dynamics structures and their sedimentation effects in Huangmaohai Estuary, China［J］. Journal of Coastal Research, 1995（11）：808-820.

[43] 陈伟光，丁丽青．华南沿海现代海平面变动和新构造运动［J］．热带地理，1995（3）：252-257.

[44] 钟建强，詹文欢，古森昌，等．珠江三角洲区域稳定性的地质环境分析［J］．海洋地质与第四纪地质，1996（2）：33-42.

[45] 应强，曹民雄，孔祥柏．黄茅海海域内泥沙淤积范围的确定［J］．水科学进展，1997（1）：51-56.

[46] 孙连成．珠江口伶仃洋航道抛泥区泥沙运动规律研究［J］．港口工程，1997（1）：7-10.

[47] 赵有皓，张君伦．泥沙运动模拟的动态显示研究［J］．河流模拟理论与实践，1998，10（3）.

[48] Peter Hills Lei, Zhang Jianhua Liu. Transboundary Pollution between Guangdong Province and Hong Kong: Threats to Water Quality in the Pearl River Estuary and Their Implications for Environmental Policy and Planning［J］. Journal of Environmental Planning and Management, 1998：413.

[49] 张庆河，等．粉砂质海岸界定浅说和粉砂的基本特性研究［C］//第九届全国海岸工程学术讨论会论文集．北京：海洋出版社，1999.

[50] 刘岩，张祖麟，洪华生．珠江口伶仃洋海区表层沉积物稀土元素分布特征及配分模式［J］．海洋地质与第四纪地质，1999（1）：109-114.

[51] 李银波，孙明光．河口泥沙迁移扩散的动力计算与分析［J］．中山大学学报（自然科学版）．1999（S1）.

[52] 李立，肖锦．珠江澳门河口悬浮细颗粒泥沙的界面化学研究［J］．重庆环境科学，1999（5）：31-32，35.

[53] 曹文洪，舒安平．潮流和波浪作用下悬移质挟沙能力研究述评［J］．泥沙研究，1999（5）：76-82.

[54] Wu J. X., Shen H. T.. Estuarine bottom sediment transport based on the 'McLaren Model': A case study of Huangmaohai Estuary, South China, Estuarine［J］. Coastal and Shelf Science, 1999, 49：265-279.

[55] 广东省水利科学研究所．珠江三角洲洪潮特性及其遭遇分析［R］，2000.1.

[56] 陈小红．珠江三角洲干流汊道泥沙分配及变化——以西、北江三角洲为例 [J]. 热带地理，2000 (1)：22-26.

[57] 刘沛然，黄先玉，任杰，等．珠江口伶仃洋泥沙运动的沉积动力作用 [J]. 台湾海峡，2000 (3)：304-309.

[58] 广东省航道局，中大水资源与环境研究所．珠江三角洲水道水文泥沙同步观测研究报告 [R]，2000.5.

[59] 曹文洪，张启舜．潮流和波浪作用下悬移质挟沙能力的研究 [J]. 泥沙研究，2000 (5)：16-21.

[60] 中国水利水电科学研究院泥沙所．珠江三角洲河网及口门附近海域泥沙冲淤分析计算 [R]，2000.10

2.4 河流模拟

模型建设是解决当前水利难题不可缺少的重要手段，特别是改革开放以来，广东水利工程建设取得了巨大的成就，珠江三角洲为全国六大重点确保防洪安全地区之一，一旦遭受洪水的严重侵害，对广东省乃至全国的经济将会产生严重的影响。通过开展科学的试验研究，充分认识河道水流和河床演变的客观规律，并制定出科学、合理、可行的综合治理整体规划方案，为水利工程建设提供科学依据，使得人类得以解决水力工程建设中出现的复杂难题，以避免不必要的损失。这方面的研究，主要包括两个方面，一是物理模型试验研究；二是数学模型研究，有的学者将物理模型与数学模型相结合开展研究，得出更全面客观的成果。该研究方法在这一时期刚刚兴起，但已取得较多成果，如广东省水利水电科学研究院对《西江肇庆—虎跳门航道整治工程一维网河数学模型研究》《西江航运设计工程东平道河工模型试验》等进行了研究；水利部珠江水利水电科学研究院对《鸡啼门治理规划清水定床河工模型试验报告》《伶仃洋治导总体方案河工模型试验研究报告》《横门口整治工程模型试验研究报告》等进行了研究；李素琼等对《伶仃洋大桥总体布置河工模型试验研究》进行了研究；胡绍玲对《伶仃洋海区二维泥沙数学模型》，叶锦培等对《珠江河口潮流输沙数学模型》进行了研究，等等。

[1] 李昌华，金德春．河工模型试验 [M]. 北京：人民交通出版社，1981.

[2] 广东省水利水电科学研究院．黄埔港洪圣沙码头工程河工试验研究报告 [R]，1981.5.

[3] 张二骏，张东生，李挺．河网非恒定流的三级联合解法 [J]. 华东水利学院学报，1982 (1)：1-13.

[4] 何洪鉅．珠江三角洲河口区的潮汐分析（上）[J]. 人民珠江，1982 (4)：15-22.

[5] 何洪鉅．珠江三角洲河口区的潮汐分析（下）[J]. 人民珠江，1982 (5)：27-32.

[6] 水电部珠江水利委员会规划处．黄埔港新沙港区数学模型报告 [R]，1982.6.

[7] 广东省水利水电科学研究院．东江石龙河段河工模型试验报告 [R]，1982.8.

[8] 广东省水利水电科学研究院．西江航运设计工程东平道河工模型试验 [R]，1982.9.

[9] 赵焕庭．珠江三角洲的水文特征［J］．热带海洋，1983（2）：108－117.
[10] 戴朝枝．珠江三角洲受潮洪混合影响的全潮流量整编方法［J］．水文，1983（5）：41－45.
[11] 广东省水利水电科学研究院．西江航运建设工程东平水道河工模型试验报告［R］，1983.8.
[12] 左东启．模型试验的理论和方法［M］．北京：水利电力出版社，1984.
[13] 华东水利学院．模型试验量测技术［M］．北京：水利电力出版社，1984.
[14] 广东省水利水电科学研究院．黄埔港新沙港区工程可行性研究报告专题报告之六河工模型试验初步报告［R］，1984.1.
[15] 珠江水利委员会科学研究所．磨刀门河口模型简介［J］．人民珠江，1984（1）：23－29.
[16] 广东省水利水电科学研究院．黄埔港新港区浑水淤积试验报告［R］，1984.6.
[17] 罗友芳．采用电脑控制的大型潮汐河工模型——广州出海水道投入运行［J］．人民珠江，1985（4）：48.
[18] 何洪钜．珠江三角洲河口区三十年潮汐变化分析［J］．人民珠江，1986（1）：22－29.
[19] 廖喜庭．关于潮水河潮汐要素推流方法的讨论和补充［J］．人民珠江，1986（2）：19－25.
[20] 罗宏绶，骆桂海，岑毓文，等．河口二维潮流特征差分的一维化解法［J］．海洋工程，1986（3）：41－50.
[21] 张二骏，顾再仁，姚志坚．不恒定流一、二维联解潮流计算（上）［J］．人民珠江，1986（5）：7－13＋20.
[22] 张二骏，顾再仁，姚志坚．不恒定流一、二维联解潮流计算（下）［J］．人民珠江，1986（6）：16－19.
[23] 叶锦培，何焯霞，周志德．珠江河口潮流输沙数学模型［J］．人民珠江，1986（6）：7－15.
[24] 刘凤树，房德凤．珠江口外海风暴潮的数学模型［J］．海洋科学集刊，1986，26.
[25] 许家辉．思贤滘组合洪水与“组合频率法”的讨论［J］．人民珠江，1987（2）：13－16，54.
[26] 何丽丽，张润琦，张戈，等．珠江流域暴雨洪水特性［J］．水文，1987（3）：45－50.
[27] 顾再仁，姚志坚．广州水道—伶仃洋一、二维联解潮流计算［J］．人民珠江，1987（5）：34－40，28.
[28] 广东省水利水电科学研究院．思贤滘水道河工模型试验报告［R］，1987.7.
[29] 陈兴伟，罗肇森．感潮河网水沙运行计算［J］．水利水运科学研究，1988（1）：33－41.
[30] 李先维．潮汐河口模型试验垂线平均流速测量问题的探讨［J］．人民珠江，

1989 (3)：17-20，35.

[31] 珠江水利委员会科学研究所．蕉门口整治工程潮汐河工模型试验阶段报告[R]，1989.10.

[32] 珠江水利委员会科学研究所．珠江口磨刀门潮汐河口模型试验研究技术总结[R]，1990.

[33] 谢鉴衡．河流模拟[M]．北京：水利电力出版社，1990.

[34] 珠江水利委员会科学研究所．陈村水道豪窖口—紫坭河段航道整治工程模型试验[R]，1990.

[35] 珠江水利委员会科学研究所．陈村水道林岳弯道航道整治工程模型试验[R]，1990.

[36] 丁文兰，方国洪．珠江口外海风暴潮的数值模型[J]．热带海洋，1990 (3)：39-47.

[37] 珠江水利委员会科学研究所．澳门附近海域潮汐模型试验报告[R]，1990.10.

[38] 广东省水利水电科学研究院．北江航道整治河工试验——芦苞浅段[R]，1990.9.

[39] 钟国泉．航道整治浅滩宽度计算及河工模型试验[J]．水运工程，1990 (10).

[40] 珠江水利委员会科学研究所．澳门附近海域潮汐模型试验报告[R]，1990.10.

[41] 王绍成．河流动力学[M]．北京：人民交通出版社，1991.

[42] 钟上海，何焯霞，熊涛，等．伶仃洋与东四口门一、二维连接水流数学模型的验证及方案计算[J]．人民珠江，1991 (2)：17-21.

[43] 广东省水利水电科学研究院．北江航道整治河工试验——山塘—石角（中间洲—烂柴洲）浅段[R]，1991.4.

[44] 珠江水利委员会科学研究所．蕉门口整治潮汐河工模型试验报告[R]，1991.9.

[45] 珠江水利委员会科学研究所．磨刀门口门治理工程模型试验研究[R]，1991.10.

[46] 李素琼，王琳．澳门—磨刀门附近海域异步流场的处理[J]．人民珠江，1992 (2)：12-15.

[47] 胡绍玲．伶仃洋海区二维泥沙数学模型[J]．人民珠江，1992 (3)：44-48.

[48] 唐永明．黄茅海二维潮流的数值计算[J]．海洋科学，1992 (3)：26-31.

[49] 珠江水利委员会科学研究所．伶仃洋治导线方案河工模型试验研究报告[R]，1992.4.

[50] 黄小平，唐永銮．西江河口重金属迁移扩散数值模拟的研究[J]．热带海洋，1992 (4)：6-11.

[51] 韩保新，郭振仁，冼开康，等．珠江河口海区潮流的数值模拟[J]．海洋与湖沼，1992 (5)：475-484.

[52] 珠江水利委员会科学研究所．蕉门口整治工程模型试验报告[R]，1992.6.

[53] 珠江水利委员会．黄茅海及鸡啼门治导轮廓线规划报告[R]，1992.6.

[54] 珠江水利委员会科学研究所．横门口整治工程模型试验研究报告[R]，1992.8.

[55] 韩宝新，等．珠江河口海区潮流的数值模拟[J]．海洋与湖沼，1992，25 (5).

[56] 黄景祥，林秀臣．江门水道航道整治数学模型及验证[J]．水运工程，1992

(9)：32-37.
[57] 广东省水利水电科学研究院．东莞水道南丫涌口十字交汊河航道整工程试验研究 [R]，1993.2.
[58] 顾再仁，姚志坚．珠江口东片网河与伶仃洋潮流的数值模拟 [J]. 人民珠江，1993 (3)：21-24.
[59] 珠江水利委员会科学研究所．伶仃洋横门口整治工程模型试验研究报告 [R]，1993.5.
[60] 珠江水利委员会科学研究所．伶仃洋治导总体方案河工模型试验研究报告 [R]，1993.5.
[61] 方国洪，曹德明，黄企洲．南海潮汐潮流的数值模拟 [J]. 海洋学报，1994，16 (4).
[62] 王琳．蕉门口整治方案模型试验研究及治理建议 [C] //珠委首届中青年学术报告会论文集，1994.
[63] 卢无疆，金建新．崖门出海东航道挖槽定床浑水淤积模型试验 [J]. 海洋工程，1995 (1)：37-45.
[64] 广东省水利水电科学研究院．鸡鸦水道险段整治试验研究 [R]，1995.2.
[65] 罗友芳．新型潮汐河工模型测控系统 [J]. 人民珠江，1995 (6)：33-35.
[66] 广东省水利水电科学研究院．西江（富湾—百倾段）航道整治工程试验研究 [R]，1995.6.
[67] 广东省水利水电科学研究院．西江肇庆—虎跳门航道整治工程一维网河数学模型研究 [R]，1995.6.
[68] 广东省航道设计科研所．西江下游肇庆—虎跳门航道整治工程初步设计 [R]，1995.9.
[69] 窦国仁，董凤舞，窦希萍，等．河口海岸泥沙数学模型研究 [J]. 中国科学（A辑 数学 物理学 天文学 技术科学），1995 (9).
[70] 中华人民共和国水利部．河工模型试验规程：SL 99—95 [S]. 北京：中国水利水电出版社，1995.
[71] 水利部、交通部、电力工业部南京水利科学研究院河港研究所．黄茅海治理规划清水定床河工模型试验研究报告 [R]，1996.3.
[72] 水利部珠江水利科学研究所．鸡啼门治理规划清水定床河工模型试验报告 [R]，1996.5.
[73] 黄平．水环境数学模型及其应用 [M]. 广州：广州出版社，1996.
[74] 吴超羽，徐海亮．珠江河口网河区水位变化过程的神经网络模型 [J]. 人民珠江，1997 (1)：15-19.
[75] 辛文杰．潮流、波浪综合作用下河口二维悬沙数学模型 [J]. 海洋工程，1997 (1)：31-48.
[76] 李素琼，邓家泉，敖大光．伶仃洋大桥总体布置河工模型试验研究 [J]. 人民珠江，1997 (3)：52-56，60.

[77] 艾德才，吴奇，车明．港口建设工程数学模型的动态可视化［J］．天津大学学报，1997（6）：101－106.

[78] 广东省水利水电科学研究所．东江干流及三角洲河段综合治理开发规划水流泥沙数学模型研究报告［R］，1997.7.

[79] Hu S.L.，Kot S.C.．Numerical model of tides in Pearl River Estuary with moving boundary［J］．Journal of Hydraulic Engineering，1997，123：21－29.

[80] 杨清书．珠江三角洲的水位变化趋势及其本征模型［J］．海洋科学，1998（1）：47－51.

[81] 珠江水利委员会科学研究所．黄茅海平面二维水流泥沙数学模型及其应用［R］，1998.6.

[82] 广东省水利水电科学研究院．西江（海寿沙段）航道整治工程河工模型试验研究［R］，1998.7.

[83] 中华人民共和国交通部．海岸与河口潮流泥沙模拟技术规程：JTJ/T 233—98［S］．北京：人民交通出版社，1998.

[84] 广东省水利水电科学研究院．东江北干流刘屋州河段取水工程对航道影响数值计算报告［R］，1999.9.

[85] 包芸，任杰．珠江口三维斜压水动力数值模拟［C］//中国海洋湖沼学会，中科院海洋研究所．第七届全国海洋湖沼青年学者学术研讨会论文摘要集，2000.

[86] 龙江，李学灵．陆源污染对伶仃洋水质影响的数值模拟［J］．人民珠江，2000（1）：35－37.

[87] 万军明，李适宇．横门围垦对邻近海域水环境影响的数值模拟［J］．上海环境科学，2000（3）：105－107.

[88] 章华生，倪培桐，吴超羽．河口最大浑浊带平面二维数值模型［J］．人民珠江，2000（6）：10－12.

[89] 中国水利水电科学研究院．珠江三角洲河网及口门地区水动力模型率定和验证（阶段汇报）［R］，2000.8.

[90] W．金博士．水环境数学模型［M］．北京：中国建筑工业出版社，2000.

2.5 水环境

改革开放以来，珠江三角洲经济快速发展，城镇生活和工业废污水排放量增大，恶化了河口地区的水环境，珠江口水环境的可持续发展面临极大的挑战。珠江沿岸大量的污染物通过河流或直接排放到珠江口，致使河口水质恶化，原有生态环境遭到破坏，反过来制约了经济的发展。1980—2000年，不少单位及学者在水环境技术研究方面做了大量的工作，如珠江流域水资源保护局科研所对《珠江口陆源污染伶仃洋近海水域水质和生态影响研究》进行研究，珠江水资源保护办公室对《珠江三角洲水质生物监测方法研究》进行了研究，华南环境科学研究所对《珠江广东流域水污染综合防治研究》进行了研究，以及彭云辉等对《珠江河口水体有机物与盐度和氮、磷营养盐的关系》进行了研究，罗伟权等对《珠江口海域沉积物中汞、镉化学形态的研究》进行了研究，等等。

[1] 周源和．珠江三角洲水系的历史演变 [J]. 复旦大学学报（社会科学版），1980 (S1)：85-95.

[2] 曾昭璇．从地貌学看珠江三角洲的整治问题 [J]. 华南师范学院学报（自然科学版），1981 (1)：77-86.

[3] 徐君亮，李永兴，陈天富．伶仃洋的盐水入侵及盐水楔的活动规律 [J]. 热带地理，1981 (3)：36-44.

[4] 李飞永，陈金斯，王肇鼎，等．珠江口海区水相和悬浮相中 Cu、Pb、Zn 的分布行为 [J]. 海洋学报（中文版），1981 (3)：423-433.

[5] 何悦强，温伟英．广东沿海底质某些重金属含量及其分布规律的探讨 [J]. 热带海洋，1982 (1)：58-71.

[6] 沈灿燊．珠江三角洲河口生态系统平衡的探讨 [J]. 生态科学，1982 (1)：6-11.

[7] 唐永銮．珠江口海域污染物迁移扩散和转化基本规律的探讨 [J]. 海洋环境科学，1983 (1)：1-10.

[8] 唐永銮．珠江三角洲河口地区生态系统的探讨 [J]. 热带地理，1983 (1)：1-7.

[9] 何清溪，方平．珠江七大口门与珠江口海域水体中镉的形态关系的初步探讨 [J]. 海洋环境科学，1983 (2)：28-32.

[10] 李飞永，林植青，郑建禄，等．海洋沉积物不同地球化学相中 Zn、Cu、Pb、Cd 的连续提取和测定——Ⅰ 珠江口沉积物的研究 [J]. 海洋学报（中文版），1983 (2)：178-186.

[11] 陶显亮，陈玲芳．西江水系水质污染特征及其变化趋势 [J]. 人民珠江，1983 (3)：9-14.

[12] 程明豪．西江河口（磨刀门）沉积环境分析 [J]. 地理研究，1984 (1)：51-65.

[13] 郑建禄，何锦文，朱克勤．珠江口海域重金属的河口化学研究——Ⅴ 表层沉积物中粘土矿物的分布 [J]. 海洋学报（中文版），1984 (2)：197-205.

[14] 唐永銮．珠江河口湾伶仃洋物质弥散特征及其弥散模式的分析 [J]. 海洋环境科学，1984 (3)：1-11.

[15] 罗伟权，何清溪，方平，等．珠江口海域沉积物中汞、镉化学形态的研究 [J]. 热带海洋，1984 (4)：58-64.

[16] 张秉刚，卓慕宁，黄湘兰．珠江三角洲土壤颗粒的区域分布及理化性状 [J]. 热带地理，1984 (4)：221-227.

[17] 段威武．珠江口盆地上第三系钙质超微化石 [J]. 古生物学报，1985 (1)：94-110，151-153.

[18] 郑建禄，林植青，陈旸．珠江及其河口沉积物中重金属的化学形态研究 [J]. 热带海洋，1985 (1)：62-70.

[19] 王文介．珠江口的沉积作用和沉积相 [J]. 沉积学报，1985 (2)：129-140.

[20] 林植青，郑建禄，陈金斯，等．溶解态的Fe、Al、Mn、Si、Cu、Pb和Zn在河口混合过程中的絮凝［J］．海洋学报（中文版），1985（2）：172－180.

[21] 温伟英，何悦强．伶仃洋河口湾的铅污染［J］．热带海洋，1985（3）：53－58.

[22] 郭文莹，吴萍．珠江口现代沉积物磷酸盐的地球化学指标［J］．热带海洋，1985（4）：34－42.

[23] 龙云作，霍春兰，司桂贤，等．对珠江三角洲沉积特征和沉积模式的一些认识［J］．海洋地质与第四纪地质，1985（4）：49－57.

[24] 黄镇国，宗永强，何锐如，等．珠江三角洲第四系化石硅藻的指相意义［J］．海洋学报（中文版），1985（6）：744－750.

[25] 李学灵．珠江三角洲围垦区水污染典型调查［J］．上海环境科学，1985（9）：30－32.

[26] Sang Q.，Ersbus C.．Ecological survey of the aquatic oligochaetes in the Lower Pearl River (People's Republic of China)［J］．Hydrobiologia，1985，128：39－44.

[27] Gunning G. E.，Suttkus R. D.．Reclamation of the Pearl River：A perspective of unpolluted versus polluted waters［J］．Fisheries，1985，10：14－16.

[28] 水利部珠江水利委员会水文局．广州市地表水资源航空遥感调查和评价［R］，1986.

[29] 陈金斯，徐梅春，林植青，等．珠江及其河口的悬浮颗粒物质［J］．海洋学报（中文版），1986（1）：53－60.

[30] 田向平．珠江河口伶仃洋最大混浊带研究［J］．热带海洋，1986（2）：27－35.

[31] 徐梅春，陈金斯，郑建禄，等．珠江广州至虎门段水中Ba，Be，Cr存在形态的初步研究［J］．热带海洋，1986（3）：66－73.

[32] 郭叶华，余瑞兰，林立中，等．潭江水体污染生物监测及生物学评价［J］．人民珠江，1986（4）：22－27.

[33] 珠江水资源保护办公室．珠江三角洲水质生物监测方法研究［R］，1987－1989.

[34] 赵焕庭，陈木宏，余家桢，等．珠江三角洲海进层微体古生物的初步研究［J］．热带海洋，1987（1）：28－36，101－102.

[35] 刘怀，邱礼生．珠江口海域放射性总α、总β的分布特征［J］．热带海洋，1987（2）：67－75.

[36] Qi S.．Some ecological aspects of aquatic oligochaetes in the Lower Pearl River (People's Republic of China)［J］．Hydrobiologia，1987，155：199－208.

[37] 李淑鸾．珠江口底质沉积中胶结壳有孔虫的分布规律［J］．海洋与湖沼，1988（2）：187－196，206.

[38] 黄道基．珠江三角洲经济开放区的水资源保护问题［J］．水资源保护，1988（3）：13－19.

[39] 杨作升．黄河、长江、珠江沉积物中粘土的矿物组合、化学特征及其与物源区气候环境的关系［J］．海洋与湖沼，1988（4）：336－346.

[40] 向旭．东江流域规划环境影响评价报告 [J]．水资源保护，1988 (4)：45 - 57，66.

[41] 齐雨藻，林兰英，张子安，等．南海珠江口伶仃洋浅层沉积硅藻的研究 [J]．暨南理医学报（理科专版），1988 (3)：57 - 64.

[42] 珠江委水源局．广州河段面污染源调查及预测 [R]，1988 - 1990.

[43] 曾翔飞，郑建禄，林植青，等．珠江口悬浮物和沉积物中Ba的界面地球化学 [J]．热带海洋，1988 (4)：1 - 8.

[44] 珠江水利委员会．珠江水系水资源保护规划报告 [R]，1989.

[45] 华棣．珠江磨刀门海区底质中有孔虫、介形虫的分布 [J]．热带海洋，1989 (1)：10 - 18.

[46] 李飞永，邱传珠，陈金斯．珠江口水域悬浮物中矿物的调查研究 [J]．热带海洋，1989 (2)：102 - 109.

[47] 李飞永，陈金斯．珠江口海区悬浮颗粒物质研究——Ⅰ．迁移、分布和变化 [J]．海洋学报（中文版），1989 (2)：185 - 192.

[48] 周蒂，范时清．珠江口外现代沉积物运移方向的统计分析 [J]．热带海洋，1989 (3)：96 - 103.

[49] 肖学铮，刘少明．珠江口崖门鲈鱼年龄和生长的研究 [J]．生态学报，1989 (3)：230 - 234.

[50] 龙云作，霍春兰，杨胜雄．珠江三角洲现代沉积环境及沉积特征 [J]．海洋地质与第四纪地质，1989 (4)：15 - 27.

[51] 蓝先洪．珠江口现代沉积物中沉积磷酸盐的研究 [J]．海洋与湖沼，1989 (5)：480 - 487.

[52] 李飞永，陈金斯．不同地球化学相中金属元素与河口化学过程 [J]．环境科学，1989 (6)：5 - 12，22 - 95.

[53] Jayawardena A. W.，Lai F.．Time Series Analysis of Water Quality Data in Pearl River，China [J]．Journal of Environmental Engineering，1989，115 (3)：590 - 607.

[54] 陈金斯，李飞永．珠江口海域悬浮颗粒腐植酸的分布和迁移 [J]．热带海洋，1990 (1)：75 - 81.

[55] 吴群河，张银英．砷的形态研究及其在珠江的迁移转化规律 [J]．中山大学学报论丛，1990 (1)：214 - 219.

[56] 陆超华，林燕棠，杨美兰，等．珠江口海区经济鱼类的重金属 [J]．海洋环境科学，1990 (2)：32 - 38.

[57] 苏训．珠江流域水污染防治工作十五年成就 [J]．人民珠江，1990 (2)：38 - 41.

[58] 李春初．高盐陆架水入侵影响我国河口概况与问题 [J]．海洋科学，1990 (3)：54 - 59.

[59] 周明杰，徐梅春．气相色谱法测定海水中氧、氮和总无机碳 [J]．热带海洋，

1990 (3): 79-83.

[60] 雷作淇，郑卓．黄茅海晚第四纪孢粉组合与环境变迁 [J]. 热带海洋，1990 (4): 24-28.

[61] Han W. Y., Lin H. Y.. Carbon flux in Pearl River estuarine bays [J]. Chinese Journal of Oceanology and Limnology, 1990, 8 (2): 150-157.

[62] 陈耀泰，谭惠忠．珠江口伶仃洋表层沉积的粘土矿物 [J]. 热带地理，1991 (1): 39-44.

[63] 陈耀泰，罗章仁．珠江口现代沉积速率及其反映的沉积特征 [J]. 热带海洋，1991 (2): 57-64.

[64] 彭云辉，王肇鼎．珠江河口富营养化水平评价 [J]. 海洋环境科学，1991 (3): 7-13.

[65] 彭云辉，陈浩如，李少芬．珠江河口水体的 pH 和碱度 [J]. 热带海洋，1991 (4): 49-55.

[66] 吴超羽．珠江河口亚潮频率动态系统研究 [J]. 人民珠江，1991 (4): 22-25.

[67] 珠江三角洲网河区氮磷环境静态容量研究 [R], 1991.

[68] 张希然．珠江三角洲海涂土壤 [J]. 海洋与湖沼，1991 (5): 480-488.

[69] 彭云辉，陈玲娣，陈浩如．珠江河口水域磷酸盐与溶解氧的相互关系 [J]. 海洋通报，1991 (6): 25-29.

[70] Gibson R., Qi S.. A new freshwater heteronemertean from the Zhujiang (Pearl River), People's Republic of China [J]. Hydrobiologia, 1991, 220: 167-178.

[71] 苏广庆，王天行．珠江口表层沉积物的重矿物分析 [J]. 矿物学报，1992 (1): 45-52.

[72] 陈耀泰．珠江口现代沉积速率与沉积环境 [J]. 中山大学学报（自然科学版），1992 (2): 100-107.

[73] 朱卓洪，李飞永，陈金斯．珠江河口铜、铅、锌、铬和镉对单细胞藻类生长的影响 [J]. 热带海洋，1992 (2): 31-37.

[74] 丘耀文．珠江口水体的三氮特征 [J]. 热带海洋，1992 (3): 84-88.

[75] 彭云辉，王肇鼎，易志伟．珠江河口水体的二氧化碳 [J]. 环境化学，1992 (4): 56-60.

[76] 刘晨，刘新媛．思贤滘水利枢纽在水环境整治中的作用 [J]. 人民珠江，1992 (4): 34-37.

[77] 黄小平．珠江磨刀门河口的重金属来源的初步研究 [J]. 海洋环境科学，1993 (1): 46-50.

[78] 朱卓洪，李飞永，陈金斯．珠江河口微表层营养盐和有机物的含量分布特征 [J]. 海洋环境科学，1993 (Z1): 40-44.

[79] 董德化，曾秀兰．珠江污染物入海通量规律研究 [J]. 人民珠江，1993 (5): 30-36.

[80] 彭云辉，陈玲娣．珠江河口水体有机物与盐度和氮、磷营养盐的关系 [J]. 海洋

通报，1993（5）：33-37.
[81] 黄爱珠，邬建中．磨刀门水域水质分析与评价［J］．人民珠江，1993（5）：37-40.
[82] 熊德琪．一种新的海水富营养化模糊评价方法［J］．海洋通报，1993（6）：30-35.
[83] 彭云辉，陈玲娣．珠江河口水域溶解氧与硝酸盐、Chla 及硝酸盐与磷酸盐的关系［J］．海洋学报（中文版），1994（1）：136-141.
[84] 陈木宏，赵焕庭，温孝胜，等．伶仃洋 L2 和 L16 孔第四纪有孔虫群与孢粉化石带特征及其地质意义［J］．海洋地质与第四纪地质，1994（1）：11-22.
[85] 彭云辉，陈玲娣，陈浩如．珠江口水域溶解氧与营养盐的关系［J］．热带海洋，1994（1）：96-100.
[86] 贾晓平，林钦，吕晓谕．珠江口沙井水域及牡蛎体中石油烃的含量、组成及其变化特点［J］．中国水产科学．1994，1（1）：48-54.
[87] 丘耀文，王肇鼎．珠江口伶仃洋水域溶解氧特征［J］．热带海洋，1994（2）：99-102.
[88] 黄方，叶春池，温学良，等．黄茅海盐度特征及其盐水楔活动范围［J］．海洋通报，1994（2）：33-39.
[89] 温孝胜，赵焕庭，张乔民，等．伶仃洋第四纪沉积物的铀钍含量和年龄分析［J］．热带海洋，1994（3）：90-94.
[90] 陈金斯，李飞永，朱卓洪．珠江口水域微表层中的痕量金属［J］．热带海洋，1994（3）：25-30.
[91] 陈耀泰．珠江口伶仃洋表层沉积物的重矿物特征及其对陆架水入侵的反映［J］．中山大学学报（自然科学版），1994（4）：103-110.
[92] 丘耀文，王肇鼎，张正斌，等．珠江口悬浮颗粒物质的电泳性质［J］．热带海洋，1994（4）：48-54.
[93] 黄爱珠，邬建中．珠江口门耗氧有机物的污染趋势分析［J］．水资源保护，1994（4）：46-51，45.
[94] Lo C. W. H，Tang S. Y.．Institutional contexts of environmental management：Water pollution control in Guangzhou，China［J］．Public Administration and Development，1994，14：53-64.
[95] 黄爱珠，邬建中．珠江口门好氧有机物的污染趋势分析［J］．水资源保护，1994（4）：46-51，45.
[96] 周燕遐．珠江口及邻近海域水质状况分析［J］．海洋通报，1994，13（3）：24-30.
[97] 应秩甫．伶仃洋沉积动力特点的研究［J］．热带海洋，1995（2）：76-82.
[98] 李飞永，陈金斯，朱卓洪．珠江河口水域微表层的类脂物质［J］．海洋学报（中文版），1995（2）：61-68.
[99] 陈耀泰．珠江口沉积分区［J］．中山大学学报（自然科学版），1995（3）：109-114.

[100] 黄镇国，张伟强，陈俊鸿．珠江三角洲生物埋葬群与环境变迁 [J]. 地理学报，1995 (4)：310-323.

[101] 林祖亨，梁舜华．珠江河口的现代沉积环境与底质重金属的含量分布 [J]. 海洋通报，1995 (4)：43-49.

[102] 林荣根．海水富营养化水平评价方法浅析 [J]. 海洋环境科学，1996 (2)：28-31.

[103] 李飞永，陈金斯，朱卓洪．珠江河口微量金属的相态变化与生物效应 [J]. 热带海洋，1996 (3)：81-86.

[104] 邱永松．广东沿岸海域鱼类群落排序 [J]. 生态学报，1996 (6)：576-583.

[105] 杨燕红，盛国英，傅家谟，等．珠江三角洲一些城市水体中微量有机氯化合物的初步分析 [J]. 环境科学学报，1996，16 (1)：59-65.

[106] 温孝胜，赵焕庭，张乔民，等．伶仃洋钻孔岩心的沉积特征及环境演化 [J]. 海洋学报（中文版），1997 (2)：122-127，129.

[107] 林荣根，邹景忠．近海富营养化的结果与对策 [J]. 海洋环境科学，1997 (3)：72-76.

[108] 李祥云，陈虹勋，古森昌，等．南海珠江口东部海底沉积物腐蚀性研究 [J]. 热带海洋，1997 (3)：90-98.

[109] 珠江流域水资源保护局科研所．珠江口陆源污染伶仃洋近海水域水质和生态影响研究 [R]，1997-1999.

[110] 邬建中，黄爱珠．磨刀门水道水体中汞的形态与污染关系 [J]. 人民珠江，1997 (3)：58-60.

[111] 张帮杰，梁仁杰，毛大宁，等．珠江口沿岸池养尖吻鲈、花鲈的生长特性研究 [J]. 水产科技，1997 (6)：5-8.

[112] 黄良民，陈清潮，尹健强，等．珠江口及邻近海域环境动态与基础生物结构初探 [J]. 海洋环境科学，1997，16 (3)：1-7.

[113] 张希然．伶仃洋海涂土壤的特性 [J]. 人民珠江，1998 (1).

[114] 詹海刚．珠江口及邻近水域鱼类群落结构研究 [J]. 海洋学报（中文版），1998 (3)：91-97.

[115] 余日清，杨广杏，陈新庚，等．珠江口部分水域水产品的品质与污染物积累状况 [J]. 中山大学学报（自然科学版），1998 (S1)：101-105.

[116] 喻丰华，李春初．河口盐淡水混合的几个认识和概念问题 [J]. 海洋通报，1998 (3)：8-14.

[117] 杨燕红，傅家谟，盛国英，等．珠江三角洲一些城市水体中微量有机污染物的初步研究 [J]. 环境科学学报，1998 (3)：49-55.

[118] 林瑞芬，闵育顺，卫克勤，等．珠江口沉积柱样^{210}Pb 法年龄测定结果及其环境地球化学意义 [J]. 地球化学，1998 (5)：401-411.

[119] Hills P.，Zhang L.，Liu L.．Transboundary pollution between Guang dong Province and Hong Kong：threats to water quality in the Pearl River Estuary

and their implications for environmental policy planning [J]. Journal of Environmental Planning and Management, 1998, 41, 375-396.

[120] 张祖麟，陈宗团，徐立，等．珠江口外伶仃洋的现代沉积速率及重金属污染 [J]. 海洋通报，1998，17 (3)：53-57.

[121] 杨燕红，盛国英，傅家谟，等．珠江三角洲一些城市水体中微量有机污染物的初步研究 [J]. 环境科学学报，1998，18 (3)：271-277.

[122] 杨广杏，张展霞．珠江口伶仃洋水化学要素剖析 [J]. 环境与开发，1999 (1)：33-34，42.

[123] 王立军，张朝生．珠江广州江段水体沉积物和悬浮物中27种元素的含量与形态分布特征 [J]. 应用基础与工程科学学报，1999 (1)：16-24.

[124] 张力军，陈国华，李富荣，等．珠江口表层水中碱度，K^+，Na^+，Ca^{2+}运移过程的稀释规律 [J]. 青岛海洋大学学报（自然科学版），1999 (S1)：89-95.

[125] 李福荣，陈国华，纪红．珠江口海水碱度研究 [J]. 青岛海洋大学学报（自然科学版），1999 (S1)：49-54.

[126] 高全洲，沈承德，孙彦敏，等．珠江马口站、河口站断面水体有机碳含量的季节变化 [J]. 地球化学，1999 (3)：273-280.

[127] 李立，肖锦，闵育顺．珠江澳门河口高浊度水的成因及其控制途径初探 [J]. 华南理工大学学报（自然科学版），1999 (6)：93-97.

[128] 华南环科所．广东省西江流域水质保护规划 [R]，1999.

[129] 华南环科所．珠江流域水环境问题研究 [R]，1999.

[130] Zhang J., Yu Z. G., Wang J. T., et al. The subtropical Zhujiang (Pearl River) Estuary: Nutrient, trace species and their relationship to photosynthesis, Estuarine [J]. Coastal and Shelf Science, 1999, 49: 385-400.

[131] Hong H., Chen W. X. L., Wang X., et al. Distribution and fate of organochlorine pollutants in the Pear River Estuary [J]. Marine Pollution Bulletin, 1999, 39: 376-382.

[132] 钱宏林，梁松．珠江口及其邻近海域赤潮的研究 [J]. 海洋环境科学，1999，18 (3)：69-74.

[133] 华南环境科学研究所．珠江广东流域水污染综合防治研究 [R]，1999.

[134] 逄勇，李毓湘．珠江东四口门陆源污染物入海通量计算研究及变化趋势分析 [C] //中国地理学会水文专业委员会，中国科学院与香港中文大学地球信息科学联合实验室，香港中文大学地理系，香港中文大学环境研究中心．21世纪中国水文科学研究的新问题新技术和新方法——中国地理学会水文专业委员会第七次全国水文学术会议文集，1999. 8.

[135] 黄良民，简伟军，林永水，等．珠江口水域夏季浮游植物多样性与分布 [C] //中国海洋与湖沼学会甲壳动物学分会，中国动物学会，中国海洋与湖沼学会生态学分会．中国海洋与湖沼学会甲壳动物学分会、中国动物学会、中国

海洋与湖沼学会生态学分会2000年学术研讨会论文摘要集，2000.2.
[136] 康跃惠，麦碧娴，盛国英，等．珠江三角洲河口及邻近海区沉积物中含氯有机污染物的分布特征 [J]. 中国环境科学，2000 (3)：245-249.
[137] 康跃惠．珠江三角洲一些水体沉积物中毒害有机污染物分析及分布特征研究 [D]. 中国科学院广州地球化学研究所，2000.
[138] 珠江流域水资源保护局科研所．珠江口陆源污染对伶仃洋近海水域水质和生态环境影响研究 [R]，2000.
[139] 珠江流域水资源保护局．广州至虎门出海水道规划治导线环境影响评价报告 [R]，2000.
[140] 珠江流域水资源保护局．珠江三角洲小榄水道航道整治工程环境影响报告书 [R]，2000.
[141] 聂湘平，蓝崇钰，魏泰莉．珠江入海河口经济鱼类重金属含量分析 [J]. 上海环境科学，2000 (10)：485-488.
[142] Li X. D., Wai O. W. H., Li Y. S., et al. Heavy metal distribution in sediment profiles of the Pearl River estuary, South China [J]. Applied Geochemistry, 2000, 15: 567-581.
[143] Mai B. X., Sheng G. Y., Zheng L., et al. High-resolution sedimentary record of hydrocarbon contaminates in a core from the major reaches of the Pearl River, China [J]. Chinese Science Bulletin, 2000, 45 (Suppl.): 97-104.
[144] Li X. D., Shen Z. G., Wai O. W. H., et al. Chemical partitioning of heavy metal contaminants in sediments of the Pearl River Estuary [J]. Chemical Speciation and Bioavailability, 2000, 12: 17-25.
[145] Min Y. S., Qi S. H., Zhang G.. High-resolution sedimentary records of heavy metals in Guangzhou section of the Pearl River, South China [J]. Chinese Science Bulletin, 2000, 45: 110-112.
[146] Yin K. D., Qian P. Y., Chen J. C., et al. Dynamics of nutrients and phytoplankton biomass in the Pearl River estuary and adjacent waters of Hong Kong during summer: preliminary evidence for phosphorus and silicon limitation [J]. Marine Ecology Progress Series, 2000, 194: 205-305.
[147] 陈晓宏，深圳湾悬浮物影响预测与分析 [J]．海洋环境科学，2000，19 (1).
[148] 麦碧娴，林峥，张干，等．珠江三角洲河流和珠江口表层沉积物中毒害有机物研究——多环芳烃和有机氯农药的分布及特征 [J]. 环境科学学报，2000，20 (2)：192-197.

2.6 遥感技术

遥感技术是20世纪60年代蓬勃发展起来的一门新兴学科，随着现代物理学、空间技术、电子技术和计算机技术、信息科学、环境科学等的发展，遥感技术已成为一种影像遥感和数字遥感相结合的先进、实用的综合性探测手段，被广泛应用于农业、林业、水利、地质、地理等各个领域。20 世纪 80 年代初，遥感技术就已经开始应用于珠江河口的治理研究。1980—2000 年，针对这方面的研究，不少单位及学者做了工作，如 1988 年，广州地理研究所、珠江水利委员会科学研究所共同承担的《遥感技术在伶仃洋规划整治开发中的应用研究》，该成果在遥感图像处理和遥感解译等方面有所创新和突破，为河口整治提供了丰富的资料和信息，达到了当时国内外同类遥感应用的先进水平；许祥向等对《遥感技术在伶仃洋治理规划研究中的应用》进行了研究，何忠廉等对《遥控遥测技术在沿海河口避咸蓄淡供水工程中的应用》进行了研究，等等。

[1] 饶开燕，朱启元，许祥向，等．航空遥感在河口和海涂资源综合调查中的应用 [J]. 东海海洋，1984 (4)：43 - 50.

[2] 李京．水域悬浮固体含量的遥感定量研究 [J]. 环境科学学报，1986 (2)：166 - 173.

[3] Lo C. P., Fung T.. Production of land - use and land - cover maps of central Guangdong Province of China from LANDSAT MSS imagery [J]. International Journal of Remote Sensing, 1986, 7 (8): 1051 - 1074.

[4] 广州地理研究所，珠江水利委员会科学研究所．遥感技术在伶仃洋规划整治开发中的应用研究 [R], 1988.

[5] 黎夏．遥感在河口海岸动态监测中的专题信息处理——以珠江口伶仃洋为例 [J]. 热带地理，1989 (4)：354 - 361.

[6] 古秋森，等．伶仃洋遥感应用研究 [M]. 北京：科学出版社，1990.

[7] 胡嘉敏，等．含沙水体反射率波谱特性及其遥感应用意义 [C] //第七届全国遥感技术学术交流会论文集，1991：218 - 220.

[8] 黎夏．悬浮泥沙遥感定量的统一模式及其在珠江口中的应用 [J]. 环境遥感，1992 (2)：106 - 114，166.

[9] 何忠廉，王新华．遥控遥测技术在沿海河口避咸蓄淡供水工程中的应用 [J]. 环境工程，1992 (4)：36 - 38.

[10] 罗丹，陈学廉．遥感影像信息在澳门、磨刀门海域工程建设中的应用及其效益 [J]. 环境遥感，1993 (3)：173 - 179，241 - 242.

[11] 水利部遥感技术应用中心，黄河水利委员会，天津水利水电勘测设计研究院，松辽水利委员会，珠江水利委员会，南京水利科学研究院水文水资源研究所，北京大学遥感所，淮河水利委员会，长江水利委员会．应用遥感技术调查我国土壤侵蚀现状 编制全国土壤侵蚀图 [R], 1993.

[12] Li X.. A united model for quantitative remote sensing of suspended sediment concentration [J]. International Journal of Remote Sensing, 1993, 14 (14): 2665 - 2676.

[13] 许祥向．伶仃洋遥感动态监测 [J]. 国土资源遥感，1994 (3)：18 - 24.

[14] 珠江水利委员会科学研究所，天津水运工程科研所．遥感技术在伶仃洋岸滩演变分析中的应用 [R]，1995.1.

[15] 许祥向，陈文彪，等．遥感技术在伶仃洋治理规划研究中的应用 [C] //第二届国际水科学与工程讨论会论文集，1995.

[16] 李建雄．遥感技术与水利水电建设 [J]．广东水电科技，1995 (3)：58-61.

[17] 孙家柄，等．遥感原理、方法和应用 [M]．北京：测绘出版社，1996.

[18] Yeh A. G. O., Li X.. Urban growth management in the Pearl River delta——an integrated remote sensing and GIS approach, ITC Journal [J]. Special Habitat-Ⅱ issue, 1996, 1: 77-85.

[19] 许祥向，陈文彪，赖发叶，等．遥感技术在伶仃洋治理规划研究中的应用 [J]．人民珠江，1996 (6)：11-15.

[20] Yeh A. G. O., Li X.. An integrated remote sensing and GIS approach in the monitoring and evaluation of rapid urban growth for sustainable development in the Pearl River Delta, China [J]. International Planning Studies, 1997, 2 (2): 193-210.

[21] 汤锡芳．应用遥感技术对珠江河口西部海域的环境评价 [J]．中国科学基金，1997 (4)：67.

[22] 王贵明，董裕国．珠江韩江三角洲海岸变迁遥感解译对比研究 [J]．海洋科学，1997 (4)：50-53.

[23] Yeh A. G. O., Li X.. Sustainable land development model for rapid growth areas using GIS [J]. International Journal of Geographical Information Science, 1998, 12 (2): 169-189.

[24] 罗丹．黄茅海沿岸滩涂发育及岸线变化遥感浅析 [J]．人民珠江，1998 (3)：45-47, 52.

[25] 陈水森，彭沛全，王娟，等．基于 GIS 的珠江口沿岸咸酸田遥感研究 [J]．农业环境与发展，1999 (1)：19-23.

[26] 许祥向，余顺超，杨健新，等．珠江河口澳门水域遥感监测分析 [J]．人民珠江，1999 (5)：24-27.

[27] 王礼育，罗丹．从遥感图像看口门规划治理效果——珠江口伶仃洋和东四口门治理的遥感分析 [J]．人民珠江，2000 (2)：39-41.

[28] 王礼育，罗丹．从遥感图像看珠江口门规划治理效果——珠江河口西四口门治理的遥感分析 [J]．人民珠江，2000 (3)：43-46.

[29] 中国水利水电科学研究院．水沙动力特性分析及遥感技术应用研究建模大纲（草稿）[R]，2000.5.

[30] 中国水利水电科学研究院．遥感技术在珠江口治理规划中的应用 [R]，2000.8.

[31] 中国水利水电科学研究院，广东省水利电力勘测设计研究院．珠江三角洲网河区及口门地区水沙动力特性分析及遥感技术应用研究 [R]，2000.

2.7　治理开发

随着珠江三角洲的经济迅猛发展，人类活动对珠江河口的影响日益增加，人口、资源、环境与经济社会发展的矛盾凸显，河口管理暴露出很多问题。1994 年、1998 年的大洪水暴露了珠江三角洲和口门地区还存在河障、出海水道淤积、泄洪能力降低等严重问题，出现了水位异常壅高和与洪水频率不相适应的现象。1998 年水利部分别批复了《珠江河口伶仃洋治导线规划报告》《珠江河口黄茅海及鸡啼门治理规划报告》《广州—虎门出海水道整治规划报告》等报告。珠江河口规划治导线的制定，为珠江河口综合治理提供了基础依据，使珠江河口的建设和岸线利用有了可遵循和可操作的科学依据和法律依据。1999 年珠江水利委员会编制了《1999 年珠江河口疏浚治理工程实施方案》《1999 年珠江河口疏浚治理工程水土保持方案》等科技成果。

[1] 冯掌．珠江流域洪水初步分析 [J]．人民珠江，1980 (1).

[2] 谭汉林．珠江三角洲历代水患与治理概述 [J]．人民珠江，1980 (1).

[3] 廖远祺，范锦春．珠江流域概况及开发治理意见 [J]．人民珠江，1980 (1)：16 - 38.

[4] 周源和．珠江三角洲水系的历史演变 [J]．复旦学报（社会科学版），1980 (S1)：85 - 95.

[5] 何洪鉅．台风暴潮站网布设的探讨 [J]．海洋科技资料，1980 (2)：35 - 39.

[6] 赵焕庭．崖门至漠阳江间港湾式海岸地貌 [J]．海洋与湖沼，1980 (2)：121 - 133.

[7] 乔彭年．珠江三角洲演变的历史过程 [J]．人民珠江，1980 (2)：40 - 50.

[8] 张声才．从珠江三角洲各河道洪水位的逐年上升，论珠江三角洲的整治 [J]．人民珠江，1980 (3)：43 - 48.

[9] 沈灿燊，甘雨鸣．不同类型台风侵袭珠江三角洲河口区引起暴潮增水规律的初步分析 [M]．北京：海洋出版社，1981.

[10] 江沛霖．关于磨刀门口门整治问题 [J]．人民珠江，1981 (1)：51 - 66.

[11] 丁树清．广州出海水道治理的探讨 [J]．人民珠江，1981 (1)：44 - 50，66.

[12] 广东省生态平衡科学考察团二团．珠江三角洲河口生态平衡考察调查报告 [R]，1981.

[13] 林天健．珠江流域水资源研究的过去、现在和将来 [J]．人民珠江，1981 (2)：47 - 51.

[14] 廖远祺，范锦春．珠江三角洲整治规划问题的研究 [J]．人民珠江，1981 (1)：1 - 18.

[15] 赵艳冰，梁伟晏．黄埔航道疏浚整治 [J]．人民珠江，1981 (1)：29 - 44.

[16] 曾昭璇．从河道变迁看珠江三角洲的整治问题 [J]．人民珠江，1981 (1)：19 - 28.

[17] 戴良生．白藤堵海工程的回顾 [J]．人民珠江，1981 (2)：1-11.
[18] 陈琴德，何亚寿．珠江河口伶仃洋的潮汐和潮流特性 [J]．热带地理，1981 (3)：29-35.
[19] 何洪鉅．珠江河口区的台风暴潮及其分析 [J]．人民珠江，1981 (4)：34-51.
[20] 李纯熙．“河道治理经验”专题总报告 [J]．泥沙研究，1982 (1)：82-89.
[21] 范信平．试论伶仃洋射流结构和沉积类型的关系 [J]．热带地理，1982 (1)：38-45.
[22] 陈自健，张希然．珠江三角洲海涂土壤的形成和发育问题 [J]．人民珠江，1982 (2)：22-27，15.
[23] 卢如秀，叶锦昭．珠江河口台风最大增水规律的研究 [J]．中山大学学报（自然科学版），1982 (2)：28-31.
[24] 广东省水利水电科学研究院．黄埔港区潮汐河道特性与洪圣沙建港问题 [R]，1982.2.
[25] 广东水利厅．东江干流及三角洲网河区水面线 [R]，1982.
[26] 张虎男．珠江三角洲北界何在？[J]．人民珠江，1982 (2)：16-21.
[27] 徐君亮，杨国峰，李永兴．珠江口生态平衡问题和开展河口生态系统研究的一些建议 [J]．热带地理，1982 (2)：31-36.
[28] 沈灿燊，甘雨鸣．台风暴潮过程预报的一种模式的探讨 [J]．中山大学学报（自然科学版），1982 (3)：14-21.
[29] 陈表都，郭浩然，黄昆芳．白藤湖农田林网营造技术和防护效应初步研究 [J]．广东林业科技，1982 (3)：25-29，24.
[30] 林天健．珠江流域水资源调查研究工作在探索中前进 [J]．人民珠江，1982 (3)：48.
[31] 罗宏绥．白藤地区湖内围垦与河湖分家的规划问题 [J]．人民珠江，1982 (4)：23-24.
[32] 江沛霖．弱潮河口湾的鱼钩形拦门沙 [J]．人民珠江，1982 (4)：30-33，10.
[33] 吴贯桐．珠江三角洲沙田地区粮蔗结构问题初探——以番禺县为例 [J]．热带地理，1982 (4)：58-65.
[34] 广东省水利电力厅．东、西、北江干流及网河区洪潮水面线计算说明（修正本）[R]，1982.4.
[35] 江沛霖．磨刀门浅海区冲淤展望 [J]．人民珠江，1982 (5)：15-20.
[36] 曾昭璇．从磨刀门历史地貌学研究看口门整治问题（上）[J]．人民珠江，1982 (5)：11-15.
[37] 曾昭璇．从磨刀门历史地貌学研究看口门整治问题（下）[J]．人民珠江，1982 (6)：11-15.
[38] 董兆英．珠江口滩涂围垦工程经验 [J]．人民珠江，1982 (6)：2-11.
[39] Zhong C. F.. The mulberry dike - fish pond complex：A Chinese ecosystem of land - water interaction on the Pearl River delta [J]. Human Ecology，1982,

10 (2)：191-202.

[40] 应秩甫，陈世光．珠江口伶仃洋咸淡水混合特征 [J]. 海洋学报（中文版），1983 (1)：1-10.

[41] 林良德．磨刀门河工模型试验仪器设备的研制情况报导 [J]. 人民珠江，1983 (1)：48.

[42] 张仲英，黄镇国，李平日，等．珠江三角洲的范围 [J]. 热带地理，1983 (1)：35-40，26.

[43] 向旭．关于海堤设计标准的建议 [J]. 人民珠江，1983 (1)：41-46.

[44] 唐永銮．珠江三角洲河口地区生态系统的探讨 [J]. 热带地理，1983 (1)：1-7.

[45] 曾少卓．略谈珠江三角洲网河区的水文测验 [J]. 人民珠江，1983 (1)：31-33.

[46] 罗开富．珠江三角洲的水利建设 [J]. 热带地理，1983 (2)：1-4.

[47] 何以昭，莫裕民．建国以来西江三次较大洪水特性的分析 [J]. 人民珠江，1983 (2)：21-27.

[48] 廖远祺，麦乔威，董兆英．珠江口滩涂发育和围垦利用 [J]. 人民珠江，1983 (2)：9-16.

[49] 林幸青，范信平，董兆英．珠江口海岸带自然资源综合开发利用设想 [J]. 热带地理，1983 (3)：14-21，65.

[50] 黄镇国，李平日，张仲英，等．从珠江三角洲的发育过程看综合整治的几个问题 [J]. 热带地理，1983 (4)：26-32.

[51] 赵太初．悬浮泥沙水体的光辐射特性 [J]. 海洋通报，1983 (4)：42-53.

[52] 侯晖昌．伶仃洋的作用、发展趋势和后果及改善措施的分析 [R]. 北京：清华大学水利系泥沙研究室，1983.

[53] 乔彭年．珠江三角洲河道形态的初步分析 [J]. 热带地理，1983 (4)：33-41.

[54] 李平日．深圳建港地貌条件初步分析 [J]. 热带地理，1983 (4).

[55] 董兆英．珠江口海涂资源及其开发利用途径 [J]. 人民珠江，1983 (5)：12-20，39.

[56] 谭汉林．试论古代珠江水利发展的特点 [J]. 人民珠江，1983 (5)：47-50.

[57] 陈哲瑜．浅谈思贤滘对西、北江水量的调节和水道的改造利用 [J]. 教育与进修，1983 (6)：35-37.

[58] 杨萍如．珠江口的海涂土壤资源 [J]. 土壤学报，1984 (1)：105-112.

[59] 珠江水利委员会规划处．磨刀门口门治理开发试验工程规划问题 [J]. 人民珠江，1984 (1)：13-17.

[60] 段夏清，李荫福．西江中下游防洪规划若干问题的商榷 [J]. 广西水利水电科技，1984 (2)：7-10，25.

[61] 何焯霞．西江下游磨刀门水道洪水位变化趋势及其原因分析 [J]. 人民珠江，1984 (3)：23-32.

[62] 黎子浩．东平水道的整治研究 [J]. 广东水电科技，1984 (3)：13 - 20.

[63] 郑祖振．西北两江洪水在思贤滘的组成与遭遇 [J]. 人民珠江，1984 (3)：13 - 22.

[64] 袁家义．珠江口滩涂的特征 [J]. 海洋学报（中文版），1984 (4)：471 - 478.

[65] 叶林宜．论西北江三角洲防洪问题 [J]. 人民珠江，1984 (4)：26 - 32.

[66] 李天坚．西北江三角洲台风暴潮分析 [J]. 人民珠江，1984 (4)：33 - 36.

[67] 戴良生．珠江磨刀门综合治理开发效益大 [J]. 人民珠江，1984 (5)：6 - 8.

[68] 何洪鉅，黄美芳．珠江口百年不遇的台风暴潮——8309 号强台风暴潮分析 [J]. 人民珠江，1984 (6)：14 - 19.

[69] 黄兆英．珠江口海涂资源及其开发利用方向 [G] //珠江口海岸带和海涂资源综合调查研究文集（一）. 广州：广东科技出版社，1984.

[70] 刘兆伦．整治珠江口 开发伶仃洋 [J]. 中国水利，1984 (11)：5 - 8.

[71] 叶林宜．珠江三角洲的堤工建设 [J]. 中国水利，1984 (11)：9，8.

[72] 李平日．珠海新港选址和海岸线利用问题 [M] //钟功甫．中国经济特区研究．广州：广东人民出版社，1984.

[73] Zheng Jianlu，Wang Zhaoding，Lin Zhiqing，et al. The estuarine chemistry of the Zhujiang River [J]. Chinese Journal of Oceanology and Limnology，1984，22.

[74] 罗炳光，董兆英，王慧棋．试论珠江各水系的河段划分 [J]. 人民珠江，1985 (1)：19 - 26.

[75] 陈绍华，冯永康．8309 风暴潮初析 [J]. 广东水电科技，1985 (1)：24 - 34.

[76] 张声才．潮汐因素对广州水道洪水位影响问题的探讨 [J]. 人民珠江，1985 (1)：37 - 40.

[77] 唐森．论宋元时期广东水利建设的勃兴 [J]. 暨南学报（哲学社会科学），1985 (2)：3 - 11.

[78] 何善谋，张光寿．珠江口盆地的断块掀斜构造 [J]. 热带海洋，1985 (2)：22 - 29.

[79] 罗宏绶．潮汐通道理论在伶仃洋淤积研究上的应用 [J]. 人民珠江，1985 (2)：45 - 48.

[80] 赵焕庭，陈木宏，梁国雄，等．珠江河口流溪河下游地区中全新世海进范围问题 [J]. 热带海洋，1985 (3)：85 - 87.

[81] 何思明．关于伶仃洋整治问题的商榷 [J]. 人民珠江，1985 (3)：20 - 21.

[82] 王理范．珠江三角洲悬移质水样处理方法及对含沙量数据的影响 [J]. 人民珠江，1985 (3)：45 - 46，14.

[83] 董兆英，李素琼，盛晨．珠江口余流特征初步分析 [J]. 热带地理，1985 (3)：177 - 185.

[84] 董兆英．伶仃洋水沙量组成的初步分析（上） [J]. 人民珠江，1985 (3)：7 - 10.

[85] 陈伟光．对珠江三角洲成因、发育的新认识（上）[J]．人民珠江，1985（3）：10-14，7.

[86] 陈伟光．对珠江三角洲成因、发育的新认识（下）[J]．人民珠江，1985（4）：16-17，33.

[87] 董兆英．伶仃洋水沙量组成的初步分析（下）[J]．人民珠江，1985（4）：8-15.

[88] 唐锦萍，李德新．伶仃洋赤潮问题初步分析 [J]．人民珠江，1985（5）：13-15，48.

[89] 广东省水利水电科学研究院．东平水道新沙洲头及紫洞口浅滩整治工程设计方案说明 [R]，1985.5.

[90] 徐君亮，李永兴．伶仃洋河口湾的特性及其开发整治 [J]．人民珠江，1985（5）：7-12，47.

[91] 黄希敏．磨刀门河口治理开发工程的经济分析 [J]．人民珠江，1985（5）：16-22.

[92] 中山大学地理系，水利部珠江水利委员会．珠江磨刀门口门治理开发工程规划专题报告之五，拦门沙形成和演变趋势的研究 [R]，1985.10.

[93] 马德山，秦崇仁．黄埔港新沙试挖淤泥测验总结报告 [R]．天津：天津大学水利系，1985.11.

[94] 何洪鉅．珠江三角洲河口区三十年潮汐变化分析 [J]．人民珠江，1986（1）：22-29.

[95] 丁永良，何维隽，张明华．珠海特区磨刀门围海筑堤工程泥水分离技术可行性调查与试验报告 [J]．渔业现代化，1986（1）：17-21.

[96] 朱伟杰．磨刀门垦区使用聚乙稀网作装石材料试验 [J]．人民珠江，1986（1）：48.

[97] 姜利权．对珠江三洲角防洪问题的一点看法 [J]．人民珠江，1986（1）：30-34.

[98] 周魁一．中国古代的农田水利（续）[J]．农业考古，1986（2）：168-179.

[99] 范锦春，郑厚法，朱国伟，等．珠江河口堤防工程（上）[J]．人民珠江，1986（2）：32-38，31.

[100] 董德化，何焯霞，鲍厚群，等．洪奇沥口门整治探讨 [J]．人民珠江，1986（2）：26-31，3.

[101] 李学灵．磨刀门口门围垦整治工程水质评价 [J]．水资源保护，1986（2）：35-41.

[102] 董德化，何焯霞，鲍厚群，等．洪奇沥口门整治探讨 [J]．人民珠江，1986（2）：26-31，3.

[103] 林丽容．西江航道大刀湾工程竣工 [J]．人民珠江，1986（3）：48.

[104] 范锦春，郑厚法，朱国伟，等．珠江河口堤防工程（下）[J]．人民珠江，1986（3）：21-25.

[105] 文发明，林丽容．西江干流封开至郁南河段炸礁工程竣工［J］．人民珠江，1986（3）：36.

[106] 伍端清，吴亚蒂．磨刀门治理开发工程对水产资源的影响［J］．人民珠江，1986（3）：20，25.

[107] 张希然．珠江三角洲西南部海涂土壤的特征与利用［J］．人民珠江，1986（4）：9－17.

[108] 王烈荪．磨刀门水道低低潮位频率计算及其计算方法的探讨［J］．人民珠江，1986（4）：18－21.

[109] 珠江水利委员会．珠江磨刀门口门治理开发工程设计任务书［R］，1986.

[110] 珠江水利委员会．珠江磨刀门口门治理开发工程可行性研究［R］，1986.

[111] 珠江水利委员会．珠江磨刀门口门治理开发工程规划报告［R］，1986.

[112] 珠江水利委员会．黄茅海及鸡啼门治理规划［R］，1986.

[113] 珠江水利委员会．中顺大围达标加固工程项目建议书［R］，1986.

[114] 江门市水利水电勘测设计院．广东省江门市河流流域规划审查报告书［R］，1986.

[115] 珠江水利委员会勘测设计研究院．珠江流域综合利用规划报告［R］，1986.6.

[116] 戴良生．磨刀门口门治理开发工程初见成效［J］．人民珠江，1986（6）：19－21.

[117] 宋定昌，等．珠江八大口潮汐量的初步分析［G］//珠江口海岸带和海涂资源综合调查研究文集（四）．广州：广东科技出版社，1986.

[118] 董兆英，等．珠江口余流特征［G］//珠江口海岸带和海涂资源综合调查研究文集（四）．广州：广东科技出版社，1986.

[119] 珠江水利委员会水文局，科学研究所滨海水文组．珠江口滨海区水文调查报告［G］//珠江口海岸带和海涂资源综合调查研究文集．广州：广东科技出版社，1986.

[120] 张希然．珠江磨刀门滨海区海涂土壤特性［G］//珠江口海岸带和海涂资源综合调查研究文集（四）．广州：广东科技出版社，1986.

[121] 珠江水利委员会水文局科学研究所．珠江口滨海区水文调查报告［G］//珠江口海岸带和海涂资源综合调查研究文集（四）．广州：广东科技出版社，1986.

[122] 徐君亮．伶仃洋的盐水入侵［A］．珠江口海岸带和海涂资源综合调查研究文集（四）．广州：广东科技出版社，1986.

[123] 珠江水利委员会．珠江流域综合利用规划报告［R］，1986.12.

[124] 叶林宜．联围筑闸、围垦后对外江电排站年排涝用电量的计算［J］．人民珠江，1987（1）：4－7，48.

[125] 罗友芳．珠江河口水文自动观测系统简介［J］．人民珠江，1987（1）：48.

[126] 吴建新．珠江三角洲沙田史若干考察［J］．农业考古，1987（1）：198－208，282.

[127] 蓝先洪，马道修，徐明广，等．珠江三角洲若干地球化学标志及指相意义[J]．海洋地质与第四纪地质，1987 (1)：39-49.

[128] 广东省气象局资料室．广东气候 [M]．广州：广东科技出版社，1987.

[129] 肇庆市水电局．景丰联围加固工程初步设计 [R]，1987.

[130] 何洪鉅．华南沿海潮汐基本特征 [J]．热带海洋，1987 (2)：37-45.

[131] 广东省肇庆地区水文分站水情组．思贤滘洪水特性及其对西北江下游洪水的影响 [J]．人民珠江，1987 (2)：9-12.

[132] 何思明．洪奇沥泄洪能力的分析 [J]．人民珠江，1987 (2)：17-25.

[133] 廖喜庭．珠江三角洲河口区的咸潮活动规律 [J]．人民珠江，1987 (2)：31-34，24.

[134] 陈吉余，沈焕庭．我国河口基本水文特征分析 [J]．水文，1987 (3)：2-8.

[135] 珠江水利委员会．西江干流大藤峡至高要段综合利用规划报告 [R]，1987.3.

[136] 李春初．全新世河口三角洲形成发展的若干问题——以珠江河口三角洲为例 [J]．中山大学学报（自然科学版)，1987 (3)：9-16.

[137] 张小刚．波能分析及在珠江口波力试验电站初步设计中的应用 [J]．海洋科学，1987 (4)：10-13.

[138] 李平日．纪念广州七星岗古海蚀遗迹发现50周年 [J]．热带地理，1987 (4)：365.

[139] 李妙霞，张祥兰，周昌范，等．应用地震地层学方法对古珠江三角洲沉积体系的初步分析 [J]．石油物探，1987 (4)：67-85.

[140] 麦蕴瑜．珠江三角洲防洪刍议 [J]．人民珠江，1987 (4)：2-3.

[141] 戴良生．对江新联围效益的评价 [J]．人民珠江，1987 (5)：29-33.

[142] 许自达．优化技术在防洪规划中的应用 [J]．水利水电技术，1987 (6)：8-16.

[143] 李平日．未来海平面上升对珠江三角洲的可能影响（摘要）[J]．地球科学信息，1987 (6)：7-8.

[144] 李平日．珠江口地区港口发展的几个问题 [G] //海洋开发技术论文集（上)．北京：海洋出版社，1987.

[145] 中山围垦工程指挥部，珠江水利委员会建设与管理处．横门口围垦工程可行性研究报告 [R]，1987.9.

[146] 宋定昌，陈军强．思贤滘的洪水组合频率及重现期 [J]．人民珠江，1988 (1)：4-9.

[147] 黄振英．珠江磨刀门输沙能力的初步探讨 [J]．人民珠江，1988 (1)：15-21.

[148] 马经文．珠江河口区造床流量的探讨 [J]．水文，1988 (1)：30-37.

[149] 曹锦昌．珠江磨刀门工程预制浮运水闸的设计与施工 [J]．人民珠江，1988 (1)：34-38.

[150] 马道修，徐明广，周青伟，等．珠江三角洲沉积相序 [J]．海洋地质与第四纪地质，1988 (1)：43-53.

[151] 李月存．珠江河口治理开发规划研讨会在广东省召开［J］．人民珠江，1988（1)：52.
[152] 朱士康．伶仃洋整治与西北江三角洲洪涝治理［J］．人民珠江，1988（2)：50－53.
[153] 徐君亮．从伶仃洋浅滩的沉积速率看河口湾开发治理［J］．人民珠江，1988（2)：37－38.
[154] 中华人民共和国交通部．港口工程技术规范（1987）［S］．北京：人民交通出版社，1988.
[155] 刘方玉．珠江口门治理与航运发展的密切关系［J］．人民珠江，1988（2)：41－42.
[156] 金元欢．国内外河口分类研究进展［J］．海洋通报，1988（2)：103－110，119.
[157] 潘庆燊．对珠江河口治理规划的认识［J］．人民珠江，1988（2)：33－35.
[158] 何宝全，李辉权．珠江河口棘头梅童鱼的资源评估［J］．水产学报，1988（2)：125－134.
[159] 乔彭年．珠江河口湾伶仃洋淤积的初步研究［J］．海洋学报（中文版)，1988（2)：204－211.
[160] 徐君亮．珠江口的河口特性及其开发管理［J］．地理学与国土研究，1988（2)：24－30.
[161] 罗章仁．关于口门治理和开发规划的几个问题［J］．人民珠江，1988（2)：35－37.
[162] 珠江水利委员会．珠江河口治理开发规划专家研讨会上的发言［J］．人民珠江，1988（2)：12－16，21－22，25－26，28－30.
[163] 李学灵．珠江三角洲围垦工程环境影响评价的方法［J］．人民珠江，1988（2)：54－55.
[164] 作者不详．珠江河口治理开发规划专集［J］．人民珠江，1988（2).
[165] 水电部珠江水利委员会规划工程管理处．珠江河口治理开发规划情况［J］．人民珠江，1988（2)：5－12.
[166] 珠江河口治理开发规划研讨会专家的主要意见［J］．人民珠江，1988（2)：2－4.
[167] 黄胜．对珠江河口治理开发规划的几点意见［J］．人民珠江，1988（2)：22－24.
[168] 谢鉴衡．对珠江河口治理的几点看法［J］．人民珠江，1988（2)：30－31.
[169] 陈志昌．对珠江河口治理开发规划之浅见［J］．人民珠江，1988（2)：24－25.
[170] 周志德．根据口门的特性和任务确定整治原则［J］．人民珠江，1988（2)：19－21.
[171] 戴定忠．吸收社会力量设立科技发展基金以推动河口治理开发工作［J］．人民

珠江，1988 (2)：18 - 19.

[172] 赵广和．河口治理应由水利部门统筹管理 [J]. 人民珠江，1988 (2)：18.

[173] 何洪鉅．广东、海南沿海的台风暴潮 [J]. 热带海洋，1988 (2)：37 - 44.

[174] 李春初．对地质构造因素影响珠江三角洲形成问题的商榷 [J]. 热带地理，1988 (2)：113 - 117.

[175] 袁家义，吴自立，杨木桂，等．西江、北江、绥江下游河流阶地初探 [J]. 热带地理，1988 (2)：118 - 124.

[176] 黄希敏．蕉门口的整治 [J]. 人民珠江，1988 (2)：42 - 45.

[177] 何思明．伶仃洋整治开发初探 [J]. 人民珠江，1988 (2)：45 - 50.

[178] 金波，李廷桓．珠江口海区海底不稳定性地质因素的地震相分析 [J]. 海洋地质与第四纪地质，1988 (3)：61 - 69.

[179] 罗宪林，李春初，田向平．西江磨刀门口外的波浪特征及其对水下三角洲发育的影响 [J]. 泥沙研究，1988 (3)：53 - 60.

[180] 乔彭年．珠江口东部山区河流的若干特征 [J]. 山地研究，1988 (3)：154 - 160.

[181] 珠江水利委会．珠江流域三角洲综合利用规划报告 [R]，1988.

[182] 珠江委水科院．遥感技术在伶仃洋规划整治开发中的应用研究 [R]，1988.

[183] 梁伟晏，李平日．珠江口港口航道与展望 [M] //珠江三角洲环境与空间发展研究．北京：科学出版社，1988.

[184] 蔡福祥，李平日．珠江口海区砂、石资源及其经济意义 [M] //珠江三角洲环境与空间发展研究．北京：科学出版社，1988.

[185] 德市水利局．南海县樵桑联围铜鼓滩险段整治工程扩大初步设计书 [R]，1988.

[186] 麦俭瑞．伶仃洋海区 1∶1 万地形图测量介绍 [J]. 人民珠江，1988 (4)：27 - 29，26.

[187] 简明新．磨刀门鹤洲北堤围施工和新设想 [J]. 人民珠江，1988 (5)：30 - 33.

[188] 曾昭璇．从历史地貌学看伶仃洋淤浅问题 [J]. 人民珠江，1988 (6)：15 - 18.

[189] 杨千然，等．新会崖门港外航道拦门沙的发育演变及治理问题 [R]. 中山大学，广东省航运规划设计院，1988. 9.

[190] 朱起茂．磨刀门整治试验工程前后内海区冲淤变化及其发展趋势 [J]. 人民珠江，1989 (1)：27 - 31.

[191] 曾建生．磨刀门围垦区安置水库移民可行性分析——兼论飞来峡水利枢纽移民安置去向 [J]. 人民珠江，1989 (1)：6 - 10.

[192] 石国平．珠江口盆地下中新早期的水下潮汐三角洲 [J]. 沉积学报，1989 (1)：135 - 142.

[193] 张声才．思贤滘 [J]. 人民珠江，1989 (1)：43.

[194] 赖定荣．珠江航运安全管理现代化的探讨 [J]. 上海海运学院学报，1989 (2)：22-27.

[195] 邓家泉．潮汐河口水流挟沙力研究 [J]. 热带海洋，1989 (2)：48-54.

[196] 钟德馨．浅探蕉门及洪奇沥的口门治理 [J]. 人民珠江，1989 (2)：44-48，43.

[197] 林下风．珠江口的风 [J]. 中国水利，1989 (2)：47-48.

[198] 王尚毅，顾元棪，李大鸣，等．珠江三角洲网河与伶仃洋多口门衔接水力计算方法的探索 [J]. 人民珠江，1989 (2)：21-23，13，24.

[199] 沈健聪．枯水期思贤滘过滘流量计算方法探讨 [J]. 热带地理，1989 (2)：143-149.

[200] 刘秉湛，陆庚唐．大藤峡水利枢纽洪水调节计算若干问题 [J]. 人民珠江，1989 (3)：4-11.

[201] 珠江水利委员会．珠江流域综合利用规划纲要 [R]，1989.

[202] 伍伯瑜．珠江口以西陆架海域环流研究Ⅰ [J]. 台湾海峡，1989 (4)：76-81.

[203] 李天坚．横门站台风潮高潮位预报 [J]. 海洋预报，1989 (4)：28-32.

[204] 陈文彪，陈上群，顾再仁，等．珠江口磨刀门口门治理的研究 [J]. 泥沙研究，1989 (4)：1-9.

[205] 叶林宜．中顺大围联围工程效益调查 [J]. 人民珠江，1989 (4)：43-45.

[206] 谭龙驹，王利群．M•E•P305 型海洋工程地震反射剖面系列简介 [J]. 人民珠江，1989 (6)：48.

[207] 朱铁．《西江干流大藤峡至高要段综合利用规划报告》审议通过 [J]. 水力发电，1989 (6)：8.

[208] 李平日．从珠江三角洲全新海进看未来海平面上升的可能影响及其对策 [M] //珠江三角洲环境与空间发展．北京：学术书刊出版社，1989.

[209] 大连理工大学土木系海动研究室．珠江口荷包岛附近水域和崖门出海航道沿线的设计波浪推算 [R]，1989.8.

[210] 李平日．珠江口地区第四纪地质调查在高速公路工程的应用 [J]. 海洋与海岸带开发，1989 年增刊．

[211] 牟崇元，吴景浓，石勇．磨刀门大桥工程场址土的动力性能实验研究 [C] //广东省岩石力学与工程学会 (Guangdong Provincial Society for Rock Mechanics and Engineering). 高层建筑与桥梁基础工程学术会议论文集，1989.

[212] 沈健聪，陈丽棠．佛山大堤现状与存在问题 [J]. 人民珠江，1990 (1)：35-39.

[213] 张虎男，郭钦华，陈伟光，等．西江断裂磨刀门段地质近期活动性研究 [J]. 华南地震，1990 (1)：15-26，105-106.

[214] 陆庚唐，李照文．大藤峡枢纽库区淹没浅析 [J]. 人民珠江，1990 (1)：10-14.

[215] 陈厚松，涂高坤．珠江口垦区类型与土地利用结构初探 [J]. 人民珠江，1990

(1)：39 - 44.
[216] 余文韬．虹吸式采样器使用经验点滴 [J]. 水利水文自动化，1990 (1)：51.
[217] 珠江流域水资源保护局．珠江三角洲环境整治规划 [R]，1990.1.
[218] 陈文彪．关于虎门口临界涨潮量问题的探讨 [J]. 人民珠江，1990 (2)：8 - 10.
[219] 许家辉，蔡尚途．西北江三角洲河道行洪控制线及清障线的计算 [J]. 人民珠江，1990 (2)：34 - 37，23.
[220] 韩舞鹰，蔡艳雅，容荣贵．珠江口海区的碳贮量 [J]. 环境科学，1990 (2)：12 - 17，95.
[221] 方升豹．东江三角洲潮流特性分析 [J]. 人民珠江，1990 (2)：28 - 31，48.
[222] 许祥向．卫星遥感动态信息的应用——虎门、蕉门近期水沙特性及发展趋势分析 [J]. 人民珠江，1990 (2)：2 - 7.
[223] 水利部珠江水利委员会．伶仃洋与东四口门整治方案计算 [R]，1990.2.
[224] 珠江委设计院．蕉门口围垦开发工程可行性研究报告 [R]，1990.
[225] 蔡艳雅，韩舞鹰．珠江口有机碳的研究 [J]. 海洋环境科学，1990 (2)：8 - 13.
[226] 宋朝景，赵焕庭．珠江三角洲东平水道堤围险段水下地形和底质 [J]. 热带海洋，1990 (2)：93 - 97，104.
[227] 伍伯瑜．珠江口以西陆架海域环流研究 Ⅲ [J]. 台湾海峡，1990 (2)：118 - 126.
[228] 伍伯瑜．珠江口以西陆架海域环流研究Ⅳ [J]. 台湾海峡，1990 (3)：262 - 268.
[229] 刘德豫．对《港口工程技术规范 (1987)》若干问题的探讨 [J]. 水道港口，1990 (3)：1 - 6.
[230] 刘善建．河口三角洲的开发与入海水道的整治 [J]. 长江科学院院报，1990 (3)：1 - 8，28.
[231] 叶林宜．江新联围工程效益调查 [J]. 人民珠江，1990 (3)：10 - 13，39.
[232] 李辉权．珠江河口多鱼种渔业最佳网目尺寸的估计 [J]. 水产科学，1990 (3)：4 - 7.
[233] 钟国泉．东平水道大刀湾弯道切嘴工程 [J]. 水运工程，1990 (3)：25 - 30.
[234] 伍伯瑜．珠江口以西陆架海域环流研究Ⅴ [J]. 台湾海峡，1990 (4)：331 - 337.
[235] 吴郁文．对加强珠江河口滩涂资源综合开发利用管理的刍议 [C] //中国土地学会．中国土地问题研究——中国土地学会第三次会员代表大会暨庆祝学会成立十周年学术讨论会论文集，1990.
[236] 袁家义，梁致荣，刘彝筠，等．珠江三角洲Ⅱ级河流阶地的地质特征及其年代 [J]. 中山大学学报 (自然科学版)，1990 (4)：102 - 106.
[237] 甘雨鸣．台风暴潮灾害及其对策研究 [J]. 中山大学学报论丛，1990 (4)：36

-42.

[238] 斗门县水电局．堤围外滩喷泥造地种植适生作物固堤防浪效益好 [J]. 广东水电科技，1990 (4)：12-18.

[239] 陈俊合，罗章仁．龙滩水库对珠江三角洲防洪影响的分析 [J]. 中山大学学报论丛，1990 (4)：1-6.

[240] 陆庚唐．西江干流大藤峡至高要河段梯级开发方案论证中的若干问题 [J]. 人民珠江，1990 (4)：2-7.

[241] 李平日．华南沿海全新世沙坝及其改造利用 [J]. 地理学报，1990 (4).

[242] 林洪瑛，韩舞鹰，马克美．珠江口河口湾水交换初步探讨 [J]. 科学通报，1990 (5)：366-369.

[243] 石燮杲．珠江流域防洪成就 [J]. 人民珠江，1990 (5)：2-6.

[244] 刘凤树，秦曾灏．中国风暴潮研究最新进展 [J]. 地球科学进展，1990 (6)：29-32.

[245] 史燮臯．珠江流域防洪沿革 [J]. 人民珠江，1990 (6)：31-35.

[246] 刘秉湛．西江干流大藤峡至高要段综合利用规划介绍 [J]. 人民珠江，1991 (1)：13-16，48.

[247] 郭元裕，沈佩君，覃强荣，等．珠江口伶仃洋滩涂围垦最优规划方法及其数学模型系统研究 [J]. 人民珠江，1991 (1)：28-34，40.

[248] 李平日，林晓东，黄光庆．东江三角洲地貌特征 [J]. 地理研究，1991 (2)：11-19.

[249] 郭子嵩．海堤的设计和施工问题 [J]. 人民珠江，1991 (2)：32-38.

[250] 吴建青．珠江口磨刀门潮汐河口模型试验研究技术总结通过专家鉴定 [J]. 人民珠江，1991 (2)：9.

[251] 柳枞阳，范时清，袁友仁．珠江口盆地中部浅地层结构特征与海底不稳定因素研究 [J]. 热带海洋，1991 (2)：65-70.

[252] 陈耀泰，罗章仁．珠江口现代沉积速率及其反映的沉积特征 [J]. 热带海洋，1991 (2)：57-64.

[253] 马应良．开发珠江口保护珠江口 [J]. 人民珠江，1991 (2)：41-43.

[254] 李天坚．登陆珠江口的热带气旋气候特征及其预报 [J]. 海洋预报，1991 (2)：50-55.

[255] 黄克中，钟恩清．最小水流能量损失率理论在河相关系中的应用 [J]. 地理学报，1991 (2)：178-185.

[256] 黄克中，锺恩清．估算平原河流航道整治线宽度的理论与应用 [J]. 泥沙研究，1991 (2)：69-73.

[257] 钟恩清．东平水道河段整治水深和航深的预测 [J]. 热带地理，1991 (2)：135-143.

[258] 叶林宜．景丰联围的整修加固 [J]. 人民珠江，1991 (2)：29-31，48.

[259] 水利部珠江水利委员会．珠江志第一卷 [M]. 广州：广东科技出版社，1991.

[260] 王文介，等．华南沿海和近海现代沉积［M］．北京：科学出版社，1991.
[261] 罗宗业．华南沿海地区的深度基准面［J］．港湾建设，1991（3）.
[262] 沈焕庭．我国河口水文研究的回顾与建议［J］．水科学进展，1991（3）：201－205.
[263] 麦蕴瑜．利用潮汐治理沿海出口水道促进对外经济发展［J］．广东水电科技，1991（4）：2－26.
[264] 方国祥，李平日，黄光庆．珠江三角洲8000年来海平面变化［J］．地理研究，1991（4）：1－11.
[265] 钟建强，聂颂平．珠江三角洲的活动断裂与区域稳定性分析［J］．热带海洋，1991（4）：29－36.
[266] 郑厚法．珠江三角洲的海堤建设［J］．人民珠江，1991（4）：34－36.
[267] 甘雨鸣，唐永明，刘美南．珠江口台风暴潮的数值计算［J］．中山大学学报(自然科学版)，1991（4）：1－8.
[268] 黄本胜，黄健东，陆耀辉．河道节点对水流调节控制作用［J］．广东水电科技，1991（4）：27－33.
[269] 张希然．珠江三角洲海涂土壤［J］．海洋与湖沼，1991（5）：480－488.
[270] 蔡尚途．航道整治与行洪安全［J］．人民珠江，1991（5）：33－37.
[271] 广东省划定河道行洪控制线领导小组办公室．广东省东、西、北江干流及珠江三角洲河网区划定河道行洪控制线成果报告［R］，1991.5.
[272] 调查组．磨刀门海堤受9108号台风袭击毁损情况的调查［J］．人民珠江，1991（6）：50，15.
[273] 广东省水利水电科学研究院．白坭水道牛角湾裁弯工程数学模型研究［R］，1991.10.
[274] 罗肇森，等．珠江口伶仃洋3.5万吨级航道开发方案的回淤计算分析［D］．南京：南京水利科学研究院河港所，1991.10.
[275] 交通部天津水运工程科学研究所，广州港务局．珠江口伶仃洋航道整治技术的研究［R］，1991.10.
[276] 广东省水利水电科学研究院．鹤山县西江沙坪大堤杰州砖厂段挡土墙稳定分析［R］，1992.1.
[277] 韩舞鹰，林洪瑛．珠江口的碳通量和碳循环［J］．海洋学报（中文版），1992（1）：56－63.
[278] 罗兆麟．珠江的洪水特性［J］．水利规划，1992（2）.
[279] 简明新．威远围海堤的软基处理［J］．人民珠江，1992（2）：20－22.
[280] 乔彭年．伶仃洋、黄茅海寿命的初步研究［J］．热带地理，1992（2）：129－132.
[281] 叶林宜．樵桑联围［J］．人民珠江，1992（2）：18－19.
[282] 吴超羽，徐家隽．珠江磨刀门河口亚潮频率水位的控制论研究［J］．海洋与湖沼，1992（2）：156－166.

[283] 曾昭璇，刘南威，胡男，等．珠江口海平面上升趋势与地壳运动 [J]．热带地理，1992 (2)：99－107.

[284] 李天坚．思贤滘的水流特征及对西北江下游的影响 [J]．广东水电科技，1992 (3)：7－10.

[285] 石清泉，罗兆麟，张润琦．洪水灾害是珠江中下游的心腹之患——1991 年淮河、太湖水灾的启示 [J]．人民珠江，1992 (3)：2－7.

[286] 珠海市南水镇府．围垦开发大箕湾可行性分析报告、附图和工程预算表 [R]，1992.

[287] 杨雪舞，王文介．黄茅海河口湾沉积物的稳健对数比主分量分析 [J]．热带海洋，1992 (3)：68－75.

[288] 班英华．西江梧州站近百年洪水分析 [J]．人民珠江，1992 (3)：8－10.

[289] 李天坚．思贤滘的水流特征及对西北江下游的影响 [J]．广东水电科技，1992 (3)：7－10.

[290] 袁金炼．珠江三角洲历史上一场空前的风灾 [J]．人民珠江，1992 (4)：44－45.

[291] 李大标，韦奕铨．三角洲地区堤防加固工程的若干问题 [J]．广东水电科技，1992 (4)：18－24.

[292] 刘晋仁．海堤防御标准商榷 [J]．人民珠江，1992 (4)：27－32.

[293] 曾昭璇，刘南威，胡男，等．珠江口水位变化的趋势——验潮站记录分析 [J]．热带海洋，1992 (4)：56－62.

[294] 罗章仁，等．华南港湾 [M]．广州：中山大学出版社，1992.

[295] 陈文彪．伶仃洋口门冲淤特性及治理措施的探讨 [J]．水利工程管理技术，1992 (4).

[296] 广东省水利水电科学研究院．北江下游航道整治河工试验研究 [R]，1992.4.

[297] 易源．抗日战争时期珠江流域西江上中游的航道整治 [J]．人民珠江，1992 (5)：47－48.

[298] 珠江委水文局．珠江流域实用水文预报方案汇编 [R]，1992.6.

[299] 珠江水利委员会．黄茅海及鸡啼门治导轮廓线方案水利计算报告 [R]，1992.6.

[300] 珠江委水源局和珠江委水文局．西江流域经济开发与环境整治重大问题研究 [R]，1992－1993.

[301] 广州人民政府．关于广州市滩涂围垦情况报告 [R]，1992.

[302] 水利部珠江水利委员会．伶仃洋治导线规划水利计算报告 [R]，1992.6.

[303] 水利部珠江水利委员会．伶仃洋海区冲淤变化分析报告 [R]，1992.6.

[304] 水利部珠江水利委员会勘测设计研究院．洪奇门整治工程规划报告 [R]，1992.6.

[305] 水利部珠江水利委员会勘测设计研究院．横门口整治工程规划报告 [R]，1992.6.

[306] 水利部珠江水利委员会．伶仃洋及东四门水文分析报告 [R]，1992. 6.

[307] 水利部珠江水利委员会．蕉门口整治工程规划报告 [R]，1992. 6.

[308] 何焯霞，黄钟炜，蔡尚途．珠江三角洲防洪潮问题的探讨 [C] //中国土木工程学会．第一届全国城市防洪学术会议论文集，1992.

[309] 王伦明，程健．小榄水道双体快速船船行波现场观测 [J]. 水运工程，1992 (7)：35 - 39.

[310] 李平日，等．珠江三角洲全新世气候变化 [M] //施雅风．中国全新世大暖期气候与环境．北京：海洋出版社，1992.

[311] 何焯霞，黄钟炜，蔡尚途．珠江三角洲防洪问题及对策 [J]. 水利水电技术，1992 (12)：9 - 11.

[312] 曾昭璇，刘南威，胡男，等. SEA LEVEL RISE OF THE ZHUJIANG RIVER DELTA AND NEOTECTONICS [J]. Chinese Geographical Science，1993 (1)：46 - 52.

[313] 蒋洪涛．桑园围的排水计算 [J]. 人民珠江，1993 (1)：28 - 32.

[314] 张声才．从桑园围历史洪涝灾害论珠江河口整治 [J]. 华南师范大学学报（自然科学版)，1993 (1)：88 - 91.

[315] 陈琴德．珠江三角洲的水文和水资源研究 [J]. 热带地理，1993 (2)：121 - 128.

[316] 珠江水利委员会．珠江三角洲及河口综合整治规划工作情况汇报 [R]，1993. 2.

[317] 张声才．海平面上升对广州高水位的影响 [J]. 热带地理，1993 (3)：206 - 212.

[318] 温恭光．黄茅海的航运开发价值及开发步骤 [J]. 人民珠江，1993 (3)：3 - 5.

[319] 林汀水．略论珠江三角洲变迁的特点 [J]. 厦门大学学报（哲学社会科学版)，1993 (3)：102 - 107.

[320] 朱启元，林俊．磨刀门对澳供水系统光电显示模型的制作 [J]. 人民珠江，1993 (2)：13 - 15.

[321] 李天坚. 8908 号和 9108 号台风潮在磨刀门的特点 [J]. 人民珠江，1993 (2)：23 - 24，32.

[322] 江门市江新联围织物模袋混凝土工程组．江新联围险岸织物模袋混凝土防护初步总结 [J]. 广东水电科技，1993 (3)：33 - 40.

[323] 卞吉埠．继往开来的东江流域水利 [J]. 人民珠江，1993 (3)：45 - 48.

[324] 省水电厅，等．对珠江河口治导线规划报告的意见 [R]，1993.

[325] 李平日，等．海平面上升对珠江三角洲生存、发展环境的威胁——对 21 世纪环境演变的预测 [M] //张兰生．中国生存环境历史演变规律研究．北京：海洋出版社，1993.

[326] 江沛霖，王廷华，沈建聪，等．关于黄茅海及鸡啼门治导轮廓线的意见 [J].

人民珠江，1993 (3)：6－10.
[327] 辛文杰．河口、海湾平面潮流数值计算中的几个问题 [J]．水动力学研究与进展（A 辑），1993 (3)：348－354.
[328] 水利部珠江水利委员会．珠江志（第三卷）[M]．广州：广东科技出版社，1993.
[329] 李平日，沿海水利规划需注意海平面上升问题 [J]．水利规划，1993 (3).
[330] 珠江水利委员会勘测设计院．伶仃洋治导线规划报告要点 [R]，1993.3.
[331] 吴小明，蔡伟．珠江口蕉门延伸段悬沙不淤流速的初步研究 [J]．人民珠江，1993 (3)：16－20.
[332] 广东省航道设计科研所、河海大学海工所．西江崖门（虎跳门）出海航道第一期整治工程初步设计 [R]，1993.4.
[333] 张声才，曾昭璇．桑园围及其整治 [J]．人民珠江，1993 (4)：6－8.
[334] 李天坚．西北江三角洲潮洪混合段洪峰分析及预报 [J]．广东水电科技，1993 (4)：23－26.
[335] 陈子燊．珠江伶仃河口湾及邻近内陆架的纵向环流与物质输运分析 [J]．热带海洋，1993 (4)：47－54.
[336] 水利部珠江水利委员会．伶仃洋治导线规划报告 [R]，1993.5.
[337] 曾昭璇．珠江三角洲一万年来环境变化简介 [J]．地理学报，1993 (6)：563－564.
[338] 任美锷．黄河长江珠江三角洲近 30 年海平面上升趋势及 2030 年上升量预测 [J]．地理学报，1993 (5)：385－393.
[339] 水利部．珠江流域综合规划 [R]，1993.
[340] 李平日．必须重视海平面上升对沿海水利建设的影响 [J]．人民珠江，1993 (5)：6－9.
[341] 唐永銮，陈国能，曹军建，等．大气中 CO_2 增加引起全球变暖和海平面上升及其对珠江三角洲可能的影响 [J]．重庆环境科学，1993 (5)：13－17.
[342] 李平日，方国祥，黄光庆．海平面上升对珠江三角洲经济建设的可能影响及对策 [J]．地理学报，1993 (6)：527－534.
[343] 广东省水利水电科学研究院．珠江三角洲网河堤外滩地种树固滩固岸、防浪护堤效果及其对行洪影响初探 [R]，1993.6.
[344] 李平日．近 2000 年广州珠江岸线的洪流 [M] //广州史志研究．广州：广州出版社，1993.
[345] 珠江水利委员会．珠江河口治导线规划综合说明书 [R]，1993.11.
[346] 翁齐浩．珠江三角洲全新世环境变化与文化起源及传播的关系 [J]．地理科学，1994 (1)：1－8，99.
[347] 甘雨鸣，闫英，冯伟忠．珠江口台风增水对热带气旋参数改变的反响 [J]．热带海洋，1994 (1)：9－16.
[348] 张邦杰．珠江三角洲河口可控水域养殖病害的现状及其综合防治 [J]．水产科

技，1994 (1)：10-14.
[349] 田向平．珠江口伶仃洋温度分布特征 [J]．热带海洋，1994 (1)：76-80.
[350] 曾昭璇，丘世钧．珠江口海平面上升对三角洲的影响 [J]．人民珠江，1994 (1)：6-9.
[351] 江沛霖．河口江心洲的发展和开发时机的商榷 [J]．人民珠江，1994 (1)：13-15.
[352] 苏纪兰．海平面变化的一些因素 [M] //中国科学院院士咨询报告 海平面上升对中国三角洲地区的影响及对策．北京：科学出版社，1994.
[353] 应秩甫．珠江口伶仃洋锋的类别及其对沉积的影响 [J]．热带海洋，1994 (2)：25-32.
[354] 王喜年，张兴铭．减轻海洋自然灾害确保珠江三角洲经济发展 [J]．海洋开发与管理，1994 (2)：66-72.
[355] 田向平．河口盐水入侵作用研究动态综述 [J]．地球科学进展，1994 (2)：29-34.
[356] 伍兆民，黄校．珠江口磨刀门垦区海堤线测设的几个技术问题 [J]．海洋测绘，1994 (2)：43-45.
[357] 粤水婷．百年洪水安然过江水利设施不可没 [J]．广东水电科技，1994 (3)：44-45.
[358] 罗炳光．河道堤防加固 [J]．人民珠江，1994 (3)：31-36.
[359] 刘晨．珠江三角洲海平面上升及其对水环境的影响 [J]．人民珠江，1994 (3)：9-10.
[360] 黄希敏，周代鑫．珠江河口规划中几个问题的探讨 [J]．水利规划，1994 (3)：23-30.
[361] 程禹平．弯道河床下切机理及稳定控制 [J]．广东水电科技，1994 (4)：17-26.
[362] 江金波，张声才．珠江三角洲水土资源开发利用的几个问题与主要对策 [J]．华南师范大学学报（自然科学版），1994 (4)：77-83.
[363] 薛建枫．珠江防洪 亟待加强——西、北江“94·6”大洪水灾后反思 [J]．人民珠江，1994 (4)：9-14，21.
[364] 蔡荣升．浅谈珠江防洪工程建设 [J]．人民珠江，1994 (4)：26-29，48.
[365] 陈智贤．伶仃洋大桥与长江“桥梗塞”[J]．开放时代，1994 (4)：38-39.
[366] 朱俊茹，章雪萍．“94·6”特大暴雨洪水初步分析 [J]．人民珠江，1994 (4)：2-8.
[367] 常宝琦，梁纪彬．珠江三角洲土坝和堤围震害初步预测 [J]．人民珠江，1994 (4)：36-40，46.
[368] 李举国，董兆英，等．黄茅海拦门沙演变及回淤分析 [R]．广州：广东省航道局，珠江水利委员会，1994.4.
[369] 广东省航道勘测设计研究所，海河大学海岸及海洋工程研究所．珠江水系横门

出海航道整治工程可行性研究报告 [R], 1994.4.

[370] 李平日. 防灾减灾 建设名城——广州名城与现代化国际大都市建设 [M]. 广州: 广东人民出版社, 1994.

[371] 伍宏业. 对珠江河口横门北汊与洪奇门汇合延伸段一主一支治导规划方案的意见 [J]. 珠江水运, 1994 (5): 25-26.

[372] 伍兆民, 黄校. 磨刀门围垦区海堤线测设的几个技术问题 [J]. 人民珠江, 1994 (6): 16-18.

[373] 刘方玉. 珠江八大门杂谈 [J]. 珠江水运, 1994 (8): 34-35.

[374] 冯房柱. 关于珠江三角洲港口布局和建设问题的研究 [J]. 综合运输, 1994 (8): 10-14.

[375] 李瑞晴. 影响老鸦洲枯水期流量分配主要因素 [J]. 珠江水运, 1994 (8): 27.

[376] 彭鉅新. 关于航道整治前后水深改正系数 η 值变化的探讨 [J]. 珠江水运, 1994 (9): 29-30.

[377] 珠江委. 珠江河口近期治理意见 [R], 1994.10.

[378] 广东省水利厅. "94·6" 洪水珠江三角洲局部河段出现超历史高水位原因分析 [R], 1994.11.

[379] 刘方玉. 谈谈珠江口门治理问题 [J]. 珠江水运, 1994 (12): 18-20.

[380] 陈培红. 晚更新世以来珠江三角洲海进海退 [J]. 人民珠江, 1995 (1): 14-17.

[381] 钱抱清. 发展西江航运必须与水利水电工程相结合 [J]. 人民珠江, 1995 (1): 42-45.

[382] 李天坚. 西北江三角洲潮洪混合段洪峰水位分析及预报 [J]. 水文, 1995 (S1): 38-41.

[383] 黄小平. 源解析受体模型在伶仃洋沉积物重金属污染研究中的应用 [J]. 热带海洋, 1995 (1): 1-6.

[384] 秦伟. 喷水泥粉搅拌桩和矿渣挤密桩在码头边坡稳定工程中的应用 [J]. 珠江水运, 1995 (1): 27-29.

[385] 李天坚. 珠江河口区防台风暴潮工作简介 [J]. 水文, 1995, (S1): 63-65, 5.

[386] 罗肇森. 珠江口伶仃洋深水航道开发方案的回淤研究 [J]. 水利水运科学研究, 1995 (2): 111-118.

[387] 夏法, 揭明明, 黎志中. 应用灰色系统理论对珠江三角洲地质环境质量分区评价 [J]. 中国地质灾害与防治学报, 1995 (2): 40-49.

[388] 蓝先洪. 珠江三角洲晚第四纪以来的古地理研究 [J]. 矿物岩石地球化学通讯, 1995 (2): 109-111.

[389] 罗宗业. 珠江洪水位壅高原因初探 [J]. 海洋预报, 1995 (2): 32-39.

[390] 杨磊. 河网非恒定流的有限元数值解 [J]. 应用基础与工程科学学报, 1995 (2): 70-75.

[391] 罗宗业．珠江水上涨——广州水浸街 [J]. 海洋技术，1995 (2)：77-85.
[392] 吴超羽．黄茅海河口小尺度动力结构及其沉积作用 [J]. 中山大学学报（自然科学版)，1995 (2)：86-94.
[393] 黄本胜，赖冠文，程禹平．海堤外滩地种树效果及对行洪影响 [J]. 人民珠江，1995 (3)：38-42.
[394] 黄志兴，刘嘉玲，范绍佳．珠江崖门出海口大气边界层特征分析 [J]. 热带海洋，1995 (3)：36-43.
[395] 刘兆伦，孔宪志．广东省西江干流 1994 年洪水考察与思考 [J]. 人民珠江，1995 (3)：2-4.
[396] 杜碧兰，田素珍，禹军．海平面上升对珠江三角洲地区影响及对策初探 [J]. 海洋预报，1995 (4)：1-8.
[397] 广东省水利水电科学研究院．海平面上升与河口水位关系研究 [R]，1995.
[398] 珠江水利委员会．珠江流域（片）水利发展"九五"计划、2000—2010 年规划报告 [R]，1995.
[399] 窦国仁，董凤舞，Xibing Dou. 潮流和波浪的挟沙能力 [J]. 科学通报，1995 (5)：443-446.
[400] 李伯益．贝水水闸抗洪抢险的技术措施 [J]. 人民珠江，1995 (5)：45-47.
[401] 章雪萍．西江天河站洪水特性分析与洪峰预报方案研究 [J]. 人民珠江，1995 (5)：14-17.
[402] 珠江水利委员会．珠江流域水土保持监测网络规划报告 [R]，1995.6.
[403] 广东省水利水电科学研究院．西江（虎跳门水道）航道整治工程试验研究 [R]，1995.6.
[404] 陈子超，张丽容．广东省江门水道整治工程竣工 [J]. 珠江水运，1995 (6)：19.
[405] 刘方玉．漫话崖门水道古战场 [J]. 珠江水运，1995 (7)：33-34.
[406] 周嘉永，刘春林．论东平水道的行洪能力及防洪效应 [J]. 珠江水运，1995 (8)：22-23，32.
[407] 广东省计划委员会、珠江三角洲经济区规划办公室编．珠江三角洲经济区规划研究 [M]. 广州：广东经济出版社，1995.
[408] 吴庆洲．珠江三角洲城市水灾风险的上升趋势及减灾对策 [M] //珠江三角洲经济区规划研究（上卷). 广州：广东经济出版社，1995.
[409] 傅绥宁，吴积善．西江流域经济开发与环境整治重大问题研究课题组，加快西江流域开发促进西南华南地区持续发展 [J]. 中国软科学，1995 (9)：40-44.
[410] 珠江水利委员会勘测设计研究院．思贤窖水利枢纽预可行性研究报告 [R]，1995.10.
[411] 广东省水文总站．广东省珠江流域入河排污口调查报告 [R]，1995.10.
[412] 广东省地方志编纂委员会．广东省志 [M]．广州：广东人民出版社，1995.
[413] 水利部．SL 104—95 水利工程水利计算规范 [S]，1995.

[414] 吴先碧，张丽容．西江三千吨级出海口门航道已打通——西江崖门出海航道整治工程疏浚挖泥工程竣工 [J]．珠江水运，1995 (11)：31.
[415] 珠江水利委员会．珠江流域（片）主要缺水城市供水水源规划 [R]，1995.12.
[416] 董兆英，朱士康．对开发横门出海航道和港口建设有关问题的浅见 [J]．珠江水运，1995 (12)：18-20.
[417] 敖大光，李素琼．老鸦洲浅滩整治试验研究 [J]．泥沙研究，1996 (1)：29-36.
[418] 广东省水利水电科学研究院．海平面上升对珠江三角洲潮水位的影响初步研究 [R]，1996.1.
[419] 胡世雄．珠江三角洲地区西水东调途径的探讨 [J]．珠江现代建设，1996 (1)：31-33.
[420] 广东省水利水电科学研究院．珠江三角洲试验海平面上升对珠江三角洲潮水位的影响初步研究 [R]，1996.1.
[421] 陈吉余．中国河口海岸研究回顾与展望 [J]．华东师范大学学报（自然科学版)，1996 (1)：1-5.
[422] 王廷华，陈丽棠．"94·6"洪水对西北江三角洲的影响分析 [J]．人民珠江，1996 (2)：34-38.
[423] 季子修，施雅风．海平面上升、海岸带灾害与海岸防护问题 [J]．自然灾害学报，1996 (2)：60-68.
[424] 戴良生，黄荣新．珠江磨刀门口门治理开发工程效益显著 [J]．人民珠江，1996 (2)：27-31.
[425] 钟建强，詹文欢，古森昌，等．珠江三角洲地热田远景的构造环境分析 [J]．大地构造与成矿学，1996 (2)：134-140.
[426] 林祖亨，梁舜华．珠江口水域的潮流分析 [J]．海洋通报，1996 (2)：11-22.
[427] 刘晨，伍丽萍．海平面上升对珠江三角洲水资源的影响 [J]．海洋环境科学，1996 (2)：51-56.
[428] 张惠英，严以新，彭世银．崖门口外围垦与潮汐水道稳定性分析及数值计算 [J]．河海大学学报，1996 (3)：62-67.
[429] 杨清书，黄伟强，梁飞勇．珠江三角洲河口区水位变化的典型场特征 [J]．中山大学学报（自然科学版)，1996 (3)：104-109.
[430] 吕春花，孙清，董伟．海平面上升对珠江三角洲经济和环境的可能影响及其防御措施 [J]．热带海洋，1996 (3)：14-20.
[431] 蒋洪涛．河网地区城市排水计算 [J]．人民珠江，1996 (4)：28-34.
[432] 程鉴基．水泥—水玻璃在珠江三角洲软土灌浆中的应用 [J]．岩土工程学报，1996 (4)：83-86.
[433] 简明新．珠江河口海堤的加固措施 [J]．人民珠江，1996 (5)：38-39.
[434] 谢蒙，易海强．高频浅层地震反射法在浅海工程勘察中的应用 [J]．珠江现代

建设，1996 (5)：17-19，31.

[435] 彭鉅新．航道整治前后东平水道行洪能力的变化 [J]. 珠江水运，1996 (5)：21-22.

[436] 广东省水利水电科学研究院．"莲沙容"航道整治工程一维网河水力学计算报告 [R]，1996.6.

[437] 敖大光，吴天胜．思贤滘西滘口航道整治试验研究 [J]. 人民珠江，1996 (6)：20-26.

[438] 卜水发．鸡鸦水道中沙环险段整治工程研究 [J]. 中国农村水利水电，1996 (7)：26-29.

[439] 罗启添．珠海市泥湾门大桥设计特点 [C] //中国土木工程学会市政工程学会城市桥梁学术委员会，上海市政工程设计研究院，上海彭浦橡胶制品总厂，柳州市建筑机械总厂．全国城市桥梁青年科技学术会议论文集，1996.

[440] 江克锋．珠江三角洲港口布局规划刍议（上）[J]. 珠江水运，1996 (10)：15-16.

[441] 珠江水利委员会．珠江片水中长期供求计划报告 [R]，1996.11.

[442] 吴加学，曾庆怀．西江崖门出海航道疏浚工程施工监理探索 [J]. 水运工程，1996 (11)：52-54.

[443] 江克锋．珠江三角洲港口布局规划刍议（下）[J]. 珠江水运，1996 (11)：17-18.

[444] 周美华，李文舟．加快西江出海航道建设促进外向型经济发展 [J]. 珠江水运，1996 (12)：13-15.

[445] 广东省计划委员会，珠江三角洲经济区．珠江三角洲经济区规划研究 [M]. 广州：广东经济出版社，1996.

[446] 房秀芳．确定治导线是海河河口综合治理开发的关键 [J]. 海河水利，1997 (1)：46.

[447] 杨雪舞，于红兵，孙宗勋，等．黄茅海河口湾现代动力地貌体系和冲淤过程分析 [J]. 热带海洋，1997 (1)：49-59.

[448] 何焯霞，董兆英．磨刀门口门治理开发规划与实施效果 [J]. 水利规划，1997 (1)：30-33，56.

[449] 黄希敏，沈汉坤．珠海—澳门附近水域十字门水道北口治导线平面布置的确定 [J]. 水利规划，1997 (1)：53-56.

[450] 张声才．广东'94 特大洪水与防洪涝对策 [J]. 热带地理，1997 (1)：30-35.

[451] 李天坚．思贤滘在"96·7"洪水中的作用 [J]. 广东水利水电，1997 (1)：22-24.

[452] 向旭．开展东江三角洲整治规划工作 [J]. 水利规划，1997 (1)：23.

[453] 向旭．广东省海堤风浪爬高计算的探讨 [J]. 水利规划，1997 (1)：45-48.

[454] 谢汉祥，向旭．西、北江干流及网河区洪、潮水面线计算 [J]. 水利规划，

1997 (1): 6-10.
[455] 邓聪．环珠江三角洲大湾文化地貌试析 [J]. 热带地理，1997 (2): 179-183.
[456] 沈焕庭．中国河口数学模拟研究的进展 [J]. 海洋通报，1997 (2): 80-86.
[457] 李荣新，梁培．对西江干流大源冲口—都城航道整治线宽度的探讨 [J]. 珠江水运，1997 (3): 28-30.
[458] 钱挹清．整治澳门附近水域促进磨刀门出海航道建设 [J]. 人民珠江，1997 (3): 25-26，51-1.
[459] 李义天．河网非恒定流隐式方程组的汊点分组解法 [J]. 水利学报，1997.3.
[460] 杜涛，方国洪，丁文兰．微分求积法在风暴潮预报中的应用 [J]. 海洋预报，1997 (3): 2-8.
[461] 吴超羽．五千年来珠江口两岸沉积差异及其对香港城市和基础设施规划的影响 [J]. 第四纪研究，1997 (4): 354-366.
[462] 杨广杏，钟远清，李耀初．伶仃洋石油污染及油品鉴别 [J]. 环境与开发，1997 (4): 23-26.
[463] 喻丰华．珠海河口整治与滩涂围垦的理论与实践 [J]. 国土经济，1997 (5): 35-37.
[464] 谌晓东，周文浩．思贤滘水利枢纽工程对广州城市供水效益计算 [J]. 人民珠江，1997 (5): 12-15.
[465] 朱起茂，廖志伟．开发沿海滩涂治理河口河道 [J]. 人民珠江，1997 (5): 34-36.
[466] 周嘉永．论东平水道航运建设与行洪作用 [J]. 人民珠江，1997 (5): 32-33.
[467] 杨广杏，张展露，李耀初．珠江口石油污染及油品鉴别 [J]. 交通环保，1997 (6): 10-13.
[468] 冯晓．成功的启迪——“八五”国家重点科技攻关项目珠江崖门口航道整治技术研究回顾 [J]. 珠江水运，1997 (6): 27-28.
[469] 周文浩．思贤滘水利枢纽压咸灌溉效益分析 [J]. 珠江现代建设，1997 (6): 10-12.
[470] 黎开志．利用世界银行贷款开发珠江河口滩涂资源的工作程序 [J]. 珠江现代建设，1997 (6): 23-27.
[471] 谢凌峰，程健，唐洪武．珠江三角洲快速客船内河航道开发研究 [J]. 水运工程，1997 (9): 24-30.
[472] 程健，谢凌峰．横门口汇流区烂山浅滩整治方法研究 [J]. 水运工程，1997 (9): 16-20.
[473] 程锦潮．浅谈横门东水道的船舶避碰 [J]. 珠江水运，1997 (11): 29-30.
[474] 珠江水利委员会．珠江流域（片）水利滩涂开发治理规划 [R]，1997.12.
[475] 李平日．全球变暖——海平面上升对西江经济走廊的影响 [M]. 两广西江流

域开发研究．广州：广东经济出版社，1997.

[476] 李平日，等．华南沿海风暴潮作用 [C] //第七届全国第四纪学术会议文摘，1997.

[477] 顺德市水利局，口门指挥部．珠江河口综合调研 [R]，1997.

[478] 黄日恒．珠江三角洲地区地震危险性刍议 [J]. 华南地震，1998 (1)：65-70.

[479] 曹祖德，蔡嘉熙．珠江口伶仃洋航道整治研究 [J]. 水道港口，1998 (1)：1-6.

[480] 肖先达．东平水道新沙洲航道整治简介 [J]. 水运工程，1998 (1)：30-32.

[481] 李春初，雷亚平．认识珠江，保护珠江——试论广州至虎门潮汐水道的特性和保护问题 [J]. 热带地理，1998 (1)：24-28，65.

[482] 徐海亮，蒋红云．人工神经网络模型在河网地区的应用 [J]. 水利管理技术，1998 (1)：34-38.

[483] 刘沛然，闻平．河口最大浑浊带概述 [J]. 中山大学研究生学刊（自然科学版），1998 (S1)：21-26.

[484] 吴明阳．深圳港铜鼓航道选线分析 [J]. 水道港口，1998 (2)：37-41.

[485] 李平日，等．应用加速器测年研究珠江三角洲海平面升降与气候变化关系 [J]. 热带地理，1998 (2).

[486] 徐海亮．河口环境变异与水文模拟计算初探——以珠江河口网河区为例 [J]. 热带地理，1998 (2)：162-167.

[487] 叶林宜．城市化的珠江三角洲堤围防洪标准经济评价 [J]. 水利规划，1998 (3)：12-17.

[488] 蔡尚途．第二届珠江河口澳门附近水域国际学术研讨会在广州及澳门举行 [J]. 人民珠江，1998 (3)：30.

[489] 郑道贤．磨刀门水道洪水水位变化的分析 [J]. 广东水利水电，1998 (3)：3-5.

[490] 周文浩．海平面上升对珠江三角洲咸潮入侵的影响 [J]. 热带地理，1998 (3)：266-269，285.

[491] 刘仲桂．西江流域的洪涝灾害及减灾对策 [J]. 中国减灾，1998 (3)：16-18.

[492] 应强，蒋星科，经绯．沉积物矿物特性对淤泥来源定量计算的探讨 [J]. 海洋工程，1998 (4)：105-110.

[493] 尤耀宗．航道投资滚动回收机制的探讨 [J]. 中国水运，1998 (4)：33-34.

[494] 叶显恩．明清珠江三角洲沙田开发与宗族制 [J]. 中国经济史研究，1998 (4)：55-67.

[495] 蔡尚途．珠江流域水资源统一管理格局基本形成 [J]. 人民珠江，1998 (4)：19.

[496] 何以昭，韩天槐，潘剑中．西江干流高要洪峰水位预报方案修正的探讨 [J].

人民珠江，1998 (5)：8-11.

[497] 钟国泉．西、北两江双向水流作用下的老鸦洲浅滩航道整治 [J]. 水运工程，1998 (5)：30-32.

[498] 刘小曼．珠江口门海堤堤型的选择 [J]. 人民珠江，1998 (5)：39-44.

[499] 李平日．从地理学角度看珠江三角洲近年洪涝灾害 [J]. 人民珠江，1998 (5)：56-58.

[500] 沈汉堃，钟上海，刘建业．海平面上升对珠江三角洲洪潮水位影响的研究 [J]. 人民珠江，1998 (5)：30-34.

[501] 王永信，史键辉，于斌，等．台风暴潮沿珠江河道上溯分析 [J]. 海洋通报，1998 (5)：10-16.

[502] 李先维．珠江洪奇门水道整治工程措施试验研究 [J]. 人民珠江，1998 (5)：35-38.

[503] 李平日．从地理学角度看珠江三角洲近年洪涝灾害 [J]. 人民珠江，1998 (5)：56-58.

[504] 珠江委水利信息中心．珠江三角洲顺德河网三防信息系统研究 [R]，1998.5.

[505] 刘岳峰，韩慕康，邬伦，等．珠江三角洲口门区近期演变与围垦远景分析 [J]. 地理学报，1998 (6)：14-22.

[506] 王廷华．珠江三角洲水位变化趋势及其影响分析 [J]. 人民珠江，1998 (6)：38-41，45.

[507] 广东省航道设计科研所．珠江水系横门出海航道整治工程初步设计 [R]，1998.6.

[508] 广东省水利厅．广东省沿海水利滩涂治理开发利用情况汇报 [R]，1998.7.24.

[509] Zheng M.，Yang G. Z.. The Humen Pearl River Bridge [J]. Structural Engineering International，1998，8 (2)：75-89.

[510] 郑明珠，杨高中，林荣有．珠江虎门大桥的设计与施工 [C] //中国土木工程学会．中国土木工程学会第八届年会论文集，1998.

[511] 广东省科委，广东省国土厅．广东省沿海围垦情况普查提纲 [R]，1998.9.

[512] 作者不详．珠江河口近期泄洪整治规划方案（提要）[R]，1998.9.

[513] 罗刚毅．珠江三角洲内河运输集约化发展趋势的探讨 [J]. 交通企业管理，1998 (9)：30-31.

[514] 佛山市加固佛山大堤工程指挥部，中国科学院南海海洋研究所．佛山大堤堤围险段水深和底质图集 [R]，1998.10.

[515] 东莞市水利局．关于虎门狮子洋河滩占用情况调查工作的报告 [R]，1998.

[516] 番禺市水利局．关于我市河道和围垦码头桥梁的调查情况 [R]，1998.

[517] 顺德市水利局．珠江三角洲河道及八大出海口门占滩情况调查登记表 [R]，1998.

[518] 江门市水利局．江门市河道建设项目及河道占用情况调查报告 [R]，1998.

[519] 珠海市水利局．珠海市口门治理与开发利用汇报提纲 [R]，1998.10.

[520] 广东省水利厅．关于珠江三角洲河口八大口门现状及整治规划考察调研的报告[R]，1998.11.13.

[521] 珠江水利委员会科学研究所．澳门高速船客运码头选址技术论证研究报告[R]，1998.12.

[522] 珠江水利委员会．珠江流域主要水文站设计洪水、设计潮位及水位流量关系复核报告[R]，1998.

[523] 中山市．珠江三角洲河道及八大出海口门占滩情况调查登记表[R]，1998.

[524] 中国海湾志编纂委员会．中国海湾志（第十四册）[M]. 北京：海洋出版社，1998.

[525] 珠江水利委员会．珠江磨刀门治理开发工程文件汇编[R]，1998.

[526] 蔡锋，陈峰，王树宏，等．珠江口珠海—深圳海底光缆路由设计与建设[J]. 台湾海峡，1999 (1)：14-19.

[527] 张伟强，黄镇国，连文树．广东沿海地区海平面上升影响综合评估[J]. 自然灾害学报，1999 (1)：78-87.

[528] 余向东．江门水道航道整治工程[J]. 珠江水运，1999 (1)：37-38.

[529] 广东省水利电力勘测设计研究院．东江下游及三角洲河段综合治理开发规划报告[R]，1999.1.

[530] 广东省水电设计院．广东省西北江三角洲防洪规划报告[R]，1999.1.

[531] 中山大学河口海岸研究所．伶仃河口湾铜鼓水域水沙净输运分析[J]. 海洋工程，1999 (1)：80-86.

[532] 肖一亭．从宝镜湾遗址看环珠江口史前先民的生产生活[J]. 南方文物，1999 (2)：86-93.

[533] 蔡尚途，易理忠．珠江流域片全面部署防洪规划修订工作[J]. 珠江现代建设，1999 (2)：6.

[534] 刘志伟．地域空间中的国家秩序——珠江三角洲“沙田—民田”格局的形成[J]. 清史研究，1999 (2)：14-24.

[535] 陈小红．珠江三角洲洪水变化及洪水风险与保险[J]. 热带地理，1999 (2)：22-28.

[536] 杨清书，罗宪林．珠江口伶仃洋海平面变化趋势研究[J]. 地理科学，1999 (2)：30-32.

[537] 水利部珠江水利委员会勘测设计研究院．滩涂开发利用规划报告（简要本）[R]，1999.2.

[538] 徐海亮．河口网河区水文相关模拟的人工神经网络方法与应用[J]. 人民珠江，1999 (3)：15-18，31.

[539] 水利部珠江水利委员会防洪抗旱办公室．珠江流域“98·6”特大洪水资料汇编[R]，1999.3.

[540] 向旭，黄芳．海堤设计中的风速计算问题[J]. 人民珠江，1999 (3)：19-24.

[541] 广东省水利水电科学研究院．顺德水道三杯茶险段整治工程技术咨询报告[R]，1999.3.
[542] 香靖宇，王永勇．黄茅海东槽乘潮水位研究 [J]．珠江现代建设，1999 (3)：6-7，21.
[543] 陈文彪，王琳，邓家泉，等．珠江口伶仃洋的治理研究 [J]．水利学报，1999 (3)：76-82.
[544] 蔡尚途．确保洪水下泄顺畅珠江河口将实施疏浚治理 [J]．人民珠江，1999 (4)：20.
[545] 李景堂，王开元．珠江防洪减灾对策探讨 [J]．人民珠江，1999 (4).
[546] 何洪鉅，宋立荣．"94·6"、"98·6"特大洪水对珠江三角洲水位影响的分析 [J]．广东水利水电，1999 (4)：3-5，23.
[547] 曹文洪，舒安平．潮流和波浪作用下悬移质挟沙能力研究述评 [J]．泥沙研究，1999 (5)：76-82.
[548] 易桂平．肇庆市景福围水利工程建设概况 [J]．广东水利水电，1999 (5)：48.
[549] 沈灿燊，阎英．珠江流域水资源可持续发展研究方法的探讨 [C] //中国地理学会水文专业委员会，中国科学院与香港中文大学地球信息科学联合实验室，香港中文大学地理系，香港中文大学环境研究中心．21世纪中国水文科学研究的新问题新技术和新方法——中国地理学会水文专业委员会第七次全国水文学术会议文集，1999.
[550] 卓寒清，万小兵．振冲加固技术在南海樵桑联围荷村段决口复堤回填砂堤工程中的应用 [J]．广东水利水电，1999 (5)：31-33.
[551] 水利部珠江水利委员会勘测设计研究院．珠江流域主要水文站设计洪水、设计潮位及水位—流量关系复核报告 [R]，1999.5.
[552] 董德化，何焯霞，黄希敏，等．珠江三角洲局部水位壅高及河口治理的几个问题 [J]．人民珠江，1999 (5)：15-17.
[553] 水利部珠江水利委员会勘测设计研究院．珠江流域主要水文站设计洪水、设计潮位及水位～流量关系复核报告 [R]，1999.5.
[554] 水利部珠江水利委员会勘测设计研究院．珠江流域主要水文站设计洪水、设城市规划潮位及水位～流量关系复核报告 [R]，1999.5.
[555] 万小兵，卓寒清．南海樵桑联围荷村段决口复堤工程旧穿堤涵管的拆除 [J]．广东水利水电，1999 (6)：15-17.
[556] 作者不详．珠江水域开展大规模同步水文测验 [J]．治黄科技信息，1999 (6)：22-23.
[557] 珠海市规划设计研究院．珠海市城市供水现状与发展对策的研究 [R]，1999.6.
[558] 蔡尚途．汪恕诚部长签署水利部第10号令，珠江河口管理办法颁布施行 [J]．珠江现代建设，1999 (6)：37.
[559] 敖大光，李素琼，蔡伟，等．珠江东平水道航道整治试验研究 [J]．人民珠

江，1999（6）：7-12.
[560] 黄镇国，张伟强，赖冠文，等．珠江三角洲海平面上升对堤围防御能力的影响[J]．地理学报，1999（6）：518-525.
[561] 新会市水利局．广东省新会市江河流域综合规划报告书[R]，1999.7.
[562] 水利部珠江水利委员会勘测设计院．思贤滘水利枢纽工程项目建议书[R]，1999.8.
[563] 珠江水利委员会．关于正确评价珠江河口整治成效的意见和建议[R]，1999.8.
[564] 水利部．珠江河口管理办法[R]，1999.9.
[565] 珠江水利委员会．加强珠江河口管理加快整治汇报提纲[R]，1999.10.
[566] 珠江水利委员会，广东省水文局．三水、马口站水位下降成因分析报告[R]，1999.11.
[567] 珠江水利委员会水文局，省水文局．西北江下游及其三角洲网河河道同步水文测验技术报告（送审稿）[R]，1999.11.
[568] 珠江水利委员会勘测设计研究院．三水、马口站水位下降成因分析报告[R]，1999.11.
[569] 叶守泽．气象与洪水[M]．武汉：武汉水利电力大学出版社，1999.
[570] 珠江水利委员会．1999年珠江河口疏浚治理工程实施方案[R]，1999.
[571] 李平日．全球变暖——海平面上升对华南沿海的影响与可持续发展[M]//迈向二十一世纪的中国．香港：香港中文大学出版社，1999.
[572] 江门市水利水电勘测设计院．广东省江门市江新联围达标加固工程项目建议书[R]，1999.
[573] 珠江水利委员会．珠江流域治理近期专项工程建设规划[R]，1999.
[574] 肇庆市水利水电勘测设计院．肇庆市景丰联围工程项目建议书[R]，1999.
[575] 邱大洪．工程水文学[M]．北京：人民交通出版社，1999.
[576] 唐泽圣，等．三维数据场可视化[M]．北京：清华大学出版社，1999.
[577] 林俊．GS-3光栅跟踪水位仪[J]．中国农村水利水电，1999增刊.
[578] 珠江水利委员会勘测设计研究院．鸡啼门西滩开发工程可行性研究报告[R]，1999.
[579] 珠江水利委员会勘测设计研究院．黄茅海及鸡啼门治理规划水利计算报告[R]，1999.
[580] 广东省水电院．广东省海堤建设规划报告[R]，1999.
[581] 珠江委水源局科研所．珠江片水利可持续发展战略研究[R]，1999.
[582] 刘志辉，崖岗．横沥大桥浮吊安装50m预应力T梁方案设计与施工[J]．中南公路工程，2000（1）：35-36.
[583] 广东省水利水电科学研究院．珠江三角洲洪潮特性及其遭遇分析[R]，2000.1.
[584] 珠江水利委员会．就加强珠江河口管理及整治问题——珠江委向广东省政府作

专题汇报 [J]. 珠江现代建设，2000 (1)：13.
[585] 陈丽棠，吕忠华. 珠江河口治理 [J]. 水利水电技术，2000 (1)：41-44.
[586] 敖大光，吴小明. 珠江河口的治理和开发试验研究 [J]. 人民珠江，2000 (1)：48-49.
[587] 马启南. 黄茅海治理规划中的治导线确定研究 [C] //中国科学技术协会. 西部大开发 科教先行与可持续发展——中国科协2000年学术年会文集，2000.
[588] 刘沛然，闻平，周作付，等. 珠江口伶仃洋滩槽发育演变影响因素的分析 [J]. 台湾海峡，2000 (1)：119-124.
[589] 周文浩. 磨刀门水道整治前后水文效应分析 [J]. 珠江现代建设，2000 (2)：7-9.
[690] 倪培桐，吴超羽，陈卓英. 应用数值模拟方法探讨河口最大浑浊带若干机理 [J]. 热带海洋，2000 (2)：27-32.
[591] 黄镇国，张伟强，吴厚水，等. 珠江三角洲2030年海平面上升幅度预测及防御方略 [J]. 中国科学（D辑：地球科学)，2000 (2)：202-208.
[592] 北科院. 配合珠江三角洲八大口门整治研究工作大纲（草稿）[R]，2000.2.
[593] 王芳，田素珍. 海平面上升对珠江三角洲地区的社会经济及环境影响研究 [J]. 中国减灾，2000 (2)：35-39.
[594] 中山市三防指挥部办公室. 从我市经济可持续发展高度浅谈做好防咸抗咸工作的对策 [R]，2000.3.9.
[595] 吴郁文. 对加强珠江河口滩涂资源综合开发利用管理的刍议 [C] //中国土地科学二十年——庆祝中国土地学会成立二十周年论文集，2000.
[596] 邓芬. 南海千载堤围话史 [J]. 广东史志，2000 (3)：33-36.
[597] 潘玉敏，凌刚，姚启文. 东江三角洲潮汐变化浅析 [J]. 广东水利水电，2000 (3)：31-33，20.
[598] 珠江委组织宣贯. 珠江河口管理办法 [J]. 珠江现代建设，2000 (3)：40.
[599] 何建华，徐为武. 没有必要建设思贤滘水利枢纽 [J]. 广东交通，2000 (3)：21-22.
[600] 倪培桐，吴超羽. 河口最大浑浊带研究进展 [J]. 人民珠江. 2000 (3).
[601] 尹红. 土工织物在莲沙容水道航道整治护岸工程中的应用 [J]. 珠江水运，2000 (3)：41-42.
[602] 董德化，陈军强，姚章民，等. 珠江流域片水资源利用和保护 [J]. 人民珠江，2000 (4)：14-18.
[603] 王志良，唐洪武，肖洋，等. 莲沙容水道火烧头切嘴整治工程试验 [J]. 水利水运科学研究，2000 (4)：48-52.
[604] 曾昭璇. 华南海岸和海岛地貌与环境研究的里程碑——评新著《华南海岸和南海诸岛地貌与环境》[J]. 热带地理，2000 (4)：337-338.
[605] 江门市水利局. 广东省江门市江河流域综合规划报告书 [R]，2000.4.
[606] 顺德市水利局. 广东省顺德市江河流域（区域）综合规划报告书 [R]，2000.4.

[607] 史键辉，王永信，于斌，等．珠江口纵深的风暴潮和增水特征 [J]. 海洋预报，2000 (4)：47－51.

[608] 金忠贤，苏德源．试论河口滩涂的长效管理 [J]. 上海水务，2000 (4)：29－31.

[609] 广东省委政策研究室．关于加强我省河口滩涂管理，增强防洪抗灾能力的调研报告 [R]，2000.4.28.

[610] 茅丽华，严以新，宋志尧．潮流计算结果的可视化 [J]. 海洋工程，2000 (4)：86－89.

[611] 师长兴，章典．中国洪涝灾害与泥沙关系 [J]. 地理学报，2000 (5)：627－636.

[612] 作者不详．珠江口伶仃洋淤积趋势初步分析 [R]，时间不详.

[613] 珠江水利委员会．西江、北江三角洲网河河道桥梁阻水问题专题研究 [R]，时间不详.

[614] 珠江水利委员会．珠江河口疏浚整治实施方案 [R]，时间不详.

[615] 珠江水利委员会，广东省水利水电科学研究院．珠江口滨海区河口湾水文调查 [R]，时间不详.

[616] 珠江水利委员会，广东省水利水电科学研究院．伶仃洋浅滩的形成和发育趋势的研究 [R]，时间不详.

[617] 珠江水利委员会，广东省水利水电科学研究院．西北江三角洲和东江三角洲历史时期河道变迁调查研究 [R]，时间不详.

[618] 珠江水利委员会，广东省水利水电科学研究院．珠江三角洲的形成、发育和演变规律的调查研究 [R]，时间不详.

[619] 珠江水利委员会．珠江磨刀门口门治理开发工程规划报告 [R]，时间不详.

[620] 珠江水利委员会．广州—虎门出海水道整治规划报告 [R]，时间不详.

[621] 珠江水利委员会．珠江河口澳门附近水域综合治理规划报告 [R]，时间不详.

[622] 珠江水利委员会．磨刀门口门治理开发第一期工程（洪湾北片）初步设计 [R]，时间不详.

[623] 珠江水利委员会水源局．广东江新联围除险加固达标工程式的环境影响报告书 [R]，时间不详.

[624] 珠江水利委员会水源局．珠江河口澳门附近水域治导线规划环境影响评价报告 [R]，时间不详.

[625] 珠江水利委员会水源局．珠江河口综合治理规划环境影响评价专题 [R]，时间不详.

[626] 珠江水利委员会水源局．广州至虎门出海水道规划治导线环境影响评价 [R]，时间不详.

[627] 珠江水利委员会水源局．澳门附近水域规划治导线环境影响评价 [R]，时间不详.

[628] 南科院、珠科院、河海大学、中山大学 2009 年公益项目．珠三角咸潮防控技

术总报告 [R]，时间不详.

[629] 广东省交通厅．珠江流域航道规划报告（广东段）初稿 [R]，时间不详.

[630] 珠江水利委员会水文局，广东省水文局珠江流域水环境监测中心省水环境监测中心．西、北江下游及其三角洲网河河道同步水文测验与水质监测成果报告 [R]，时间不详.

[631] 珠江水利委员会水文局．西、北江下游及其三角洲网河河道设计洪水水面线计算水文测验工作大纲 [R]，时间不详.

[632] 珠江水利委员会．珠江河口综合治理规划任务书（讨论稿）[R]，时间不详.

[633] 刘秉湛．西江中下游与西北江三角洲的防洪规划布局和防洪效益 [R]，时间不详.

[634] 珠江水利委员会科研所．伶仃洋治导线总体方案试验研究 [R]，时间不详.

[635] 肇庆市水利局．广东省肇庆市江河流域综合规划报告书 [R]，2000.

[636] 江门市水利局，广东省江门市江河流域综合规划报告书 [R]，2000.

[637] 刘雪涛，黄湘燕．中山市咸潮期供水之对策浅谈 [C] //中国土木工程学会水工业分会．第四届全国给水排水青年学术年会论文集，2000.

[638] 高明市水利局．广东省高明市江河流域综合规划报告 [R]，2000.6.

[639] 李素琼，敖大光．海平面上升与珠江口咸潮变化 [J]．人民珠江，2000 (6)：42 - 44.

[640] 徐海亮．西、北江三角洲网河区水面线变异初探 [J]．人民珠江，2000 (6)：13 - 18，27.

[641] 珠江水利委员会．广东省景丰联围加固工程可行性研究报告 [R]，2000.6.

[642] 珠江水利委员会勘测设计研究院．水文特性与滩槽演变（报告节选）[R]．2000.

[643] 蓝崇钰，廖文波．珠江口沿岸及岛屿的资源环境及可持续发展研究 [C] //中国生态学会城市生态专业委员会（Urban Ecology Commission，ESC）．珠海—澳门生态城市建设学术讨论会论文选集，2000.

[644] 叶小明．珠江三角洲内河航道的现状与前瞻 [J]．中国水运，2000 (7)：26 - 27.

[645] 珠江水利委员会勘测设计研究院．横门北汊砂料场工程地质勘察专题报告 [R]，2000.8.

[646] 佛山市水利局．广东省佛山市江河流域（区域）综合规划报告 [R]，2000.8.

[647] 中山市水利局．对中山市横门口门治理方案意见的报告 [R]，2000.8.2.

[648] 梁钢华．广东省河口滩涂无序开发威胁抗洪 [N]．农民日报，2000 - 08 - 01 (004).

[649] 四会市水利局．广东省四会市江河流域综合规划报告 [R]，2000.9.

[650] 广东省水利水电科学研究所．西北江下游及其三角洲网河河道设计洪潮水面线计算报告 [R]，2000.9.

[651] 李季人，等．遥感技术在珠江口治理规划中的应用 [J]．中国水科院遥感中

心，2000 (9).

[652] 珠海市港务管理局．珠海港总体布局规划 [R]，2000.10.

[653] 陈惠珍．崖门出海航道整治研究 [J]. 中国水运，2000 (12)：37-38.

[654] 肇庆市水利局．广东省肇庆市江河流域综合规划报告 [R]，2000.12.

[655] 薛建枫．加强水域治理规划 促进粤澳经济发展 [J]. 中国水利，2000 (12)：46-47.

[656] 珠江水利委员会勘测设计研究院．珠江河口澳门附近水域综合治理规划 [R]，2000.12.

[657] 李平日，粤港澳的填海造地与可持续发展 [C] //可持续发展——粤港澳合作研讨会论文集，2000.

[658] 赵辉，袁靖，赵善德，等．珠江三角洲史前遗址调查 [J]. 考古学研究，2000 (00)：355-403.

[659] 黄镇国．广东海平面上升及其影响与对策 [M]. 广州：广东科技出版社，2000：135-155.

第3章 2001—2014年

3.1 概述

3.1.1 开发治理规划

新中国成立以来几十年的整治和开发利用，急剧的人类活动，导致珠江河口出现了一系列问题，20世纪90年代初，广东省政府紧急叫停了珠江河口局部区域的围垦，珠江河口进入了一个新的理性阶段。在该阶段尤其是1999—2001年开展了珠江河口水文同步测验和水下地形测量工作，为此后各项研究、规划工作奠定了坚实基础，强有力地支撑和推动了珠江河口的研究规划上了一个新的台阶，珠江河口的治理规划研究进入了一个全新的、系统的、多专业的规划研究阶段，而且在研究思路、方法论以及规划研究成果等各方面都具有跨越意义的进展。

1999年，广东省水利厅向广东省水利电力勘测设计院等单位下达了珠江河口八大口门整治工程的规划设计任务。随着研究规划工作的不断深入，逐步认识到珠江三角洲及其出海口门是包括上（入口）、中（腹部）、下（出口）的互动、连通的整体，正所谓“牵一发而动全身”，在系统内的任何一个动作，都会影响到系统内其他区域。因此，在技术手段已满足研究需要的情况下，十分必要将西北江入流、三角洲网河区河道、口门及口外水域作为一个大系统全面研究、统筹综合治理的规划，在近几十年的研究治理基础上，根据当前存在的突出问题，在大系统整治框架内进行研究，寻找出积极、稳妥、切实可行的近期实施方案。对此，设计单位提出了系统研究的任务目标，从系统的观点出发，面对三角洲日益严峻的防洪压力，在水利部珠江水利委员会的规划基础上，根据变化了的新情势，综合分析存在的问题及成因，构筑系统治理框架；以20世纪90年代网河区洪水排泄不畅、腹部洪水位异常壅高为切入点，在原规划的指导下，研究治理的途径和方向；寻找符合规划，与系统治理框架一致，又可能于近期治理的关键问题、节点和河道；提出与“99”实施方案相衔接的近期实施方案等。系统治理研究的初步结论：在河床下切条件下，合理控制西江洪水过北江是三角洲网河及河口治理的关键；口门整治，对河道的长期稳定、尾闾畅通、伶仃洋的稳定有重要作用，但近期内对腹部的水位影响很小，而且不能根本解决水沙向东南集中的局面；网河区的全面治理可近期缓解排洪不畅、目前水位壅高的河段，但将导致远期水沙向东南方向；三角洲河道互为连通，水沙交换频繁，其治理必须是系统的综合工程。经过多年的努力，基于系统的治理研究工作，广东省水利电力勘测设计院于2004年提出了《珠江河口整治近期防洪实施工程可行性研究报告》等一系列成果报告。报告按照水利部珠江水利委员会八大出海口门整治目标、原则以及规划治导线、治理工程规划方案的基础上，以缓解和降低西江、北江三角洲网河区腹部洪水位为切入点，在已有规划和系统治理框架研究的基础上，根据当前三角洲网河区及口门存在和急需解决的主要问题，通过多方案综合比较，选取以“两线一点”、主要采取清障、开卡、疏浚等措施的近期实施方案，以达到疏通主要口门和河道，适度控制主要分流节点，降低腹部水位，有利于西江、北江水沙平衡，并与“99”实施工程相衔接，巩固其治理效果，促进和推动三角洲及河口的综合治理。

为适应珠江河口地区经济社会发展的需求，抓紧做好珠江河口治理规划，水利部于2003 年 2 月 16—20 日组织了珠江河口查勘和座谈讨论，2003 年 10 月，水利部对珠江河口综合治理规划任务书作了批复，要求珠江水利委员会加强协调和沟通，精心组织和管理，按期完成规划任务。2010 年 12 月，由水利部组织编制的《珠江河口综合治理规划》得到国务院的批复。规划旨在加强珠江河口综合整治开发和保护，维护珠江河口泄洪纳潮功能，统筹协调流域和区域防洪、防潮、供水、岸线及滩涂保护与利用、航运、采砂、水生态和环境保护等方面的关系，支撑珠江河口地区经济社会的可持续发展。规划的指导思想和原则是：在保障口门泄洪安全的前提下，加强河口水环境、水生态环境保护，合理开发利用滩涂资源，实现水资源可持续利用和人与自然和谐相处，在保护中合理利用，保护与利用相结合，强调先整治，后开发，整治与开发相结合。正确处理经济发展与人口、资源、环境的关系。规划内容全面，主要包括：①河口治导线规划，明确了口门延伸方向、宽度以及河口湾平面形态，对于泄洪安全、河势稳定提供了保障，也有利于航道维护和港口建设；②河口泄洪整治规划，统筹安排了清障、开卡、疏浚等整治措施，提高河口地区行洪河道泄洪能力，维护河口稳定和畅通；③水资源保护规划，制定了水功能区划，提出水质保护目标和措施，促进河口健康发展，维护绿色珠江；④岸线、滩涂保护与利用规划，根据滩涂演变规律结合珠江河口治导线规划，根据滩涂资源开发利用与保护相结合的原则，确定滩涂功能区划，提出滩涂开发利用方案，满足河口地区社会经济发展用地需求，保障资源的可持续利用。《珠江河口综合治理规划》的编制完成与批复，使珠江河口的发展和管理增加了一个具体的、较完善的、可操作性较强的规划依据，对于依法行政、科学治水与管理，促进区域经济社会的可持续发展，将起巨大的推动作用。

2003 年 11 月，广东省水利厅委托广东省水利电力勘测设计院等单位开展珠江河口滩涂保护利用规划及岸线控制规划。2004 年 6 月下达正式任务书，于 2006 年 10 月提交了报告（送审稿），经广东省水利厅组织专家评审，按评审意见修改后形成报批稿。水利部珠江水利委员会 2009 年 6 月对报批稿组织专家评审。规划严格遵循珠江八大出海口门河口整治规划的原则，河口滩涂开发方案布置以河口治导线为基准，以维护重要的潮汐通道，保障口门泄洪、纳潮、排灌的主要功能为标准，在分析滩涂淤涨特性及趋势的基础上，对滩涂功能区划、开发利用方案进行充分论证。经广东省人民政府同意，2012 年 12 月广东省水利厅印发了《广东省珠江河口滩涂保护与开发利用规划》。

此外，1997—2004 年广东省组织编制了广东江河流域（区域）综合规划，对指导之后一定时期广东水利建设尤其是防灾减灾发挥了积极作用。按国家统一部署，根据出现的新问题、新情况及新形势要求，广东省于 2007 年部署组织开展了《广东省江河流域综合规划修编》工作。广东省珠江三角洲流域综合规划修编作为七个分报告之一，于 2011 年基本完成。规划再次提出了思贤滘和南华水利枢纽控导工程、网河区河道清障整治以及堤防加固、河道岸线利用、采砂控制、治涝工程以及水生态修复等一系列的规划及措施。此外，区域还开展了包括《珠江三角洲地区改革发展规划纲要（2008—2020年）》《珠江三角洲地区水利现代化建设规划》以及《水资源综合规划（含珠江三角洲）》《珠江三角洲地区供水规划》《区域供水一体化规划》《河涌整治与修复规划》《内涝整治规划》等一系列的综合规划和专项规划，取得了一大批高水平的成果，极大地丰富了珠江河口治理的理念、方法和措施。

3.1.2 开发治理实践

这一时期，珠江河口各地开展了一系列的管理及规划、利用及保护项目及活动，对珠江河口产生了积极作用和深远影响。

1998年我国遭遇了大范围的洪涝灾害，国家制定了整治大江大河的总体计划。按水利部统一部署，广东省水利厅按珠江河口有关整治规划，于2000—2004年组织制订并实施了《1999年珠江河口疏浚治理工程实施方案》，主要包括横门北汊—洪奇门调整汇流工程、磨刀门主干道疏浚工程、洪奇门水道鸭仔沙进口河段整治工程。据实测数据和数学模型模拟分析，项目的实施，改善了横门北汊—洪奇门出流交汇条件，调整了部分河汊泄洪量，减轻了个别口门泄洪压力，整治效果明显。

从2001年起，作为水利部和广东省“十五”计划的重点水利工程建设项目，北江大堤加固工程全面展开。其中北江大堤在原有防御50年一遇洪水能力的基础上，按Ⅰ级堤防100年一遇防洪标准进行加固达标，堤长63.34km；“两三角一河（西南三角、芦苞三角和白泥河）”按Ⅳ级堤防、20年一遇防洪标准进行整治加固，使两三角洲按规划标准实施分流；北江西南河段进行整治实现倒流护堤。加固达标工程于2008年年底顺利完工，标志着由飞来峡水利枢纽、北江大堤、潖江滞洪区以及芦苞涌、西南涌分洪河道组成的北江中下游防洪工程体系已经组成，可防御北江300年一遇洪水，保障广州市及珠江三角洲地区2000多万人口，100多万亩耕地的防洪安全，以及改善西南涌、芦苞涌和珠江广州段的水环境。实施北江大堤加固达标工程建设是实践科学治水思路的重要举措。

2006年7月，珠江防汛抗旱总指挥部正式成立，是我国第一个实行防汛抗旱统一管理的流域性总指挥部，这对珠江流域防汛抗旱以及流域水资源统一管理具有十分重要的意义。从成立以来，珠江防汛抗旱总指挥部多次组织枯水期珠江流域骨干水库调度，对保障澳门、珠海等珠江三角洲地区饮水安全、经济发展和社会稳定发挥了积极作用。

按照广东省委省政府的统一部署，广东省有关部门及有关各市积极组织开展防灾减灾工程建设、区域水系联通及河涌整治、航道整治等，对保障区域防洪、排涝以及防御台风暴潮、改善水生态环境都发挥了积极作用。同时，一大批位于口门及河口湾地区的开发利用项目及活动也急速上马，比如广州南沙港、港珠澳大桥、深圳大铲湾港、中山火炬开发区等大面积的滩涂开发利用项目已成规模；横穿伶仃洋的中深通道以及东莞交椅湾、深圳西部大空港新城区域建设用海、横琴岛南端大填海规划、黄茅海新六围、银州湖及狮子洋内的岸线利用、澳门水域规划等规划及项目已提上了议事日程，规模空前、突飞猛进的河口滩涂开发利用状况再次出现。

3.2 河床演变

改革开放以来，珠江网河区的人类活动对河床演变的影响作用更加突出，因为它不仅直接改变了河床形态，还可以通过影响上游的来水来沙间接作用于河道。关于珠江三角洲河床演变方面的问题，不少单位和学者曾做过分析研究，如珠江水利委员会珠江水利科学研究院做了《广州市洲头嘴隧道工程河床演变分析专题研究报告》；李春初等对《珠江河口演变规律及治理利用问题》进行了研究；王静新等对《珠江三角洲河床演变研究》、何用等对《珠江河口治理规划方案下伶仃洋泥沙运动及冲淤演变规律》进行了研究，等等。

[1] 乐培九．伶仃洋滩槽演变及其发展趋势 [J]. 水道港口，2001 (2)：73 - 79，90.

[2] 李春初，雷亚平，何为，等．珠江河口演变规律及治理利用问题 [C] //中国科学院地理科学与资源研究所，华东师范大学．海峡两岸地理学术研讨会暨 2001 年学术年会论文摘要集，2001.

[3] 陈水森，邹春洋，黎夏．珠江口伶仃洋滩槽变化及演变分析 [J]. 国土资源遥感，2001 (2)：25 - 27，42.

[4] 郭志强．思贤滘的水流特征及三水水文站河床下切分析 [J]. 佛山科学技术学院学报 (自然科学版)，2001 (4)：57 - 60.

[5] 朱茂华．东江下游及三角洲河段河槽演变研究 [J]. 广东水利水电，2001 (4)：24 - 26.

[6] 陈水森，黎夏，邹春洋，等．20 年来珠江口伶仃洋滩槽变化及演变分析 [J]. 海洋科学，2001 (6)：52 - 54.

[7] 李春初，雷亚平，何为，等．珠江河口演变规律及治理利用问题 [J]. 泥沙研究，2002 (3)：44 - 51.

[8] 王随继．西江和北江三角洲区的水沙特点及河道演变特征 [J]. 沉积学报，2002 (3)：376 - 381.

[9] 罗宪林，等．珠江三角洲网河河床演变 [M]. 广州：中山大学出版社，2002.

[10] Lei Y. P.. A study on long - term processes model to simulate runoff and sediment flux of the Pearl River since the Holocene maximum transgression [D]. Guangzhou：PhD dissertation of Zhongshan University，2003：1 - 130.

[11] 聂红海，江涛，黎坤．珠江三角洲网河区水文监测站网评估 [J]. 中山大学学报 (自然科学版)，2003 (S1)：290 - 292.

[12] 雷亚平，杨清书，欧素英，等．近数十年来东平水道河床演变特征 [J]. 热带地理，2003 (4)：309 - 313.

[13] 唐造造，江洧，侯玉．东江下游河床下切原因探讨 [C] //《水动力学研究与进展》编委会，中国力学学会，中国造船工程学会，香港科技大学，香港理工大学，中山大学，香港力学学会，上海交通大学，上海大学，上海市力学学会．

第十七届全国水动力学研讨会暨第六届全国水动力学学术会议文集，2003.

[14] 包芸，韩玉梅．珠江口滩槽演变的数值模拟技术研究［C］//《水动力学研究与进展》编委会，中国力学学会，中国造船工程学会，香港科技大学，香港理工大学，中山大学，香港力学学会，上海交通大学，上海大学，上海市力学学会．第十七届全国水动力学研讨会暨第六届全国水动力学学术会议文集，2003.

[15] Sattler U.，Zampetti V.，Schlager W.，Immenhauser A.. Late leaching under deep burial conditions：a case study from the Miocene Zhujiang Carbonate Reservoir，South China Sea［J］. Marine and Petroleum Geology，2004（21）：977-992.

[16] Su J. L.. Overview of the South China Sea circulation and its influence on the coastal physical oceanography outside the Pearl River Estuary［J］. Continental Shelf Research，2004（24）：1745-1760.

[17] 李春初．中国南方河口过程与演变规律［M］．北京：科学出版社，2004：1-13.

[18] 黄镇国，张伟强．珠江河口近期演变与滩涂资源［J］．热带地理，2004（2）：97-102.

[19] 王世俊，李春初，田向平．蕉门口发育演变及其对南沙港的影响［J］．泥沙研究，2004（3）：59-63.

[20] 黄镇国，张伟强．人为因素对珠江三角洲近30年地貌演变的影响［J］．第四纪研究，2004（4）：394-401，481-482.

[21] 王静新．珠江三角洲河床演变研究［D］．广州：中山大学硕士学位论文，2004.5.

[22] 易小兵．洪奇门水道近期冲淤演变分析［J］．广东水利水电，2004（6）：9-11.

[23] 王文介．珠江口埋藏古河谷形迹初探［J］．人民珠江，2004（6）：4-6.

[24] 李平日，等．广东埋藏古树反映的气候与环境变化［M］//李光均．地能　环境　发展．北京：中国环境出版社，2004.

[25] 辛文杰，应强．港珠澳大桥可行性研究阶段海床演变分析研究报告［R］．南京：南京水利科学研究院，2004.

[26] 杨群兴，吴海燕．珠江三角洲经济区人为因素引发的主要环境地质问题［J］．人民珠江，2005（1）：9-11.

[27] 夏真．珠江口内伶仃洋水下地形地貌特征［J］．海洋地质与第四纪地质，2005（1）：19-24.

[28] 胡达，李春初，王世俊．磨刀门河口拦门沙演变规律的研究［J］．泥沙研究，2005（4）：71-75.

[29] 丁晓瑛，许祥向，余顺超，等．基于DEM的黄茅海滩槽演变分析［C］//中国海洋工程学会．第十二届中国海岸工程学术讨论会论文集，2005.

[30] 王兆印，程东升，刘成．人类活动对典型三角洲演变的影响——Ⅰ长江和珠江

三角洲 [J]. 泥沙研究，2005 (6)：78-83.

[31] 李沛森．东江河床采沙所引起的河床演变及有关问题探讨 [J]. 珠江水运，2006 (S1)：115-117.

[32] 潘玉敏，李静．珠江三角洲近20年来河床演变浅析 [J]. 广东水利水电，2006 (S1)：62-64，68.

[33] 王世俊，胡达，李春初．磨刀门河口近期演变及其排洪效应 [J]. 海洋通报，2006 (2)：21-26.

[34] 李静．珠江三角洲网河近20年河床演变特征分析 [J]. 水利水电科技进展，2006 (3)：15-17，20.

[35] 贾良文，陆永军，莫思平．大量采沙对东江下游及东江三角洲河道低水位的影响 [J]. 水利水运工程学报，2006 (3)：1-8.

[36] 李官保，刘保华，吴金龙，等．伶仃洋南部断裂构造特征 [J]. 海洋科学进展，2006 (3)：320-328.

[37] 黄镇国，张伟强．珠江三角洲床沙特征的变化 [J]. 热带地理，2006 (4)：297-302.

[38] 贾良文，罗章仁，杨清书，等．大量采沙对东江下游及东江三角洲河床地形和潮汐动力的影响 [J]. 地理学报，2006 (9)：985-994.

[39] 翁毅，杜家元．人为因素对珠江三角洲旅游景观演变的影响研究 [J]. 珠江经济，2006 (12)：21-29.

[40] 吴超羽，何志刚，任杰，等．珠江三角洲中部子平原形成演变机理研究——以大鳌平原为例 [J]. 第四纪研究，2007 (5)：814-827.

[41] 翁毅，周永章，张伟强．旅游开发过程中人为因素对珠江三角洲景观演变的影响 [C] // 中国可持续发展研究会．2007中国可持续发展论坛暨中国可持续发展学术年会论文集 (4)，2007.

[42] 珠江水利委员会珠江水利科学研究院．广州市洲头嘴隧道工程河床演变分析专题研究报告 [R]，2007.8.

[43] 唐造造，江洧，侯玉．东江河床下切原因探讨 [J]. 人民长江，2007 (8)：136-138.

[44] 李伟荣．潼湖湿地地质环境演变特征 [C] //中国地质学会工程地质专业委员会. 中国地质学会工程地质专业委员会2007年学术年会暨“生态环境脆弱区工程地质”学术论坛论文集，2007.

[45] Wu C. Y., Bao Y., Ren J., et al. 2002. A long-term morphological modeling study on the evolution of the Pearl River Delta，network system，and estuarine bays since 6000 yr B. P. [J]. Geological Society of America Special，2007，426：199-214.

[46] Lu X. X., Zhang S. R., Xie S. P., Ma P. K.. Rapid channel incision of the lower Pearl River (China) since the 1990s [J]. Hydrology and Earth System Sciences Discussions Discussions，2007，4 (4)：2205-2227.

[47] 朱三华，韩江，月永昌，等．东江河床下切对黄大仙取水口的影响分析研究［J］．珠江现代建设，2008（1）：2－5，31.

[48] 夏真，马胜中，梁开，等．珠江口伶仃洋海底沉积［J］．海洋地质与第四纪地质，2008（2）：7－13.

[49] 朱继伟，武亚菊，刘俊勇，等．广州内港航道近50年来河床演变浅析［J］．人民珠江，2008（3）：15－17.

[50] 谭超，杨清书，刘秋海，等．东平水道上段30年来河道演变研究［J］．热带地理，2008（4）：311－316.

[51] 韩西军，杨树森．珠江口鸡抱沙附近地形冲淤演变研究［J］．水道港口，2008（5）：328－332.

[52] 谌洁．珠江流域诸水系的形成与演变简述［J］．珠江现代建设，2008（5）：9－10，20.

[53] 王珊珊．珠江三角洲和近岸河口海域现代沉积环境及晚更新世以来的环境演变［D］．中国海洋大学，2008.

[54] 胡德礼，刘秋海，吴超羽，等．基于DEM的西江磨刀门水道近40年来河床演变特征研究［J］．地理与地理信息科学，2009（2）：55－58，62.

[55] 吴树锋，陈洪婷，杜万保．珠江河口磨刀门整治后河床演变分析［J］．广东水利水电，2009（3）：7－12.

[56] 李猷，王仰麟，彭建，等．深圳市1978年至2005年海岸线的动态演变分析［J］．资源科学，2009（5）：875－883.

[57] Zong Y.，Huang G.，Switzer A. D.，et al. An evolutionary model for the Holocene formation of the Pearl River delta，China［J］. The Holocene，2009，19，129－142.

[58] Zhang W.，Yan Y. X.，Zheng J. H.，et al. Temporal and spatial variability of annual extreme water level in the Pearl River Delta，China［J］. Global and Planetary Change，2009，69：35－47.

[59] Liu H.，Wu C.. Y，Xu W. M.，et al. Contrasts between estuarine and river systems in near－bed turbulent flows in the Zhujiang（Pearl River）Estuary，China，Estuarine［J］. Coastal and Shelf Science，2009，83：591－601.

[60] 杨树森，韩西军，韩志远．港珠澳大桥工程海床演变分析研究报告［R］．天津：交通运输部天津水运工程科学研究所，2009.

[61] 朱三华，韩江，月永昌，等．东江河床下切对黄大仙河段水位的影响分析［J］．人民珠江，2010（S1）：17－19.

[62] 陈尚丰．珠江三角洲近三万年来环境演变初步分析［J］．科技风，2010（3）：232－233，245.

[63] 韩志远，田向平，欧素英．人类活动对磨刀门水道河床地形和潮汐动力的影响［J］．地理科学，2010（4）：582－587.

[64] 季荣耀，陆永军，左利钦．东江下游博罗河段人类活动影响下的河床演变［J］．

泥沙研究，2010 (5)：48 - 54.

[65] 应强，辛文杰，毛佩郁．港珠澳大桥附近海域海床演变分析 [J]. 水道港口，2010 (5)：444 - 448.

[66] 谭超，邱静．近 40 年来北江干流界滩河段河床演变及河岸稳定性分析 [J]. 广东水利水电，2010 (8)：10 - 14.

[67] 广东省水利电力规划勘测设计研究院．西江干流及珠江三角洲河床演变分析研究专题报告 [R]，2010. 8.

[68] Wu C. Y.，Wei X.，Ren J.，et al. Morphodynamics of the rock - bound outlets of the Pearl River estuary，South China—A preliminary study [J]. Journal of Marine Systems，2010，82：S17 - S27.

[69] Zong Y.，Yu F.，Huang G.，et al. Sedimentary evidence of Late Holocene human activity in the Pearl River delta，China [J]. Earth Surface Processes and Landforms，2010，35 (9)：1095 - 1102.

[70] Zhang W.，Ruan X. H.，Zhu Y. L.，et al. Long - term change in tidal dynamics and its cause in the Pearl River Delta，China [J]. Geomorphology，2010，120：209 - 223.

[71] 涂新军，陈晓宏，张强．区域河川径流量时空变异特征及成因分析——以广东省为例 [J]. 湖泊科学，2011 (1)：104 - 111.

[72] 刘锋，田向平，韩志远，等．近四十年西江磨刀门水道河床演变分析 [J]. 泥沙研究，2011 (1)：45 - 50.

[73] 贾雨少，何杰，辛文杰．铜鼓航道冲淤变化分析 [J]. 水运工程，2011 (3)：142 - 147，167.

[74] 韦惺，吴超羽．全新世以来珠江三角洲的地层层序和演变过程 [J]. 中国科学：地球科学，2011 (8)：1134 - 1149.

[75] 徐治中，李枫．近几十年来东江下游航道水沙变化及河床演变特征 [J]. 中国水运（下半月），2011 (8)：166 - 167，170.

[76] 官鹏杰，李虎成，郑国栋，等．佛山市龙湾大桥桥址河段河床演变分析 [J]. 广东水利水电，2011 (10)：12 - 15.

[77] Wu J. X.，Liu H.，Ren J.，Deng J. J.. Cyclonic spirals in tidally accelerating bottom boundary layers in the Zhujiang (Pearl River) Estuary [J]. Journal of Physical Oceanography，2011，41 (6)：1209 - 1226.

[78] 方神光，陈文龙，崔丽琴．伶仃洋水域纳潮量计算及演变分析 [J]. 海洋环境科学，2012 (1)：76 - 78.

[79] 姚才华，吴自银．30a 来伶仃洋海岸线变迁及海底冲淤变化 [J]. 海洋学研究，2012 (3)：44 - 55.

[80] 张志强，詹美珍，詹文欢，等．珠江三角洲区域地壳稳定性评价 [J]. 热带地理，2012 (4)：364 - 369.

[81] 李枫，徐治中．关于东江下游航道碍航浅段演变及整治分析 [J]. 珠江水运，

2012 (4): 74-75.

[82] 贾良文，罗军，任杰．珠江口黄茅海拦门沙演变及成因分析 [J]. 海洋学报(中文版)，2012 (5): 120-127.

[83] 袁丽蓉，杨清书，谢莉莉，等．人类活动干扰下伶仃洋河口湾地形演变趋势变化 [C] //中国海洋工程学会．第十六届中国海洋（岸）工程学术讨论会（下册)，2013.

[84] 赵薛强，张永，王小刚．基于GIS技术的西江河床演变断面分析方法体系研究 [J]. 珠江现代建设，2013 (6): 18-20.

[85] 钱树芹，刘俊勇，高秋霖，等．狮子洋水道近期河床演变规律分析 [J]. 广东水利水电，2013 (8): 4-6, 28.

[86] 李平日．历史时期珠江水系的演变 [M] //中国历史自然地理．北京：科学出版社．2013.

[87] Hu D. K., Clift P. D., Böning P., et al. Holocene Evolution in Weathering and Erosion Patterns in the Pearl River Delta, Geochemistry, Geophysics [J]. Geosystems, DOI: 10.1002/ggge.20166, 2013.

[88] 王伟，李虎成，史红雨，等．北江干流水道老鸦洲至新沙洲河段河床演变分析 [J]. 中国水运（下半月)，2014 (1): 171-172.

[89] 曹敬贺，夏少红，孙金龙，等．珠江口海域滨海断裂带的地震学特征研究 [C] //中国地球物理学会，全国岩石学与地球动力学研讨会组委会，中国地质学会构造地质学与地球动力学专业委员会，中国地质学会区域地质与成矿专业委员会．2014年中国地球科学联合学术年会——专题27：海洋地球物理论文集，2014.

[90] 刘斌，吕海滨，吴超羽，等．磨刀门河口在20世纪60至70年代的演变模拟与动力地貌过程分析 [J]. 海洋学报（中文版)，2014 (2): 75-80.

[91] 武亚菊，张心凤，卢素兰，等．洪湾水道近30年河床演变特征分析 [J]. 人民珠江，2014 (2): 24-27.

[92] 何用，徐峰俊，胡晓张，等．伶仃洋滩槽演变趋势预测研究 [J]. 人民珠江，2014 (3): 29-32.

[93] 高德恒，赵薛强，王建成．基于GIS技术的西江干流（肇庆—思贤滘段）河道地形变化分析 [J]. 人民珠江，2014 (3): 12-16.

[94] 彭杰，杨小强，黄文娅，等．珠江三角洲全新世海平面升降及其对全球变化的响应 [J]. 中山大学学报（自然科学版)，2014 (6): 63-72.

[95] Wei X., Wu C. Y.. Long-term process-based morphodynamic modeling of the Pearl River Delta [J]. Ocean Dynamics, 2014, 64: 1753-1765.

[96] 广东省水利水电科学研究院．广州市轨道交通十一号线过珠江段河床演变及冲刷分析报告 [R], 2014.10.

3.3　泥沙运动

随着珠江河口地区经济快速发展，河口航运、水土资源的开发力度不断加大，对河口泥沙研究的需求也日益增加。在研究珠江河口的治理规划，以及港口、航道等的开发工作中，都必须了解泥沙问题。近年来，学者对泥沙沉降、泥沙絮凝现象、泥沙分布等方面的研究工作更加深入，如梁娟等对《珠江磨刀门河口底质沉积特征及其泥沙运移趋势》进行了研究，何用等对《珠江河口治理规划方案下伶仃洋泥沙运动及冲淤演变规律分析》，陈丽芳等对《磨刀门泥沙沉降》进行了研究，等等。

[1] 何为．珠江口泥沙特点与控制因素［J］．中山大学研究生学刊（自然科学版），2001（1）：84-89.

[2] 任杰，周作付，林卫强．伶仃洋低频水流与水沙纵向输运［J］．海洋通报，2001（1）：8-14.

[3] 曾谦，白玉川．多媒体动态演示开放式二维流场［J］．水利水运工程学报，2001（4）：63-66.

[4] 陈洪松，邵明安．$AlCl_3$ 对细颗粒泥沙絮凝沉降的影响［J］．水科学进展，2001（4）：445-449.

[5] 温令平．伶仃洋悬浮泥沙遥感定量分析［J］．水运工程．2001（09）.

[6] 张庆河，等．黏性泥沙絮凝现象研究述评（1），絮凝机理与絮团特性［J］．海洋通报，2001（12）.

[7] 俞日新，廖正治．西江干流泥沙冲淤变化分析［J］．人民珠江，2002（3）：7-8，14.

[8] 包芸，任杰．珠江河口不同粒径泥沙分级模拟的方法研究［C］//《水动力学研究与进展》编委会，中国力学学会，中国造船工程学会，中山大学，澳门大学，澳门科学技术协进会，水动力学国家级重点实验室，上海市力学学会．第十六届全国水动力学研讨会文集，2002.

[9] 何兰，杨清书，欧素英．西、北江干流的水文泥沙变化特征［J］．广东水利水电，2003（1）：58-60，62.

[10] 陈晓翔，丁晓英．用 FY-1D 数据估算珠江口海域悬浮泥沙含量［J］．中山大学学报（自然科学版），2004（S1）：194-196.

[11] 马国栋，贾良文．东平水道水文动力条件的变化［J］．水运工程，2004（6）：19-22.

[12] Xia X. M.，Li Y.，Yang H.，et al. Observations on the size and settling velocity distributions of suspended sediment in the Pearl River Estuary，China［J］. Continental Shelf Research，2004，24：1809-1826.

[13] Lixian Dong，Jilan Su，Lai Ah Wong，et al. Seasonal variation and dynamics of the Pearl River plume［J］. Continental Shelf Research，2004，24（16）.

[14] Jay - Chung Chen, Gary W. Heinke, Ming Jiang Zhou. The Pearl River Estuary Pollution Project (PREPP) [J]. Continental Shelf Research, 2004, 24 (16).

[15] 何为，李春初，田向平．磨刀门拦门沙区域的泥沙沉积与口门治理 [J]. 人民珠江，2005 (S1)：57 - 60.

[16] 许乃政，姜月华，贾军元，等．珠江三角洲地壳稳定性分区及其特征 [J]. 地质灾害与环境保护，2005 (4)：395 - 399，432.

[17] 唐兆民，何志刚，任杰，等．珠江口虎门悬浮泥沙浓度的测量 [J]. 中山大学学报（自然科学版），2005 (4)：124 - 128.

[18] 包芸．采用 Ecomsed 模式计算珠江口虎门二维水动力及泥沙分布 [C] //中国海洋学会．中国海洋学会 2005 年学术年会论文汇编，2005.

[19] 陈晓玲，袁中智，李毓湘，等．基于遥感反演结果的悬浮泥沙时空动态规律研究——以珠江河口及邻近海域为例 [J]. 武汉大学学报（信息科学版），2005 (8)：677 - 681.

[20] 夏小明，李炎，杨辉，等．枯季珠江河口悬浮泥沙絮凝沉降特征的观测与分析 [J]. 海洋学研究，2006 (1)：6 - 18.

[21] 刘启贞，李九发，陆维昌，等．河口细颗粒泥沙有机絮凝的研究综述及机理评述 [J]. 海洋通报，2006 (2).

[22] 杜涓，邱静，林美兰．东江干流河道来沙量变化分析及泥沙沉积量计算 [J]. 广东水利水电，2006 (4)：18 - 20.

[23] 梁娟，李春初，王世俊．珠江磨刀门河口底质沉积特征及其泥沙运移趋势 [J]. 海洋通报，2006 (5)：57 - 63.

[24] 何志刚，吴超羽，莫文渊，等．冰后期珠江三角洲沉积物通量的初步研究 [J]. 海洋学报（中文版），2006 (6)：72 - 77.

[25] 庞雄，陈长民，吴梦霜，等．珠江深水扇系统沉积和周边重要地质事件 [J]. 地球科学进展，2006 (8)：793 - 799.

[26] 黄镇国，张伟强．珠江三角洲近期水沙分配的变化及其影响与对策 [J]. 云南地理环境研究，2006，18 (2)：21 - 27.

[27] 潘玉敏．西江干流梧州至思贤滘河段泥沙分析 [J]. 水利规划与设计，2007 (1)：36 - 41.

[28] 赖永辉，谈广鸣，曹志先．珠江采沙河段水沙数学模型研究 [J]. 水动力学研究与进展 A 辑，2007 (2)：168 - 174.

[29] 刘志飞，C. Colin，黄维，等．珠江流域盆地表层沉积物的黏土矿物及其对南海沉积物的贡献 [J]. 科学通报，2007 (4)：448 - 456.

[30] 谢平，陈广才，雷红富．西北江三角洲马口站和三水站水文泥沙序列变异分析 [C] // 中国水力发电工程学会水文泥沙专业委员会．中国水力发电工程学会水文泥沙专业委员会第七届学术讨论会论文集（上册），2007.

[31] Luo X. L., Zeng E. Y., Ji R. Y., et al. Effects of in - channel sand excavation on the hydrology of the Pearl River Delta, China [J]. Journal of hydrology,

2007，343：230-239.

[32] Lu X. X.，Zhang S. R.，Xie S. P.，et al. Rapid channel incision of the lower Pearl River (China) since the 1990s as a consequence of sediment depletion [J]. Hydrology and Earth System Sciences Discussions，2007，11 (6)：1897-1906.

[33] Shurong Zhang，Xi Xi Lu，David L. Higgitt，et al. Recent changes of water discharge and sediment load in the Zhujiang (Pearl River) Basin，China [J]. Global and Planetary Change，2007：603.

[34] 严崔贺．河口粘性泥沙基本特性的研究 [D]. 天津：天津大学，2007.

[35] 刘俊勇，陈军，朱继伟．广州港南沙港区附近水动力环境情景模拟分析 [J]. 人民珠江，2008 (1)：12-15.

[36] 李孟国，韩西军，杨树森，等．广州港南沙港区深水航道水沙问题研究 [J]. 水动力学研究与进展 (A辑)，2008 (3)：321-330.

[37] 程东升，王兆印，刘成，等．东江上游河流水沙分析 [J]. 泥沙研究，2008 (5)：54-59.

[38] Dai S. B.，Yang S. L.，Cai A. M.．Impacts of dams on the sediment flux of the Pearl River，southern China [J]. Catena，2008，76 (1)：36-43.

[39] Zhang S. R.，Lu X. X.，Higgitt D. L.，et al. Recent changes of water discharge and sediment load in the Zhujiang (Pearl River) Basin，China [J]. Global and Planetary Change，2008，60：365-380.

[40] 刘汾汾，陈楚群，唐世林，等．基于现场光谱数据的珠江口MERIS悬浮泥沙分段算法 [J]. 热带海洋学报，2009 (1)：9-14.

[41] 钟凯文，刘旭拢，解靓，等．基于遥感方法反演珠江三角洲西江干流悬浮泥沙分布研究 [J]. 遥感信息，2009 (1)：49-52，59.

[42] 尹小玲，张红武，任杰，等．珠江口虎门水域洪季大潮的水沙特点分析 [J]. 水利学报，2009 (2)：166-172.

[43] 陈丽芳，莫思平，陈国平．磨刀门泥沙沉降的研究 [C] //中国海洋学会海洋工程分会．第十四届中国海洋（岸）工程学术讨论会论文集（下册），2009.

[44] 闵凤阳，汪亚平，左平，等．深圳湾西北部海域表层沉积物的分布特征及输运趋势 [J]. 沉积学报，2009 (4)：714-722.

[45] 蔡华阳，杨清书．西北江网河来水来沙及分水分沙变化特征 [J]. 热带地理，2009 (5)：434-439，444.

[46] 刘大召，陈楚群，刘汾汾，等．利用混合光谱分解估测珠江口悬浮泥沙浓度 [J]. 热带海洋学报，2009 (5)：43-48.

[47] 曾绮微，郑康振，陈耿，等．珠江三角洲冲积平原湿地发展初探——以广州市南沙区为例 [J]. 中国城市林业，2009 (6)：64-66.

[48] 窦希萍．我国河口泥沙研究进展 [C] //中国海洋学会海洋工程分会．第十四届中国海洋（岸）工程学术讨论会论文集（上册），2009.

[49] 贾良文，何志刚，莫文渊，等．全新世以来珠江三角洲快速沉积体的初步研究[J]. 海洋学报（中文版），2010（2）：87-95.

[50] 乔飞，孟伟，张万顺，等．人工采砂对东江干流局部河段河床冲淤的影响研究[J]. 泥沙研究，2010（2）：64-69.

[51] 梁娟，李春初．人类活动影响下磨刀门河口的泥沙输运沉积 [J]. 泥沙研究，2010（3）：67-72.

[52] 孙志林，夏珊珊，朱晓，等．河口时变水流挟沙能力公式 [J]. 清华大学学报（自然科学版）. 2010（3）.

[53] 张蔚，徐郑，董雪，等．伶仃洋洪季悬沙分布特征及变化过程分析 [J]. 泥沙研究，2010（4）：22-28.

[54] 谢平，唐亚松，陈广才，等．西北江三角洲水文泥沙序列变异分析——以马口站和三水站为例 [J]. 泥沙研究，2010（5）：26-31.

[55] 何用，胡晓张．珠江河口治理规划方案下伶仃洋泥沙运动及冲淤演变规律分析[J]. 人民珠江，2010（6）：21-24，76.

[56] 禹定峰，邢前国，陈楚群，等．利用导数光谱估算珠江河口水体悬浮泥沙浓度[J]. 生态科学，2010（6）：563-567.

[57] 谢绍平．西江来沙量变化影响分析 [J]. 广东水利水电，2010（6）：25-27.

[58] Heise B.，Harff J.，Ren J.，et al. Patterns of potential sediment erosion in the Pearl River Estuary [J]. Journal of Marine Systems，2010，82：S62-S82.

[59] 北科院泥沙所．2010 年珠江三角洲冲淤发展趋势预测 [R]，2010.

[60] 韦惺，莫文渊，吴超羽．珠江三角洲地区全新世以来的沉积速率与沉积环境分析 [J]. 沉积学报，2011（2）：328-335.

[61] 肖志建，李团结，廖世智．伶仃洋表层沉积物特征及其泥沙运移趋势 [J]. 热带海洋学报，2011（4）：58-65.

[62] 向绪洪，邵磊，乔培军，等．珠江流域沉积物重矿物特征及其示踪意义 [J]. 海洋地质与第四纪地质，2011（6）：27-35.

[63] 韦惺，吴超羽．全新世以来珠江三角洲的地层层序和演变过程 [J]. 中国科学：地球科学，2011（8）：1134-1149.

[64] 谭超，邱静，黄本胜．北江干流界滩河段水动力及泥沙特性分析 [J]. 广东水利水电，2011（10）：9-11，15.

[65] 谭超，黄本胜，杨清书，等．珠江磨刀门河口拦门沙对排洪影响的初步研究[J]. 水利学报，2011（11）：1341-1348.

[66] Zhang Q.，Chen Y. D.，Jiang T.，et al. Human-induced regulations of river channels and implications for hydrological alterations in the Pearl River Delta，China [J]. Stochastic Environmental Research and Risk Assessment，2011，25（7）：1001-1011.

[67] Zhang W.，Mu S. S.，Zhang Y. J.，et al. Temporal variation of suspended sediment load in the Pearl River due to human activities [J]. International Journal

of Sediment Research, 2011, 26: 88-498.

[68] Hu J. T., Li S. Y., Geng B. X.. Modeling the mass flux budgets of water and suspended sediments for the river network and estuary in the Pearl River Delta, China [J]. Journal of Marine Systems, 2011, 88: 252-266.

[69] Wei Zhang, Shousheng Mu, Yanjing Zhang, et al. Temporal variation of suspended sediment load in the Pearl River due to human activities [J]. International Journal of Sediment Research, 2011: 264.

[70] 黄伟民. 西江马口水文站水沙演变规律分析 [J]. 水科学与工程技术, 2012 (1): 13-16.

[71] 刘春莲, 杨婷婷, 吴洁, 等. 珠江三角洲晚第四纪风化层稀土元素地球化学特征 [J]. 古地理学报, 2012 (1): 125-132.

[72] 吴加学, 崔永生, 邓伟铸. 河口海岸底边界层流与泥沙输移的广义相似标度模型及适用性 [C] //中国海洋湖沼学会, 中国科学院海洋研究所. 中国海洋湖沼学会第十次全国会员代表大会暨学术研讨会论文集, 2012.

[73] 肖志建. 珠江河口及邻近海域表层沉积物特征及其泥沙运移趋势 [J]. 海洋通报, 2012 (5): 481-488.

[74] 杜文印. 珠江三角洲近30年水沙分配变化分析 [J]. 广东水利水电, 2012 (6): 5-9.

[75] 季荣耀, 徐群, 莫思平, 等. 港珠澳大桥人工岛对水沙动力环境的影响 [J]. 水科学进展, 2012 (6): 829-836.

[76] Wu C. S., Yang S. L., Lei Ya-ping. Quantifying the anthropogenic and climatic impacts on water discharge and sediment load in the Pearl River (Zhujiang), China (1954-2009) [J]. Journal of Hydrology, 2012: 452-453.

[77] Qiang Zhang, Chong-Yu Xu, Xiaohong Chen, et al. Abrupt changes in the discharge and sediment load of the Pearl River, China [J]. Hydrol. Process., 2012, 26 (10).

[78] Zhang W., Wei X. Y., Zhu Y. L. et al. Estimating suspended sediment loads in the Pearl River Delta region using sediment rating curves [J]. Continental Shelf Research, 2012, 38: 35-46.

[79] 姚章民. 珠江流域主要河流泥沙变化分析 [J]. 水文, 2013 (4): 80-83.

[80] 刘运令. 南海西北部陆架泥质沉积特征及其形成机制 [D]. 南京: 南京大学, 2013.

[81] 林中源, 龚文平, 贾良文. 珠江口黄茅海枯季的悬沙变化与泥沙输运 [J]. 泥沙研究, 2014 (2): 27-37.

[82] 文丽, 任杰, 陈子燊. 磨刀门水道枯季底边界层的泥沙交换过程 [J]. 中山大学学报 (自然科学版), 2014 (2): 142-147, 152.

[83] 刘俊勇. 珠江三角洲河网主要汊道分洪输沙作用研究 [J]. 人民珠江, 2014 (3): 17-21.

[84] 张明，王威，赵有明，等．深圳湾吹填淤泥非线性压缩性及参数测定［J］．中南大学学报（自然科学版），2014（10）：3596-3601.

[85] 雷亚平．全新世海进盛期以来珠江长时间尺度水沙变化过程研究［D］．广州：中山大学，2004.

3.4 河流模拟

珠江河口的治理是一个涉及因素多、动力条件复杂的系统工程，加之珠江三角洲河口区社会经济的快速发展，在我国社会经济的发展中具有举足轻重的地位，珠江河口的治理与其关系甚为密切，必须采用多种手段进行深入研究，各种手段互相进行补充和印证，以期使研究成果能获得较全面、科学、可靠的认识，从而尽可能地避免在河口治理中出现失误而造成的损失。目前，数学模型和物理模型已发展成为河口治理研究的两个重要手段，它们各有其优先使用的领域，数学模型多用于研究一维问题，物理模型多用于研究三维问题，而二维问题则两种模型均可用来研究。2000 年以来，针对这方面的研究，不少单位及学者做了大量工作，如广东省水利水电科学研究院提出了《珠江三角洲网河及八大口门整体潮汐物理模型研究》；珠江水利委员会水利科学研究院提出了《珠江黄埔大桥工程定床河工模型试验研究报告》《广州市西江引水工程取水保证率物理模型试验研究报告》等研究报告；水利部珠江水利委员会提出了《珠江河口综合治理规划物理模型试验研究总报告》《珠江河口整体物理模型设计及验证试验研究》等研究报告，徐峰俊等对《伶仃洋海区二维不平衡非均匀输沙数学模型》进行了研究，黄东等对《河工模型相似的精度及误差探讨》进行了研究，等等。

[1] 窦国仁．河口海岸全沙模型相似理论［J］．水利水运工程学报，2001（1）：1-12.

[2] 李毓湘，逄勇．珠江三角洲地区河网水动力学模型研究［J］．水动力学研究与进展（A 辑），2001（2）：143-155.

[3] 于斌，林少奕，王永信，等．风暴潮沿珠江河道上溯运动的数值模拟［J］．海洋学报（中文版），2001（4）：17-24.

[4] 广东省水利水电科学研究院．思贤滘水利枢纽工程可行性阶段水流数学模型研究报告［R］，2001.5.

[5] 包芸，任杰．盐场高度分层下的三维斜压数值模拟［J］．海洋通报，2001（6）：17-24.

[6] 广东省水利水电科学研究院．思贤滘水利枢纽工程可行性阶段水工模型补充试验研究报告［R］，2001.8.

[7] 广东省水利水电科学研究院．佛山平洲潭洲水道险段整治河工模型试验研究报告［R］，2001.11.

[8] Chau K. W.，Jiang Y. W.．3D Numerical Model for Pearl River Estuary［J］．Journal of Hydraulic Engineering，2001，127（1）：72-82.

[9] 霍光．珠江三角洲网河数学模型的研究进展［R］，2001.

[10] 郑国栋，黄东，黄本胜，等．虎门大桥人工砂岛对防洪排涝纳潮影响的数值模拟［J］．广东水利水电，2002（2）.

[11] 广东省水利水电科学研究院．西江下游白蕉联围八项险段整治工程河工模型试验研究［R］，2002. 2.

[12] 张华庆，吕忠华，沈汉堃，等．珠江河口水沙数值模拟系统［J］．水道港口，2002（2）：51－53，65.

[13] 广东省水利水电科学研究院．北江大堤安全达标加固工程西南分洪闸水工断面模型试验研究［R］，2002. 5.

[14] 广东省水利水电科学研究院．西江下游劳龙虎水道航道整治工程一维网河数学模型计算［R］，2002. 6.

[15] 吴小明，邓家泉，吴天胜，等．珠江河口大型潮汐整体物理模型设计与应用［J］．人民珠江，2002（6）：14－16.

[16] 广东省水利水电科学研究院．北江大堤芦苞、黄塘险段整治工程动床河工模型试验研究［R］，2002. 8.

[17] Chau K. W.，Jiang Y. W.．Three－dimensional pollutant transport model for the Pearl River Estuary［J］．Water Research，2002，36（8）：2029－2039.

[18] 管卫兵，王丽娅，许东峰．珠江河口氮和磷循环及溶解氧的数值模拟 Ⅰ．模式建立［J］．海洋学报（中文版），2003（1）：52－60.

[19] 管卫兵，王丽娅，许东峰．珠江河口氮和磷循环及溶解氧的数值模拟 Ⅱ．模拟结果［J］．海洋学报（中文版），2003（1）：61－68.

[20] 诸裕良，严以新，李瑞杰，等．河网海湾水动力联网数学模型［J］．水科学进展，2003（2）：131－135.

[21] 陈晓宏，陈永勤，赖国友．珠江口悬浮泥沙迁移数值模拟［J］．海洋学报（中文版），2003（2）：120－127.

[22] 林卫强，李适宇．珠江口水域化学耗氧量、溶解氧、无机磷与有机磷的三维水质数学模拟［J］．海洋学报（中文版），2003（3）：129－137.

[23] 包芸，任杰．珠江河口西南风强迫下潮流场的数值模拟［J］．海洋通报，2003（4）：8－14.

[24] 李孟国，时钟，秦崇仁．伶仃洋三维潮流输沙的数值模拟［J］．水利学报，2003（4）：51－57.

[25] 徐峰俊，朱士康，刘俊勇．珠江河口区水环境整体数学模型研究［J］．人民珠江，2003（5）：12－18.

[26] 杨清书，罗章仁，沈焕庭，等．珠江三角洲网河区顶点分水分沙变化及神经网络模型预测［J］．水利学报，2003（6）：56－60.

[27] 邓孺孺，何执兼，陈晓翔．基于二次散射的水污染遥感模型及其在珠江口水域的应用［J］．海洋学报（中文版），2003（6）：69－78.

[28] 珠江水利委员会科学研究所．广州港南沙港区规划方案（一期工程）潮汐物理

模型试验研究报告 [R], 2003.6.

[29] 彭静，廖文根，何少苓，等．珠江河口大系统洪水模拟研究 [C] //中国水利学会．中国水利学会 2003 学术年会论文集，2003.

[30] 徐峰俊，刘俊勇．伶仃洋海区二维不平衡非均匀输沙数学模型 [J]. 水利学报，2003 (7)：16-21，29.

[31] 包芸，韩玉梅．珠江口滩槽演变的数值模拟技术研究 [C] //《水动力学研究与进展》编委会，中国力学学会，中国造船工程学会，香港科技大学，香港理工大学，中山大学，香港力学学会，上海交通大学，上海大学，上海市力学学会．第十七届全国水动力学研讨会暨第六届全国水动力学学术会议文集，2003.

[32] 林俊，吴华良，何启莲．HMMC 水力物理模型计算机测控系统及其应用 [J]. 中国水利，2003 (8)：57-58.

[33] 水利部珠江水利委员会科学研究所．珠江三角洲河口区潮流泥沙及含盐度耦合联解数学模型研究报告 [R], 2003.8.

[34] 广东省水利水电科学研究院．珠江黄埔大桥工程定床河工模型试验研究报告 [R], 2003.10.

[35] 广东省水利水电科学研究院．广东省主要河道采砂控制规划数学模型专题研究报告 [R], 2003.12.

[36] 耿艳芬．河网水沙的数值模拟 [D]. 大连：大连理工大学，2003.

[37] Wong L. A., Chen J. C., Xue H., et al. A model study of the circulation in the Pearl River Estuary (PRE) and its adjacent coastal waters: 2. Sensitivity experiments [J]. Journal of Geophysical Research: Oceans, 108, C5, DOI: 10.1029/2002JC001452, 2003.

[38] Wong L. A., Chen J. C., Xue H., et al. A model study of the circulation in the Pearl River Estuary (PRE) and its adjacent coastal waters: 1. Simulations and comparison with observations [J]. Journal of Geophysical Research: Oceans, 118, C5, DOI: 10.1029/2002JC001451, 2003.

[39] Chau K., Jiang Y.. Simulation of transboundary pollutant transport action in the Pearl River delta [J]. Chemosphere, 2003, 52 (9): 1615-1621.

[40] 张虹．珠江委研制成功世界上最大、最复杂的网河河口潮汐物理模型 [J]. 人民珠江，2004 (1)：21.

[41] 逄勇，黄智华．珠江三角洲河网与伶仃洋一、三维水动力学模型联解研究 [J]. 河海大学学报（自然科学版），2004 (1)：10-13.

[42] 李春初，何为，王世俊．珠江河口陆海互动论 [C] //中国海洋学会海岸河口分会，中国海洋湖沼学会海岸河口分会，华东师范大学河口海岸国家重点实验室．第八届全国海岸河口学术研讨会暨海岸河口理事会议论文摘要集，2004.

[43] 郑国栋，黄东，赵明登，荣小红．一、二维嵌套模型在河口工程中的应用 [J]. 水利学报，2004 (1)：22-27.

[44] 张华庆，金生，沈汉堃，朱三华．珠江三角洲河网非恒定水沙数学模型研究

[J]. 水道港口，2004 (3)：121 - 128.

[45] 逄勇，洪晓瑜，王超．珠江三角洲河网与伶仃洋一、三维水质模型联解研究 [J]. 中山大学学报（自然科学版），2004 (4)：110 - 112.

[46] 水利部珠江水利委员会科学研究院．外伶仃洋西侧治导线规划方案物理模型试验研究报告 [R]，2004.6.

[47] 黄智敏，江洧，陆汉柱，等．思贤滘水利枢纽滘内水闸试验研究 [C] //《水动力学研究与进展》编委会，中国力学学会，中国造船工程学会，新疆大学，新疆农业大学，新疆水利水电勘测设计研究院，新疆风能工程技术研究中心．第十八届全国水动力学研讨会文集，2004.

[48] 水利部珠江水利委员会科学研究院．横门北汊与洪奇门汇合延伸段一主一支规划方案物理模型试验研究报告 [R]，2004.6.

[49] 水处部珠江水利委员会科学研究院．深圳湾整治规划方案物理模型试验研究报告 [R]，2004.8.

[50] 水利部珠江水利委员会科学研究院．磨刀门横洲外治导线规划方案物理模型试验研究报告 [R]，2004.8.

[51] 包芸，任杰．伶仃洋盐度层化现象的高分辨率数值模拟研究 [C] //《水动力学研究与进展》编委会，中国力学学会，中国造船工程学会，新疆大学，新疆农业大学，新疆水利水电勘测设计研究院，新疆风能工程技术研究中心．第十八届全国水动力学研讨会文集，2004.

[52] 水利部珠江水利委员科学研究院．珠江河口整体物理模型设计及验证试验研究 [R]，2004.

[53] 水利部珠江水利委员会科学研究院．珠江河口岸线滩涂开发利用规划方案物理模型试验报告 [R]，2004.11.

[54] 金腊华，徐峰俊．水环境数值模拟与可视化技术 [M]. 北京：化学工业出版社，2004.

[55] Zhang W.，Yan Y. X.，Zhu Y. L.. 1 - D numerical model of flow motion and suspended transportation in river networks of the Pearl River Delta [C] // Proceedings of the ninth international symposium on river sedimentation. Beijing：Tsinghua University Press，2004，8：1538 - 1543.

[56] Wong L. A.，Chen J. C.，Dong L. X.. A model of the plume front of the Pearl River Estuary，China and adjacent coastal waters in the winter dry season [J]. Continental Shelf Research，2004，24 (16)：1779 - 1795.

[57] Wai O. W. H.，Chen Y.，Li Y. S.. A 3 - D wave - current driven coastal sediment transport model [J]. Coastal Engineering Journal，2004，46 (4)：385 - 424.

[58] 包芸，周水华，胡如根．伶仃洋正交曲线坐标网格的生成及在虎门双向射流数值模拟中的应用 [J]. 暨南大学学报（自然科学与医学版），2005 (1)：1 - 4.

[59] 水利部珠江水利委员会科学研究院．珠江河口综合治理规划物理模型试验研究

总报告［R］，2005.3

［60］张华庆，沈汉，陈丽棠，朱三华，金生．珠江河口水沙数值模拟系统研究［C］//中国海洋工程学会．第十二届中国海岸工程学术讨论会论文集，2005.

［61］包芸，吕海滨．近三十年来磨刀门河口地貌动力数值模拟［C］//中国海洋工程学会．第十二届中国海岸工程学术讨论会论文集，2005.

［62］黄东，郑国栋，郑邦民．河工模型相似的精度及误差探讨［J］．水动力学研究与进展（A辑），2005（5）.

［63］张蔚，霍光，诸裕良．珠江三角洲一维河网非恒定流悬沙预测模拟［J］．河海大学学报（自然科学版），2005（5）：542－545.

［64］河海大学．崖门水道航道治理工程可行性研究数学模型专题报告［R］，2005.8.

［65］彭静，彭期冬．珠江河口三角洲数值模拟技术研究进展［J］．水利水电技术，2005（10）：81－85.

［66］Chen X. H.，Chen Y. Q.，Lai，G. Y.．Modeling transportation of suspended solids in Zhujiang River estuary，South China［J］．Chinese Journal of Oceanology and Limnology，2005，23（1）：1－10.

［67］Larson M.，Bellanca R.，Jönsson L.，et al. A Model of the 3D Circulation，Salinity Distribution，and Transport Pattern in the Pearl River Estuary，China［J］．Journal of Coastal Research，2005，21（5）：896－908.

［68］童朝锋．分汊口水沙运动特征及三维水流数学模型应用研究［D］．南京：河海大学，2005.

［69］何海胜．东江下游航道整治工程水动力数学模型［D］．南京：河海大学，2005.

［70］吴华良，林俊，吴娟．潮汐模型监控软件研制［G］//中国水利学会水利量测技术专业委员会．水利量测技术论文选集第四集．郑州：黄河水利出版社，2005.

［71］杨金艳，于东生．一、二维嵌套数学模型在白坭水道整治工程中的应用［J］．水运工程，2006（1）：68－71.

［72］金新芽，邵学强．一维水动力模型在河口潮流推算中的应用［J］．海洋学研究，2006（2）：86－92.

［73］广东省水利水电科学研究院．西江大堤张良险段整治工程河工模型试验研究报告［R］，2006.4.

［74］王崇浩，韦永康．三维水动力泥沙输移模型及其在珠江口的应用［J］．中国水利水电科学研究院学报，2006（4）：246－252.

［75］吴超羽，包芸，任杰，等．珠江三角洲及河网形成演变的数值模拟和地貌动力学分析：距今6000～2500a［J］．海洋学报（中文版），2006（4）：64－80.

［76］詹杰民，吕满英，李毓湘，等．一种高效实用的河网水动力数学模型研究［J］．水动力学研究与进展（A辑），2006（6）：685－692.

［77］刘俊勇，徐峰俊，朱秋菊．珠江口门近期整治工程对含氯度影响及施工期悬浮物输送数学模型研究分析［J］．人民珠江，2006（6）：45－47，67.

［78］张蔚，严以新，郑金海，诸裕良．珠江河网与河口一、二维水沙嵌套数学模型

研究 [J]. 泥沙研究，2006 (6)：11-17.

[79] 水利部珠江水利委员会珠江水利科学研究院，深圳西部港区泥沙回淤数值模拟分析研究报告 [R]，2006.7.

[80] 田中南，严以新，于东生．二维水流模型在白[illegible]XX水道航道整治工程中的应用 [J]. 中国水运（学术版），2006 (8)：82-83.

[81] 季飞，严以新，童朝锋，等．二维泥沙数学模型在洪奇沥航道整治工程中的应用 [J]. 中国水运（学术版），2006 (8)：79-81.

[82] 向小华．河网二维水流数值模拟 [D]. 南京：河海大学，2006.

[83] 何杰．潮汐河口汊道治理数值模拟研究 [D]. 南京水利科学研究院，2006.

[84] 梁志宏．感潮河流复杂边界水流水质动床数学模型的研究与应用 [D]. 广州：暨南大学，2006.

[85] 张蔚．河网与河口地区耦合模型的研究及应用 [D]. 南京：河海大学，2006.

[86] 徐林春，郑国栋，黄东，赖冠文．VB在河流数值模拟可视化中的应用 [J]. 广东水利水电，2007 (2)：88-90.

[87] 沈汉堃，朱三华，谢淑琴，刘建业．珠江河口BP神经网络的咸潮预报模型研究 [J]. 珠江现代建设，2007 (5)：4-8.

[88] 张心凤，詹杰民．黄茅海水域三维水动力数值模拟 [J]. 武汉大学学报（工学版），2007 (5)：43-47.

[89] 陈水森，方立刚，李宏丽，张立新．珠江口咸潮入侵分析与经验模型——以磨刀门水道为例 [J]. 水科学进展，2007 (5)：751-755.

[90] 刘建业．珠江2006—2007年枯季水量调度模型简介 [J]. 人民珠江，2007 (6)：22-23，26.

[91] 包芸，黄涛．珠江河口二维水动力整体数值模拟计算 [C] //中国海洋学会，广东海洋大学．中国海洋学会2007年学术年会论文集（下册），2007.

[92] 汤立群，刘大滨．黄茅海围垦工程潮流泥沙动力条件变化数值模拟 [C] //中国水利学会河口治理与保护专业委员会．中国水利学会2007学术年会人类活动与河口分会场论文集，2007.

[93] 张华庆，金生，沈汉堃，等．珠江三角洲河网非恒定水沙数学模型研究 [C] //中国海洋学会海洋工程分会．第十三届中国海洋（岸）工程学术讨论会论文集，2007.

[94] 刘建东．数字模型计量技术在珠江河口疏浚工程中的应用 [J]. 水利科技与经济，2007 (7)：504，506.

[95] 包芸，戚志明．二维水动力数值模型ccost-2d及在珠江河口整体水动力模拟中的应用 [C] //上海《水动力学研究与进展》杂志社．第二十届全国水动力学研讨会文集，2007.

[96] 王崇浩，曹文洪．三维水动力泥沙输移模型及应用 [C] //中国水力发电工程学会水文泥沙专业委员会．中国水力发电工程学会水文泥沙专业委员会第七届学术讨论会论文集（上册），2007.

[97] 王国胜．河流健康评价指标体系与AHP——模糊综合评价模型研究［D］．广州：广东工业大学，2007.

[98] 杨莉玲．河口盐水入侵的数值模拟研究［D］．上海：上海交通大学，2007.

[99] Zhang W.，Li L.，Dong X.．Analysis of hydrodynamic characteristics and estuarine dynamic process of the Dongjiang River Delta based on 1－d numerical model［J］．Proceedings of 16th IAHR－ADP Congress，China，2008.

[100] 朱三华，沈汉堃，金生，等．珠江三角洲氯化物扩散模型研究［J］．珠江现代建设，2008（2）：1－8.

[101] 龙江，李适宇．珠江三角洲河网一维水动力模拟的有限元法［J］．热带海洋学报，2008（2）：7－11.

[102] 汤立群，梁建林，刘大滨．黄茅海围垦工程潮流泥沙变化数值模拟［J］．泥沙研究，2008（2）：9－15.

[103] 欧素英，杨清书．人工神经网络模型在航道、港口潮水位预报中的应用［J］．水利水运工程学报，2008（2）：67－70.

[104] 陈大全．桥梁建设对河道通航水流条件影响的数值模拟［J］．中国水运（下半月），2008（3）：18－19.

[105] 李文丹．广州港出海航道三期工程潮流数学模型研究［J］．水道港口，2008（3）：179－184.

[106] 杨明远，任杰．珠江三角洲径潮动力数值模拟与特征分析［J］．海洋工程，2008（4）：117－124.

[107] 徐林春，黄本胜，郑国栋，黄东，赖冠文．扩建桥梁工程通航安全水流流态数值模拟研究［J］．广东水利水电，2008（8）：19－22.

[108] 刘大滨，汤立群．珠江口黄茅海二维潮流泥沙数值模型及应用［C］//中国水利学会青年科技工作委员会．中国水利学会第四届青年科技论坛论文集，2008.

[109] 广东省水利水电科学研究院．广州市西江引水工程取水保证率物理模型试验研究报告［R］，2008.9.

[110] Zhang W.，Yang M. Y.，Zhou X. Y.．One－D and three－D combined hydrodynamic numerical model for river networks and estuary［C］//Proceedings of the 4th Chinese－German joint symposium on hydraulic and ocean engineering，Germanny，2008.

[111] 刘树函．数学模拟在海洋工程水质环境影响评价中的应用［D］．青岛：中国海洋大学，2008.

[112] 刘金贵，李瑞杰，张义丰．非结构网格FVM模型及崖门水道三维模拟研究［J］．水动力学研究与进展（A辑），2009（1）：49－55.

[113] 刘志敏，黄国如，高时友．珠江河口压咸补淡枯季调水的物理模型研究［J］．人民珠江，2009（2）：27－28，48.

[114] 詹威，程香菊．FVCOM模拟珠江磨刀门盐水入侵［C］//中国力学学会，郑

州大学．中国力学学会学术大会'2009论文摘要集，2009.

[115] 许炜铭，包芸．珠江河口二维整体数值模拟及其西北江主要分流比研究 [C] //中国力学学会，郑州大学．中国力学学会学术大会'2009论文摘要集，2009.

[116] 刘俊勇，张云，崔树彬．一维潮流与含氯度耦合数学模型及其应用 [J]．水资源保护，2009 (3)：6-10.

[117] 包芸，许炜铭．珠江河口二维整体数值模拟及分流比研究 [C] //中国海洋学会海洋工程分会．第十四届中国海洋（岸）工程学术讨论会论文集（下册），2009.

[118] 许炜铭，包芸．珠江河口网河与河口湾二维水动力整体模拟计算 [J]．中国水运（下半月），2009 (4)：129-131.

[119] 张心凤，詹杰民．黄茅海波流共同作用下的三维悬沙数值模拟 [J]．计算力学学报，2009 (6)：840-845.

[120] 许炜铭，陈祖辉，包芸．珠江河口整体数值模拟及潮波传播特征研究 [C] //上海《水动力学研究与进展》杂志社，四川大学水力学与山区河流开发保护实验室．第九届全国水动力学学术会议暨第二十二届全国水动力学研讨会论文集，2009.

[121] 广东省水利水电科学研究院．珠江三角洲网河及八大口门整体物理模型研究 [R]，2009.8.

[122] 胡嘉镗，李适宇．珠江三角洲河网与河口夏季水沙通量的模拟 [J]．水利学报，2009 (11)：1290-1298.

[123] Zhang W., Yan Y. X., Zheng J. H., Li L., Dong X., Cai H. J.. Temporal and spatial variability of annual extreme water level in the Pearl River Delta, China [J]. Global and Planetary Change, 2009, 69: 35-47.

[124] Twigt D. J., De G. E. D., Zijl F., Schwanenberg D., Chiu A. Y. W.. Coupled 1D - 3D hydrodynamic modelling, with application to the Pearl River Delta [J]. Ocean Dynamics, 2009, 59: 1077-1093.

[125] Suying Ou, Hong Zhang, Dongxiao Wang. Dynamics of the buoyant plume off the Pearl River Estuary in summer [J]. Environmental Fluid Mechanics, 2009, 95.

[126] 尹小玲．基于数字流域模型的珠江补淡压咸水库调度研究 [D]．北京：清华大学，2009.

[127] 李孟国，李文丹，杨树森．港珠澳大桥工程方案二维潮流悬沙数学模型研究报告 [R]．天津：交通运输部天津水运工程科学研究所，2009.

[128] 徐君亮，莫思平，季荣耀，等．港珠澳大桥工程对珠江口港口航道影响物理模型研究 [R]．南京：南京水利科学研究院，2009.

[129] 朱三华，沈汉堃，金生，等．珠江三角洲含氯度模型研究 [J]．人民珠江，2010 (S1)：9-13.

[130] 张恒，李适宇．夏季珠江口溶解氧垂向输运数值模拟研究［J］．海洋学报（中文版），2010（1）：34-46.

[131] 汤立群，申锦瑜，陈洁，等．中国河口海岸风暴潮及海洋动力三维数值预报模型（CHINACOAST）研究Ⅱ：模型验证与应用［J］．水利水电技术，2010（1）：6-10，14.

[132] 张恒，李适宇．基于改进的RCA水质模型对珠江口夏季缺氧及初级生产力的数值模拟研究［J］．热带海洋学报，2010（1）：20-31.

[133] 徐林春，郑国栋，黄东，等．梯形河道内桥墩布置对近岸流速影响的数值模拟研究［J］．广东水利水电，2010（2）：5-8.

[134] 林美兰，徐林春．白坭河大桥扩建工程通航安全水流流态数值模拟研究［J］．广东水利水电，2010（3）：7-9.

[135] 王晨阳，李孟国，李文丹．港珠澳大桥工程二维潮流数学模型研究［J］．水道港口，2010（3）：187-194.

[136] 吴创收，刘欢，武亚菊，等．黄茅海河口沿程异常潮差：Ⅰ 理论模型研究［J］．海洋科学进展，2010（4）：436-444.

[137] 周新民，倪培桐，唐造造，等．感潮河网水动力模型在城市水环境治理中的应用［J］．广东水利水电，2010（11）：18-20，32.

[138] Zhang W.，Ruan X. H.，Zhu Y. L.，et al. Long-term change in tidal dynamics and its cause in the Pearl River Delta，China［J］. Geomorphology，2010，120：209-223.

[139] 邹华志．河网、河口及海岸整体联解数值模式及其在珠江口咸潮上溯研究的应用［D］．青岛：中国海洋大学，2010.

[140] 胡溪．珠江口磨刀门水道咸潮入侵数值模拟研究［D］．北京：清华大学，2010.

[141] 张翼．一、二维耦合水沙数学模型的研究与应用［D］．大连：大连理工大学，2010.

[142] 武亚菊，刘欢，吴创收，等．黄茅海河口沿程异常潮差数值模拟研究［J］．海洋科学进展，2011（1）：16-27.

[143] 江涛，朱淑兰，张强，等．潮汐河网闸泵联合调度的水环境效应数值模拟［J］．水利学报，2011（4）：388-395.

[144] 姜尚，侯建平．崖门水道悬移质输运三维数值模拟［C］//中国环境科学学会．2011中国环境科学学会学术年会论文集（第一卷），2011.

[145] 何杰，辛文杰．崖门出海航道选线方案潮流泥沙数值模拟［C］//中国海洋工程学会．第十五届中国海洋（岸）工程学术讨论会论文集（中），2011.

[146] 诸裕良，孙世伟，张蔚．珠江三角洲河网及河口海域咸潮上溯模型研究［C］//中国海洋工程学会．第十五届中国海洋（岸）工程学术讨论会论文集（中），2011.

[147] 周雯，郭振仁，赵肖．珠江三角洲河口盐水入侵耦合模型的研究及应用

[C] //中国环境科学学会.2011中国环境科学学会学术年会论文集（第一卷），2011.

[148] 李丹.甘竹溪大桥主梁标准段牵索挂篮施工计算与模拟分析 [J]. 公路，2011 (12)：54-58.

[149] 杨利超.珠江三角洲区域地下水盐运移的数值模拟 [D]. 中国地质大学（北京），2011.

[150] 罗丹，卢陈，刘国珍，等.磨刀门咸潮物理模型试验——Ⅴ 活动潜坝抑咸效果研究 [J]. 人民珠江，2012 (S1)：45-48.

[151] 李昌宇.珠江河口湾最大浑浊带的三维动力学研究 [C] //中国海洋湖沼学会，中国科学院海洋研究所.中国海洋湖沼学会第十次全国会员代表大会暨学术研讨会论文集，2012.

[152] 卢陈，吴天胜，苏波，等.磨刀门咸潮物理模型试验——Ⅲ 流量配置方式对咸潮上溯的影响 [J]. 人民珠江，2012 (S1)：36-39.

[153] 胡嘉镗，李适宇，耿兵绪，等.珠江三角洲河网与河口区CBOD及TN和TP通量的模拟 [J]. 水利学报，2012 (1)：51-59，68.

[154] 龚文平.珠江口黄茅海泥沙输运的数值模拟研究 [C] //中国海洋湖沼学会，中国科学院海洋研究所.中国海洋湖沼学会第十次全国会员代表大会暨学术研讨会论文集，2012.

[155] 陈荣力，卢陈，苏波，等.磨刀门咸潮物理模型试验——Ⅰ 模型设计与验证 [J]. 人民珠江，2012 (S1)：28-32.

[156] 卢陈，苏波，袁丽蓉，等.磨刀门咸潮物理模型试验——Ⅱ 径流量对咸潮上溯的影响 [J]. 人民珠江，2012 (S1)：33-36.

[157] 邹华志，王琳，董延军.珠江河口磨刀门水道咸潮动力高分辨率三维数值模拟研究 [J]. 人民珠江，2012 (S1)：56-60.

[158] 杨莉玲，徐锋俊，张术勇.波浪和风对伶仃洋盐度输移影响的三维数值模拟研究 [J]. 人民珠江，2012 (S1)：61-65.

[159] 何用，卢陈，涂向阳，等.磨刀门咸潮物理模型试验——Ⅳ 海平面上升对咸潮上溯的影响 [J]. 人民珠江，2012 (S1)：40-44.

[160] 胡嘉镗，李适宇，裴木凤，等.珠江三角洲一维河网与三维河口耦合水质模型模拟与验证 [J]. 海洋与湖沼，2012 (1)：1-9.

[161] 危小艳，诸裕良，张蔚，等.珠江口枯季盐通量数值模拟研究 [J]. 热带地理，2012 (2)：216-222.

[162] 吴门伍，严黎，周家俞，等.伶仃洋泥沙淤积模型试验研究 [J]. 人民珠江，2012 (2)：7-10.

[163] 白绍华，倪培桐.数学模型在码头行洪纳潮影响问题的应用研究 [J]. 佛山科学技术学院学报（自然科学版），2012 (4)：72-76.

[164] 王彪，朱建荣.基于FVCOM模型的珠江河口及其邻近海域的潮汐模拟 [J]. 热带海洋学报，2012 (4)：17-27.

[165] 邱立国，韦惺，莫文渊，等．十到百年尺度动力形态模型在珠江磨刀门河口的应用［J］．海洋学报（中文版），2012（4）：135－146.

[166] 刘斌，刘丽诗，闻平．风对珠江河口咸情影响的理想模型研究［J］．人民珠江，2012（4）：26－28.

[167] 徐慧，江涛，黎坤，等．西北江三角洲网河地形变化对枯水期分流比影响的数值模拟［J］．珠江现代建设，2012（4）：1－4.

[168] 杨莉玲，徐锋俊．波-流共同作用下伶仃洋三维盐度数值模拟［J］．人民珠江，2012（5）：68－72.

[169] 徐林春，李义天，郑国栋，等．浮标追踪在水动力数学模型验证中的应用［J］．水力发电学报，2012（5）：102－106.

[170] 程香菊，詹威，郭振仁，等．珠江西四口门盐水入侵数值模拟及分析［J］．水利学报，2012（5）：554－563.

[171] 李彤，李适宇．广州珠江感潮河网水流泥沙数值模拟［J］．中山大学学报（自然科学版），2012（5）：14－20.

[172] 何杰，辛文杰，贾雨少．港珠澳大桥对珠江口水域水动力影响的数值模拟［J］．水利水运工程学报，2012（2）：84－90.

[173] 朱秋菊，李杰，马志鹏，等．一、二维联解潮流数学模型在防洪评价中的应用［J］．人民长江，2012（15）：4－6，58.

[174] 刘金阳，罗杰，刘霞．南沙江海联运码头一期工程物理模型试验研究［J］．人民珠江，2013（2）：16－19.

[175] 刘达，邱静，王丽雯，等．北江干流某大型水利枢纽工程对河势影响的模型试验研究［J］．中国防汛抗旱，2013（2）：42－44，79.

[176] 叶荣辉，宋志尧，沈正，等．珠江口风暴潮数值模拟系统的设计与实现［J］．河海大学学报（自然科学版），2013（3）：260－264.

[177] 包芸．台风作用下伶仃洋波浪场的模拟计算［J］．水动力学研究与进展A辑，2013（3）：299－306.

[178] 周巍，王东晓，俎婷婷，等．基于三层嵌套网格的珠江口冬季盐度层化的数值模拟［J］．海洋与湖沼，2013（3）：545－556.

[179] 朱泽南，王惠群，管卫兵，等．丰水期珠江口黏性泥沙输运的三维数值模拟［J］．海洋学研究，2013（3）：25－35.

[180] 王驰，徐群，王学兰．港珠澳大桥整体物理模型试验管理研究［C］//中国海洋工程学会．第十六届中国海洋（岸）工程学术讨论会（下册），2013.

[181] 倪志辉，易静，张绪进．感潮河网区航道整治工程潮流数值模拟［J］．水运工程，2013（6）：108－113.

[182] 刘俊勇，吴娟．珠江三角洲与狮子洋—伶仃洋水域一、二维联解潮流数学模型研究［J］．珠江现代建设，2013（6）：1－5.

[183] 罗朝林，陈若舟，王磊，等．珠江河口整体物理模型流场测量系统研发［J］．人民珠江，2013（6）：28－30.

[184] 裴木凤，李适宇，胡嘉镗，等．丰、枯水期珠江河口水体交换的数值模拟［J］．热带海洋学报，2013（6）：28-35.

[185] 黄少彬，李开明，姜国强，等．基于MIKE3模型的珠江口水体交换研究［J］．环境科学与管理，2013（8）：134-140.

[186] 叶荣辉，钱燕，孔俊，等．珠江三角洲大系统风暴潮数学模型建立与验证［J］．人民长江，2013（21）：76-80.

[187] 李龙天，曾凡棠，关洪林，等．水闸联合调度下河网水动力过程数值模拟研究［J］．人民长江，2013（23）：35-37，66.

[188] Zhang W.，Feng H. C.，Zheng J. H.，et al. Numerical simulation and analysis of saltwater intrusion lengths in the Pearl River Delta，China［J］．Journal of Coastal Research，2013，29（2）：372-382.

[189] 田娜．基于数值模拟的咸潮上溯特性与评价指标研究［D］．青岛：中国海洋大学，2013.

[190] 吴天胜，高时友，吴门伍．中山港二期扩建工程航道比选物理模型试验研究［J］．人民珠江，2014（1）：12-15.

[191] 王彪．伶仃洋河口环流特征及其动力机制分析［J］．水动力学研究与进展A辑，2014（5）：608-617.

[192] 方泽建．HEC-RAS软件在珠江三角洲河道溃堤洪水模拟中的应用［J］．吉林水利，2014（6）：33-37.

[193] 邱颂曦，谭超．基于一维河网数学模型的某水厂可供水量计算分析研究［J］．广东水利水电，2014（6）：18-20.

[194] 刘俊勇．珠江河口复杂三角洲与多口门水域潮流运动整体模拟技术研究及应用［J］．水运工程，2014（8）：41-45.

[195] 广东省水利水电科学研究院．流域河库联合优化调控模式研究［R］，2014.12.

3.5 水环境

近年来，珠江三角洲地区生态环境问题十分突出。河口地区不当围海造田引致沿海湿地退化、水生物种群和栖息地减少、入海水体受到污染引致赤潮频发、河口地区咸潮上溯等生态环境问题日益突出，生物多样性不断遭受破坏。污染物质除了氨氮、高锰酸盐等常规物质外，部分地区还有汞、镉、铬等有毒污染。这些水环境问题已严重威胁并影响到当地的饮水安全、生态安全和经济安全。针对水环境研究方面，不少单位及学者做了大量的工作，如珠江水利委员会进行了《珠江流域（片）水资源保护规划报告》《水质控制网络的地理信息系统和数据管理》等的研究，珠江水利委员会水资源局进行了《珠江口陆源污染对伶仃洋近海水域水质和生态环境影响研究》的研究，学者邢玉清等做了《黄茅海及口外海滨表层沉积物重金属污染及其生态风险评价》的研究，向彩红等做了《珠江河口水生生物中多溴联苯醚的分布》的研究，黄小平等做了《珠江口海域污染防治与生态保护技术研究》等。

[1] 杨浩文，钟秀英．洪水期珠江三角洲网河区水质污染状况分析 [J]. 广东水利水电，2001 (S1)：52-53，58.

[2] 方展强，张润兴，黄铭洪．珠江河口区翡翠贻贝中有机氯农药和多氯联苯含量及分布 [J]. 环境科学学报，2001 (1)：113-116.

[3] 刘晨．珠江河口澳门附近水域水环境保护系统工程方案优化分析 [C] //中国科学技术协会，吉林省人民政府．新世纪 新机遇 新挑战——知识创新和高新技术产业发展（下册），2001.

[4] 刘玉，李适宇，董燕红，等．珠江口伶仃水道浮游生物及底栖动物群落特征分析 [J]. 中山大学学报（自然科学版），2001 (S2)：114-118.

[5] 林晓纯．芦苞涌、西南涌分洪对下游三角洲水环境影响及对策研究 [J]. 中山大学学报（自然科学版），2001 (S2)：39-42.

[6] 朱照宇，邓清禄，周厚云，等．珠江三角洲经济区可持续发展中的水环境问题 [J]. 环境科学学报，2001 (4)：405-410.

[7] 逄勇，李毓湘．珠江三角洲污染物对东四口门通量影响分析 [J]. 河海大学学报（自然科学版），2001 (4)：50-55.

[8] 周厚云，余素华，郭国章．珠江口 SX97 孔 7000aB. P. 的气候环境变化及流域响应 [J]. 地理科学，2001 (4)：368-372.

[9] 詹文欢，孙宗勋，朱俊江，等．珠江口海岛及海域地质环境与灾害初探 [J]. 海洋地质与第四纪地质，2001 (4)：31-36.

[10] 刘玉，李适宇，吴仁海，等．珠江口近岸水域浮游藻类及其与关键水质因子分析 [J]. 生态科学，2001 (4)：21-25.

[11] 包芸，任杰．采用改进的盐度场数值格式模拟珠江口盐度分层现象 [J]. 热带海洋学报，2001 (4)：28-34.

[12] 罗宪林，李春初，牟崇键．伶仃洋有孔虫生物群和埋葬群的比较及河口沉积作用分析 [J]. 海洋学报（中文版），2001 (4)：69-74.

[13] 吕爱琴．佛山市北江下游水道水质评价及趋势分析 [J]. 人民珠江，2001 (5)：50-51.

[14] 包芸，任杰．珠江口盐场高度分层下的水动力特性研究 [C] //中国力学学会，上海交通大学．自然、工业与流动——第六届全国流体力学学术会议论文集，2001.

[15] 逄勇，李学灵．珠江三角洲河网入伶仃洋污染物通量计算研究 [J]. 水利学报，2001 (9)：40-44.

[16] 麦碧娴，林峥，张干，等．珠江三角洲沉积物中毒害有机物的污染现状及评价 [J]. 环境科学研究，2001，14 (1)：19-23.

[17] 林洪瑛，韩舞鹰．珠江口伶仃洋枯水期十年前后的水质状况与评价 [J]. 海洋环境科学，2001，20 (2) 28-31.

[18] Zhang C. S., Wang L. J.. Multi-element geochemistry of sediments from the Pearl River system, China [J]. Applied Geochemistry, 2001, 16 (9-10): 1251-1259.

[19] Mai B., Fu J., Zhang G., et al. Polycyclic aromatic hydrocarbons in sediments from the Pearl river and estuary, China: Spatial and temporal distribution and sources [J]. Applied Geochemistry, 2001, 16: 1429-1445.

[20] Ho K. C., Hui K. C. C.. Chemical contamination of the East River (Dongjiang) and its implication on sustainable development in the Pearl River Delta [J]. Environment International, 2001, 26: 303-308.

[21] Li X. D., Shen Z. G., Wai O. W. H., et al. Chemical forms of Pb, Zn and Cu in the sediment profiles of the Pearl River Estuary [J]. Marine Pollution Bulletin, 2001, 42: 215-223.

[22] Fu J., Wang Z., Mai B., et al. Field monitoring of toxic organic pollution in the sediments of Pearl River estuary and its tributaries [J]. Water Science and Technology, 2001, 43: 83-89.

[23] Zhou J. L., Maskaoui K., Qiu Y. W., et al. Polychlorinated biphenyl congeners and organochlorine insecticides in the water column and sediments of Daya Bay, China [J]. Environmental Pollution, 2001, 113 (3): 373-384.

[24] Li X. D., Mai B. X., Zhang G., et al. Distribution of organochlorine pesticides in a sediment profile of the Pearl River Estuary [J]. Bulletin of Environmental Contamination and Toxicology, 2001, 67: 871-880.

[25] 珠江水利委员会.珠江流域的数据管理 [R], 2001.

[26] 珠江水利委员会.水质控制网络的地理信息系统和数据管理 [R], 2001.

[27] 珠江水利委员会.天然水水样保存技术与前处理方法试验研究 [R], 2001.

[28] 珠江水利委员会.珠江流域片水资源质量评价及趋势分析研究 [R], 2001.

[29] 珠江水利委员会.珠江流域入河排污口调查评价报告 [R], 2001.

[30] 珠江水利委员会.珠江三角洲水质生物监测方法研究 [R], 2001.

[31] 珠江水利委员会.珠江流域(片)水资源保护规划报告 [R], 2001.

[32] 魏泰莉,杨婉玲,赖子尼,等.珠江口水域鱼虾类重金属残留的调查 [J]. 中国水产科学, 2002 (2): 172-176.

[33] 聂湘平,蓝崇钰,栾天罡,等.用SPME测定珠江河口水体中的PCBs [J]. 海洋环境科学, 2002 (2): 65-68.

[34] 潘建明,扈传昱,刘小涯,等.珠江河口沉积物中石油烃分布及其与河口环境的关系 [J]. 海洋环境科学, 2002 (2): 23-27.

[35] 潘建明,周怀阳,扈传昱,等.夏季珠江口沉积物中营养盐剖面分布和界面交换通量 [J]. 海洋学报(中文版), 2002 (3): 52-59.

[36] 张利田,陈永勤.西江干流近20年来水质变化趋势研究 [J]. 中山大学学报(自然科学版), 2002 (4): 97-100.

[37] 林卫强，李适宇．珠江口水环境可持续发展的探讨 [J]．海洋环境科学，2002 (4)：54-58.

[38] 彭静，廖文根，张世奇．珠江河口资源开发的水环境影响分析 [C] //中国水利学会．中国水利学会 2002 学术年会论文集，2002.

[39] 徐玉燕．从水环境监测中看废污水对水资源的影响 [J]．广东水利水电，2002 (5)：41-42，45.

[40] 刘芳文，颜文，王文质，等．珠江口沉积物重金属污染及其潜在生态危害评价 [J]．海洋环境科学．2002，21 (3)：34-38.

[41] 贾国东，彭平安，傅家谟．珠江口近百年来富营养化加剧的沉积记录 [J]．第四纪研究．2002，22 (2)：158-165.

[42] Zhang G., Parker A., House A., et al. Sedimentary records of DDT and HCH in the Pearl River Delta, South China [J]. Environmental Science and Technology, 2002, 36: 3671-3677.

[43] Mai B. X., Fu J. M., Sheng G. Y., et al. Chlorinated and polycyclic aromatic hydrocarbons in riverine and estuarine sediments from Pearl River Delta, China [J]. Environmental Pollution, 2002, 117: 457-474.

[44] 徐文彪．珠江西江河口水质状况与赤潮的快捷预测方法研究 [D]．广州：暨南大学，2002.

[45] 姜海萍．河口富营养化及其与赤潮生态关系的研究 [D]．南京：河海大学，2002.

[46] 陈志谦，胡永聪．十年来市桥水道水质变化及其工业与生活污染源数据定量分析 [J]．环境技术，2003 (S1)：40-43.

[47] 彭晓彤，翁焕新，周怀阳，等．珠江口沉积柱中重金属 V，Ni 和 Co 的分布特征、迁移机制和污染评价 [J]．浙江大学学报（理学版），2003 (1)：103-108.

[48] 方展强．珠江口担杆岛附近海域底栖腹足类重金属含量及评价 [J]．华南师范大学学报（自然科学版），2003 (1)：76-81.

[49] 彭晓彤，周怀阳．珠江口伶仃洋现代沉积特征与沉积动力学反演 [C] //中国地质学会海洋地质专业委员会，中国海洋学会海洋地质分会．海洋地质环境与资源学术研讨会论文摘要汇编，2003.

[50] 方展强．珠江口担杆岛附近海域底栖腹足类重金属含量及评价 [J]．华南师范大学学报（自然科学版），2003 (1)：76-81.

[51] 梁冰．珠江三角洲河网的水环境问题和影响因素及其防治 [J]．污染防治技术，2003 (2)：43-46.

[52] 许河峰．应用聚类分析评价珠江口翡翠贻贝和环境水域有机氯农药与多氯联苯污染情况 [J]．海洋水产研究，2003 (2)：40-44.

[53] 王增焕，李纯厚，林钦，等．珠江河口经济动物体铜铅锌镉的含量 [J]．湛江海洋大学学报，2003 (3)：33-38.

[54] 龙爱民，陈绍勇，刘胜，等．珠江河口及近海水域中 Cu 的形态分布及其对藻类

的生物毒性 [J]. 海洋环境科学，2003 (3)：48 - 51.

[55] 王先伟，温伟英，刘翠梅．珠江口及附近海域夏季氮的化学形式分布研究 [J]. 海洋科学，2003 (4)：49 - 53.

[56] 龙爱民，赵迪，冷科明，等．夏季沿岸上升流对珠江河口水域中铜的形态分布与生物毒性的影响 [J]. 环境科学研究，2003 (4)：32 - 35，43.

[57] 李凤华，杨少梅．西江水环境污染特征及污染防治对策探讨 [C] //广西环境科学学会．广西环境科学学会 2002—2003 年度学术论文集，2003.

[58] 逄勇，李学灵，龙江．珠江三角洲陆源污染和香港水域排污对伶仃洋的影响 [J]. 水科学进展，2003 (5)：558 - 562.

[59] 刘芳文，颜文，黄小平，等．珠江口沉积物中重金属及其相态分布特征 [J]. 热带海洋学报，2003 (5)：16 - 24.

[60] 杜飞雁，李纯厚，贾晓平，等．珠江口浮游动物物种多样性研究 [C] //中国水产科学研究院．可持续水产养殖——资源、环境、质量——2003 水产科技论坛论文集，2003.

[61] 彭晓彤，周怀阳，翁焕新，等．珠江口沉积物主元素的组成分布特征及其地化意义 [J]. 浙江大学学报 (理学版)，2003 (6)：697 - 702.

[62] 杨清书，欧素英，麦碧娴，等．珠江虎门潮汐水道多环芳烃的分布、组成及来源分析 [J]. 海洋通报，2003 (6)：1 - 8.

[63] 刘文新，李向东．珠江口沉积物中痕量金属富集研究 [J]. 环境科学学报，2003，23 (3)：338 - 344.

[64] Zhou J. L., Maskaoui K.. Distribution of polycyclic aromatic hydrocarbons in water and surface sediments from Daya Bay, China [J]. Environmental Pollution, 2003, 121: 269 - 281.

[65] Liu W. X., Li X. D., Shen Z. G., et al. Multivariate statistical study of heavy metal enrichment in sediments of the Pearl River Estuary [J]. Environmental Pollution, 2003, 121: 377 - 388.

[66] Tang D. L., Kester D. R., Ni I., et al. In situ and satellite observations of a harmful algal bloom and water condition at the Pearl River estuary in late autumn 1998 [J]. Harmful Algae, 2003, 2: 89 - 99.

[67] 张伟玲．珠江口底层生物与西藏两个湖泊中有机氯农药污染的初步研究 [D]. 中国科学院研究生院 (广州地球化学研究所)，2003.

[68] 李开枝，尹健强，黄良民．珠江河口浮游动物的群落动态及数量变化 [C] //中国动物学会甲壳动物学分会，中国海洋与湖沼学会甲壳动物学分会．2004 年甲壳动物学分会会员代表大会暨学术年会论文摘要集，2004.

[69] 杨顶田，曹文熙，杨跃中，等．珠江口水体的光学特征及分析 [J]. 生态科学，2004 (1)：1 - 4.

[70] 赖子尼，魏泰莉，庞世勋，等．珠江八大口门渔场水生态环境调查 [C] //中国海洋学会赤潮研究与防治专业委员会，广东海洋学会．第一届中国赤潮研究与

防治学术研讨会论文摘要汇编，2004.

[71] 杨清书，麦碧娴，傅家谟，等．珠江干流河口水体有机氯农药的时空分布特征 [J]. 环境科学，2004 (2)：150-156.

[72] 张雪英，黎颖治，梁楚民．西江水质变化趋势分析及水环境容量研究 [J]. 广东有色金属学报，2004 (2)：157-160.

[73] 彭晓彤，周怀阳，叶瑛，等．珠江河口沉积物粒度特征及其对底层水动力环境的指示 [J]. 沉积学报，2004 (3)：487-493.

[74] 龙爱民，陈绍勇，刘胜．珠江河口及近海水体中铜的水平和形态分布 [J]. 海洋通报，2004 (3)：35-40.

[75] 王增焕，林钦，李纯厚，等．珠江口重金属变化特征与生态评价 [J]. 中国水产科学，2004 (3)：214-219.

[76] 段菁春，陈兵，麦碧娴，等．洪季珠江三角洲水系烷基酚污染状况研究 [J]. 环境科学，2004 (3)：48-52.

[77] 龙爱民，陈绍勇，田正隆．珠江口及近海水体中铜的含量和形态及其与营养盐的空间分布关系 [J]. 环境科学研究，2004 (4)：10-13.

[78] 王雪辉，邱永松，杜飞雁．珠江口水域鲻鱼生长和死亡参数估算 [J]. 热带海洋学报，2004 (4)：42-48.

[79] 崔伟中．珠江河口水环境时空变异对河口生态系统的影响 [J]. 水科学进展，2004 (4)：472-478.

[80] 王增焕，林钦，李纯厚，等．珠江口表层沉积物铜铅锌镉的分布与评价 [J]. 环境科学研究，2004 (4)：5-9，24.

[81] 王雪辉，邱永松，杜飞雁．珠江口水域鲻鱼生长和死亡参数估算 [J]. 热带海洋学报，2004 (4)：42-48.

[82] 彭静，王浩．珠江三角洲的水文环境变化与经济可持续发展 [J]. 水资源保护，2004 (4)：11-14，69.

[83] 杨清书，麦碧娴，傅家谟，等．珠江虎门潮汐水道难降解有机污染物入海通量研究 [J]. 地理科学，2004 (6)：704-709.

[84] 杨清书，欧素英，谢萍，等．珠江虎门潮汐水道水体中多环芳烃的分布及季节变化 [J]. 海洋学报（中文版），2004 (6)：37-48.

[85] 戴明，李纯厚，贾晓平，等．珠江口近海浮游植物生态特征研究 [J]. 应用生态学报，2004 (8)：1389-1394.

[86] 包芸，任杰．伶仃洋盐度层化现象的高分辨率数值模拟研究 [C] //《水动力学研究与进展》编委会，中国力学学会，中国造船工程学会，新疆大学，新疆农业大学，新疆水利水电勘测设计研究院，新疆风能工程技术研究中心．第十八届全国水动力学研讨会文集，2004.

[87] Wai O. W. H., Wang C. H., Li Y. S., et al. The formation mechanisms of turbidity maximum in the Pearl River estuary, China [J]. Marine Pollution Bulletin 2004, 48: 441-448.

[88] Luo X. J., Mai B. X., Yang Q. S., et al. Polycyclic aromatic hydrocarbons (PAHs) and organochlorine pesticides in water columns from the Pearl River and the Macao harbor in the Pearl River Delta in South China [J]. Marine Pollution Bulletin，2004，48 (11)：1102 - 1115.

[89] Zhou H., Peng X., Pan J.. Distribution，source and enrichment of some chemical elements in sediments of the Pearl River Estuary，China [J]. Continental Shelf Research，2004，24：1857 - 1875.

[90] Kedong Yin，Jianlin Zhang，Pei - Yuan Qian，et al. Effect of wind events on phytoplankton blooms in the Pearl River estuary during summer [J]. Continental Shelf Research，2004，24 (16).

[91] Julie Callahan，Minhan Dai，Robert F Chen，et al. Distribution of dissolved organic matter in the Pearl River Estuary，China [J]. Marine Chemistry，2004，89 (1).

[92] Zhiqiang Chen，Yan Li，Jianming Pan. Distributions of colored dissolved organic matter and dissolved organic carbon in the Pearl River Estuary，China [J]. Continental Shelf Research，2004，24 (16).

[93] Xiangping Nie，Chongyu Lan，Taili Wei，et al. Distribution of polychlorinated biphenyls in the water，sediment and fish from the Pearl River estuary，China [J]. Marine Pollution Bulletin，2004，50 (5).

[94] Jay - Chung Chen，Gary W. Heinke，Ming Jiang Zhou. ThePearl River Estuary Pollution Project (PREPP) [J]. Continental Shelf Research，2004，24 (16).

[95] 罗孝俊．珠江三角洲河流、河口和邻近南海海域水体、沉积物中多环芳烃与有机氯农药研究 [D]. 北京：中国科学院研究生院（广州地球化学研究所），2004.

[96] 珠江委水源局科研所．珠江河口综合治理规划环境影响报告书 [R]，2004.

[97] 王树功，黎夏，周永章，等．珠江口淇澳岛红树林湿地变化及调控对策研究 [J]. 湿地科学，2005 (1)：13 - 20.

[98] 岳维忠，黄小平．珠江口柱状沉积物中磷的分布特征及其环境意义 [J]. 热带海洋学报，2005 (1)：21 - 27.

[99] 舒黎明，邱永松．珠江河口及其附近水域银鲳生长与死亡参数估计 [J]. 水产学报，2005 (2)：193 - 197.

[100] 吴志峰，胡伟平，程炯，等．珠江三角洲典型区景观生态聚类分析 [J]. 生态环境，2005 (1)：63 - 66.

[101] 冼剑民，王丽娃．明清珠江三角洲的围海造田与生态环境的变迁 [J]. 学术论坛，2005 (1)：123 - 127.

[102] 梁娟．磨刀门河口沉积物粒度特征与沉积环境 [J]. 热带地理，2005 (2)：117 - 122.

[103] 常弘，彭友贵．广州南沙湿地鸟类群落组成、多样性和保护策略 [J]. 生态环

境，2005（2）：242－246.

[104] 陈兵，麦碧娴，陈社军，等．珠江三角洲河流沉积物中的壬基酚［J］．中国环境科学，2005（4）：484－486.

[105] 王晓蕾，周勤．关于珠江流域水环境与生态安全问题的探讨［J］．水利规划与设计，2005（4）：5－7.

[106] 罗孝俊，陈社军，麦碧娴，等．珠江及南海北部海域表层沉积物中多环芳烃分布及来源［J］．环境科学，2005（4）：129－134.

[107] 张华庆，沈汉，陈丽棠，等．珠江河口水沙数值模拟系统研究［C］//中国海洋工程学会．第十二届中国海岸工程学术讨论会论文集，2005.

[108] 闻平，杨晓灵．东江三角洲水源保证工程对广州水道水动力环境影响研究［C］//中国水利学会．中国水利学会2005学术年会论文集——水环境保护及生态修复的研究与实践，2005.

[109] 彭静，王浩，徐天宝．珠江三角洲的经济发展与水文环境变迁［J］．水利经济，2005（6）：7－9，44，72.

[110] 汪家权．水环境系统模拟［M］．合肥：合肥工业大学出版社，2005.6.

[111] 沈春燕，陈楚群，詹海刚．人工神经网络反演珠江口海域叶绿素浓度［J］．热带海洋学报，2005（6）：38－43.

[112] 张立，姜海萍．珠江区湿地资源与生态环境干扰［J］．人民珠江，2005（6）：4－6.

[113] 罗孝俊，陈社军，麦碧娴，等．珠江三角洲河流及南海近海区域表层沉积物中有机氯农药含量及分布［J］．环境科学学报，2005（9）：1272－1279.

[114] 崔树彬，王现方，邓家泉．试论珠江水系的河流生态问题及对策［J］．水利发展研究，2005（9）：7－11.

[115] 陈社军，麦碧娴，曾永平，等．珠江三角洲及南海北部海域表层沉积物中多溴联苯醚的分布特征［J］．环境科学学报，2005（9）：1265－1271.

[116] 王树功，杨海生，周永章，等．湿地植物生长模型在红树林湿地人工恢复调控中的应用——以珠江口淇澳岛红树林湿地恢复为例［J］．西北植物学报，2005（10）：2024－2029.

[117] 何晓媛，石金辉，辛海虹，等．珠江口八大口门入海油类污染物的动态变化［J］．中国科技信息，2005（21）：84－85.

[118] Chau K.. Characterization of transboundary POP contamination in aquatic ecosystems of Pearl River delta［J］. Marine Pollution Bulletin，2005，51（8）：960－965.

[119] Ip C. C. M.，Li X. D.，Zhang G.，et al. Heavy metal and Pb isotopic compositions of aquatic organisms in the Pearl River Estuary，South China［J］. Environmental Pollution，2005，138：495－505.

[120] Nie X. P.，Lan C. Y.，Wei T. L.，et al. Distribution of polychlorinated biphenyls in the water，sediment and fish from the Pearl River estuary，China

[J]. Marine pollution bulletin, 2005, 50 (5): 537-546.

[121] Peng X. Z., Zhang G., Mai B. X., et al. Tracing anthropogenic contamination in the Pearl River estuarine and marine environment of South China Sea using sterols and other organic molecular markers [J]. Marine Pollution Bulletin, 2005, 50: 856-865.

[122] Fung C. N., Zheng G. J., Connell D. W., et al. Risks posed by trace organic contaminants in coastal sediments in the Pearl River Delta, China [J]. Marine Pollution Bulletin, 2005, 50: 1036-1049.

[123] Huasheng Hong, Jingyu Wu, Shaoling Shang, et al. Absorption and fluorescence of chromophoric dissolved organic matter in the Pearl River Estuary, South China [J]. Marine Chemistry, 2005, 97.

[124] 覃超梅．珠江口淇澳岛海岸带氮生物地球化学研究 [D]．北京：中国科学院研究生院（广州地球化学研究所），2005.

[125] 钱燕．珠江水资源利用及发展 [D]．南京：河海大学，2005.

[126] 赖启宏．珠江三角洲多目标区域地球化学生态环境评价 [D]．北京：中国科学院研究生院（广州地球化学研究所），2005.

[127] 郭新蕾．河网的一维水动力及水质分析研究 [D]．武汉：武汉大学，2005.

[128] 张闯．佛山水道及其支涌复氧试验研究 [D]．武汉：华中科技大学，2005.

[129] 郑国栋．人类活动对珠江三角洲水动力环境影响研究 [D]．武汉：武汉大学，2005.

[130] 孙伟亚，何广平，吴宏海，等．珠江河口水体沉积物中腐殖酸的提取与表征 [J]．应用化工，2006 (1): 63-66.

[131] 姚庆祯，张经，简慧敏．珠江口硒的形态分布特征 [J]．海洋学报（中文版），2006 (1): 152-157.

[132] 陈兴伟，刘梅冰．感潮河道水环境容量理论及计算的若干问题 [J]．福建师范大学学报（自然科学版），2006 (2): 104-108.

[133] 董艺辛，刘春莲，杨小强，等．珠江三角洲微体生物群的环境意义 [C] //中国地质学会海洋地质专业委员会，中国海洋学会海洋地质分会．海洋地质、矿产资源与环境学术研讨会论文摘要集，2006.

[134] 高芳蕾，杨小强，董艺辛，等．珠江三角洲PD孔沉积物的碳氮记录及其环境意义 [J]．海洋地质与第四纪地质，2006 (2): 33-39.

[135] 杨永强，陈繁荣，张德荣，等．珠江口沉积物酸挥发性硫化物与重金属生物毒性的研究 [J]．热带海洋学报，2006 (3): 72-78.

[136] 杨蕾，李春初，田向平．珠江磨刀门河口表层沉积物中重金属含量及其分布特征 [J]．生态环境，2006 (3): 490-494.

[137] 吕莹，陈繁荣，杨永强，等．春季珠江口内营养盐剖面分布和沉积物-水界面交换通量的研究 [J]．地球与环境，2006 (4): 1-6.

[138] 陈兵，麦碧娴，杨清书，等．伶仃洋水和沉积物中烷基酚的分布特征 [J]．华

南理工大学学报（自然科学版），2006（5）：11-14.

[139] 杨清书．珠江虎门河口难降解毒害有机污染物（POPs）的时空分布特征及其河口行为研究［C］//中国海洋学会，中国海洋湖沼学会海岸河口分会．第九届全国河口海岸学术研讨会论文（摘要）集，2006.

[140] 刘羿，彭子成，韦刚健，等．香港西贡滨珊瑚REE的地球化学特征及其与海平面变化的关系［J］．地球化学，2006（5）：531-539.

[141] 夏真．珠江三角洲海洋地质环境评价项目及社会效益综述［C］//中国地质学会，国土资源部地质勘查司．“十五”重要地质科技成果暨重大找矿成果交流会材料四——“十五”地质行业重要地质科技成果资料汇编，2006.

[142] 吕锐锋，刘天亮，黄鹄．深圳河湾流域水污染治理策略［J］．中华建设，2006（8）：12-14.

[143] 向彩红，罗孝俊，余梅，等．珠江河口水生生物中多溴联苯醚的分布［J］．环境科学，2006（9）：1732-1737.

[144] 利锋，韦献革，黄雁云，等．佛山水道底泥的污染物释放动态模拟［J］．中国给水排水，2006（17）：88-91，95.

[145] Chau K.. Persistent organic pollution characterization of sediments in Pearl River estuary [J]. Chemosphere，2006，64（9）：1545-1549.

[146] 李浇．深圳河（湾）流域污水资源化工程研究［D］．南京：河海大学，2006.

[147] 刘景钦．珠江口八大口门营养盐的分布及入海通量的研究［D］．青岛：中国海洋大学，2006.

[148] 秦亚超．珠江口沉积硅的生物地球化学研究［D］．杭州：浙江大学，2006.

[149] 楚蓓．珠江口滨海湿地沉积物重金属环境行为研究［D］．广州：暨南大学，2006.

[150] 张凌．珠江口及近海沉积有机质的分布、来源及其早期成岩作用研究［D］．北京：中国科学院研究生院（广州地球化学研究所），2006.

[151] 吴自军．沉积物甲烷厌氧氧化——从珠江河口至南海［D］．北京：中国科学院研究生院（广州地球化学研究所），2006.

[152] 向彩红．珠江河口水生生物中多溴联苯醚的初步研究［D］．北京：中国科学院研究生院（广州地球化学研究所），2006.

[153] 韦桂秋．AGP试验在珠江口监测的应用［D］．青岛：中国海洋大学，2006.

[154] 郭秀红．珠江三角洲地区浅层地下水有机污染研究［D］．中国地质大学（北京），2006.

[155] 高永胜．河流健康生命评价与修复技术研究［D］．北京：中国水利水电科学研究院，2006.

[156] 陈社军．珠江三角洲河流、河口及邻近南海海域和长江三角洲主要水体沉积物中的多溴联苯醚［D］．北京：中国科学院研究生院（广州地球化学研究所），2006.

[157] 杨蕾．珠江磨刀门河口的沉积化学环境研究［D］．广州：中山大学，2006.

[158] 吕莹．珠江口内沉积物——水界面营养盐的累积和迁移研究 [D]．北京：中国科学院研究生院（广州地球化学研究所），2006.

[159] 刘景钦．珠江口八大口门营养盐的分布及入海通量的研究 [D]．青岛：中国海洋大学，2006.

[160] 帅方敏，陈晓宏，王新生，等．广州焦门水道水污染现状分析 [C] //中国地理学会，南京师范大学，中国科学院南京地理与湖泊研究所，南京大学，中国科学院地理科学与资源研究所．中国地理学会 2007 年学术年会论文摘要集，2007.

[161] 高原，赖子尼，王超，等．珠江河口浮游桡足类分布特征 [C] //中国水产学会．2007 年中国水产学会学术年会暨水产微生态调控技术论坛论文摘要汇编，2007.

[162] 孟繁梅，尹德胜，潘子强，等．南海珠江口 TCBS 和 EMB 类群细菌动态监测（1999～2002）[J]．海洋学报（中文版），2007（1）：105－110.

[163] 邱大俊，黄良民，张建林，等．珠江口微微型光合生物分布的初步研究 [C] // 中国海洋湖沼学会．中国海洋湖沼学会第九次全国会员代表大会暨学术研讨会论文摘要汇编，2007.

[164] 何桂芳，袁国明．用模糊数学对珠江口近 20a 来水质进行综合评价 [J]．海洋环境科学，2007（1）：53－57.

[165] 贺瑞敏，王国庆，张建云．珠江三角洲广义水环境承载能力评价 [J]．水利学报，2007（S1）：563－567.

[166] 周斌，周然，赵益栋．白坭水道航道整治工程环境影响研究 [J]．水道港口，2007（1）：57－60.

[167] 黄云峰，冯佳和，姜胜，等．广州珠江口海域中肋骨条藻的周年变化及其与环境因子的关系 [J]．生态科学，2007（1）：50－54.

[168] 黄小平，等．珠江口海域污染防治与生态保护技术研究 [M]．广州：广东经济出版社，2007：1－169.

[169] 杨蕾，李春初，谢健．珠江磨刀门河口沉积物中主要离子含量及其分布 [J]．热带地理，2007（2）：115－119.

[170] 李京玲，陈乃尧．潭江下游和黄茅海沉积物理化性质与重金属含量的关系研究 [J]．太原理工大学学报，2007（2）：122－124.

[171] 李开枝，尹健强，黄良民，等．珠江口浮游桡足类的生态研究 [J]．生态科学，2007（2）：97－102.

[172] 岳维忠，黄小平，孙翠慈．珠江口表层沉积物中氮、磷的形态分布特征及污染评价 [J]．海洋与湖沼，2007（2）：111－117.

[173] 马骁轩，冉勇，孙可，等．珠江水系两条重要河流水体中悬浮颗粒物的有机污染物含量 [J]．生态环境，2007（2）：378－383.

[174] 柯东胜，关志斌，韩联名，等．珠江口海域环境问题与对策 [J]．海洋开发与管理，2007（2）：88－92.

[175] 周斌，张继周，周然．铜鼓航道建设对珠江口中华白海豚自然保护区的环境影响研究 [J]. 海洋技术，2007 (2)：38-41.

[176] 董艺辛，刘春莲，阴家润，等．珠江三角洲晚第四纪环境演变的微体生物记录 [J]. 古脊椎动物学报，2007 (2)：161-172.

[177] 岳维忠，黄小平，孙翠慈．珠江口表层沉积物中氮、磷的形态分布特征及污染评价 [J]. 海洋与湖沼，2007 (2)：111-117.

[178] 何志刚，莫文渊，刘春莲，等．从沉积速率和沉积物粒度看冰后期海侵以来珠江三角洲西江大鳌沙的形成 [J]. 古地理学报，2007 (3)：331-336.

[179] 戴娟，王超，赖子尼，等．2006 年夏季珠江口 5 大口门网采浮游植物群落的调查 [J]. 淡水渔业，2007 (3)：63-66.

[180] 高鹏，赖子尼，魏泰莉，等．珠江口水域无机氮与活性磷酸盐含量调查 [J]. 南方水产，2007 (4)：32-37.

[181] 李取生，楚蓓，石雷，等．珠江口滩涂湿地土壤重金属分布及其对围垦的影响 [J]. 农业环境科学学报，2007 (4)：1422-1426.

[182] 柯东胜，关志斌，余汉生，等．珠江口海域污染及其研究趋势 [J]. 海洋环境科学，2007 (5)：488-491.

[183] 杨锦坤，陈楚群．珠江口二类水体水色三要素的优化反演 [J]. 热带海洋学报，2007 (5)：15-20.

[184] 牛红义，吴群河，陈新庚．珠江广州河段沉积物中营养物质的分布特征及粒度效应 [J]. 水土保持通报，2007 (5)：17-21.

[185] 唐诚，周蒂，詹文欢，等．晚更新世珠江口埋藏古河道沉积过程研究 [C] //中国地质学会工程地质专业委员会．中国地质学会工程地质专业委员会 2007 年学术年会暨生态环境脆弱区工程地质学术论坛论文集，2007.

[186] 施祺，RUECKERT Peter，LEIPE Thomas，周蒂，HARF FJan. 珠江河口沉积物 Hg 的分布与污染评价 [J]. 海洋环境科学，2007 (6)：553-556.

[187] 李开枝，尹健强，黄良民，等．珠江口浮游幼虫的生态研究 [J]. 海洋通报，2007 (6)：42-47.

[188] 魏泰莉，贾晓珊，杜青平，等．珠江口水、沉积物及水生动物中氯苯类有机物的含量及分布 [J]. 环境科学学报，2007 (10)：1717-1726.

[189] 马骁轩，冉勇，邢宝山，等．珠江三角洲一些菜地土壤中多环芳烃的含量及来源 [J]. 环境科学学报，2007 (10)：1727-1733.

[190] 杨小强，Rodney Grapes，周厚云，等．珠江三角洲沉积物的岩石磁学性质及其环境意义 [J]. 中国科学 (D 辑：地球科学)，2007 (11)：1493-1503.

[191] Chen C. Q., Tang S. L., Pan Z. L., et al. Remotely sensed assessment of water quality levels in the Pearl River Estuary, China [J]. Marine Pollution Bulletin, 2007, 54 (8): 1267-1272.

[192] Guan Y. F., Wang J. Z., Ni H. G., et al. Riverine inputs of polybrominated diphenyl ethers from the Pearl River Delta (China) to the coastal ocean [J].

Environment Science & Technology, 2007, 41: 6007-6013.

[193] Li Q. S., Wu Z. F., Chu B., et al. Heavy metals in coastal wetland sediments of the Pearl River Estuary, China [J]. Environmental Pollution, 2007, 149: 158-164.

[194] Zhang S. R., Lu X. X., Higgitt D. L., et al. Water chemistry of the Zhujiang (Pearl River): natural processes and anthropogenic influences [J]. Journal of Geophysical Research, 112, F01011, doi: 10.1029/2006JF000493, 2007.

[195] 王伟伟. 珠江表层沉积物中有机质结构特征与HOCs吸附模式研究 [D]. 广州: 华南师范大学, 2007.

[196] 姜丽晶. 珠江口沉积物微生物多样性及其与环境相互关系的研究 [D]. 国家海洋局第三海洋研究所, 2007.

[197] 罗卫江. 虎门港改造工程对港口渔业水域生态环境影响分析评价 [D]. 湖南农业大学, 2007.

[198] 兰彬斌. 西江三角洲岩芯中的硅藻及其记录的古环境 [D]. 国家海洋局第三海洋研究所, 2007.

[199] 刘艳霖. 西江高要断面持久性有机污染物的行为与通量研究 [D]. 北京: 中国科学院研究生院 (广州地球化学研究所), 2007.

[200] 杨永强. 珠江口及近海沉积物中重金属元素的分布、赋存形态及其潜在生态风险评价 [D]. 北京: 中国科学院研究生院 (广州地球化学研究所), 2007.

[201] 邢前国. 珠江口水质高光谱反演 [D]. 北京: 中国科学院研究生院 (南海海洋研究所), 2007.

[202] 崔伟中. 珠江河口水环境的时空变异及对生态系统的影响 [D]. 南京: 河海大学, 2007.

[203] 珠江委. 在珠江流域使用硅藻作为生物指示物: 采样方式和结果 [R], 2007.

[204] 江四义, 郑兆勇. 从珠江口沉积物粒度参数特征分析泥沙来源及其运移趋势 [J]. 中山大学学报 (自然科学版), 2008 (S1): 126-129.

[205] 黄雁云, 温琰茂, 任露陆. 珠三角城市河道污染特征及治理措施——以佛山水道为例 [J]. 环境, 2008 (S1): 104-107.

[206] 兰彬斌, 蓝东兆, 郑志昌, 等. 西江三角洲岩心中的硅藻及其记录的古环境 [J]. 海洋学报 (中文版), 2008 (1): 93-99.

[207] 甘居利, 林钦, 李纯厚, 等. 珠江口沉积环境中硫化物分布特征与污染评价 [J]. 海洋环境科学, 2008 (2): 149-152.

[208] 高原, 赖子尼, 王超, 等. 珠江口浮游动物分布特征研究 [J]. 中国水产科学, 2008 (2): 260-268.

[209] 李京玲, 温琰茂. 潭江下游及黄茅海沉积物重金属污染调查 [J]. 山西水利, 2008 (2): 50-51.

[210] 焦树林, 刘昆, 高全洲. 西江河口段秋季表层水体 CO_2 分压的变化特征 [J]. 环境科学学报, 2008 (2): 356-361.

[211] 刘云华，董增川，李朝方，等．深圳河湾水系水质改善引调水工程［J］．水资源保护，2008（3）：31－34.

[212] 姜丽晶，彭晓彤，周怀阳，等．非培养手段分析珠江口淇澳岛海岸带沉积物中的古菌多样性［J］．海洋学报（中文版），2008（4）：114－122.

[213] 狄效斌，孙继朝，荆继红，等．珠江三角洲地区水环境污染特点及其相关因素探讨［J］．南水北调与水利科技，2008（4）：60－62.

[214] 程旭华．海平面变化及其对广东沿海环境的影响［J］．水产科技，2008（4）：34－35.

[215] 焦树林，陶贞，高全洲，等．西江河口段溶解无机碳稳定同位素组成的时空变化［J］．地理学报，2008（5）：526－533.

[216] 张凌，陈繁荣，杨永强，等．珠江口及近海沉积有机质来源判断［J］．海洋环境科学，2008（5）：447－451.

[217] 杨木壮，赖启宏，周顺桂．珠江三角洲海侵过程与土壤氟元素的富集效应［J］．海洋地质与第四纪地质，2008（5）：17－20.

[218] 杨清书，雷亚平，欧素英，等．珠江虎门河口水体有机氯农药的垂向分布及二次污染初步研究［J］．地理科学，2008（6）：820－825.

[219] 战国强．珠江口红树林湿地保护与修复的基本思路［J］．广东林业科技，2008（6）：70－74.

[220] 刘俊勇，张云，崔树彬．东江三角洲水环境综合模型及其应用研究［J］．人民珠江，2008（6）：4－8.

[221] 魏秀国，卓慕宁，郭治兴，等．西江水体悬浮物颗粒有机碳稳定同位素组成及时空变化［J］．生态环境，2008（6）：2127－2131.

[222] 狄效斌，孙继朝，荆继红，等．珠江三角洲地区地下水贮存特征及其开发前景分析［J］．南水北调与水利科技，2008（6）：52－54，67.

[223] 罗孝俊，陈社军，余梅，等．多环芳烃在珠江口表层水体中的分布与分配［J］．环境科学，2008（9）：2385－2391.

[224] 刘国卿，张干，李军，等．珠江口及南海北部近海海域大气有机氯农药分布特征与来源［J］．环境科学，2008（12）：3320－3325.

[225] 林高松，李适宇，陈璟璇．佛山水道引水对环境容量影响研究［J］．环境科学与管理，2008（12）：30－33，47.

[226] 刘绮，欧阳茉．重金属Hg，Cu，Pb，Cd入海通量实例研究——兼论珠江河口重金属污染防治对策［J］．丹东海工，2008（00）：31－35.

[227] Guo X. H., Cai W. J., Zhai W. D., et al. Seasonal variations in the inorganic carbon system in the Pearl River (Zhujiang) estuary [J]. Continental Shelf Research, 2008, 28: 1424－1434.

[228] Dai M. H., Wang L. F., Guo X. H., et al. Nitrification and inorganic nitrogen distribution in a large perturbed river/estuarine system: the Pearl River Estuary, China, Biogeosciences Discussions [J]. European Geosciences Union

(EGU), 2008, 5 (2): 1545 - 1585.

[229] Wang S. S., Cao Z. M., Lan D. Z., et al. Concentration distribution and assessment of several heavy metals in sediments of west - four Pearl River Estuary [J]. Environmental Geology, 2008, 55: 963 - 975.

[230] Ni H. G., Lu F. H., Luo X. L., et al. Riverine inputs of total organic carbon and suspended particulate matter from the Pearl River Delta to the coastal ocean of South China [J]. Marine Pollution Bulletin, 2008, 56: 1150 - 1157.

[231] Shurong Zhang, X. X. Lu, Huiguo Sun, et al. Geochemical characteristics and fluxes of organic carbon in a human - disturbed mountainous river (the Luodingjiang River) of the Zhujiang (Pearl River), China [J]. Science of the Total Environment, 2008: 407 (2).

[232] Shurong Zhang, X. X. Lu, Huiguo Sun, et al. Major ion chemistry and dissolved inorganic carbon cycling in a human - disturbed mountainous river (the Luodingjiang River) of the Zhujiang (Pearl River), China [J]. Science of the Total Environment, 2008: 407 (8).

[233] 何伟添. 澳门海岸湿地生态系统的特征及变化趋势研究 [D]. 广州: 暨南大学, 2008.

[234] 狄效斌. 珠江三角洲地区地下水防污性能研究 [D]. 北京: 中国地质科学院, 2008.

[235] 黄云峰. 广州海域营养盐限制的富营养化特征研究 [D]. 青岛: 中国海洋大学, 2008.

[236] 李岚. 广州海域陆源入海污染物的来源及其分布特征研究 [D]. 青岛: 中国海洋大学, 2008.

[237] 刘凯然. 珠江口浮游植物生物多样性变化趋势 [D]. 大连: 大连海事大学, 2008.

[238] 王珊珊. 珠江三角洲和近岸河口海域现代沉积环境及晚更新世以来的环境演变 [D]. 青岛: 中国海洋大学, 2008.

[239] 刘胜玉, 赵彦龙, 杜韶娴. 珠江八大出海口门无机氮污染物年际变化及入海通量分析 [J]. 水文, 2009 (S1): 155 - 159.

[240] 马骁轩, 冉勇. 珠江三角洲土壤中的有机氯农药的分布特征 [J]. 生态环境学报, 2009 (1): 134 - 137.

[241] 焦树林, 高全洲, 刘昆. 珠江流域西江、北江河流溶解无机碳及其稳定同位素组成特征 [J]. 中山大学学报 (自然科学版), 2009 (2): 99 - 105.

[242] 覃超梅, 周怀阳, 吴自军, 等. 珠江口淇澳岛海岸带反硝化作用研究 [J]. 海洋科学, 2009 (2): 74 - 79.

[243] 马媛, 魏巍, 夏华永, 等. 珠江口伶仃洋海域营养盐的历史变化及影响因素研究 [J]. 海洋学报 (中文版), 2009 (2): 69 - 77.

[244] 董军, 李向丽, 梁锐杰. 珠江口地区水体中双酚A污染及其与环境因子的关系

[J]. 生态与农村环境学报，2009 (2)：94-97.
[245] 杨婉玲，赖子尼，魏泰莉，等. 珠江八大口门表层沉积物重金属污染及生态危害评价 [J]. 浙江海洋学院学报（自然科学版），2009 (2)：188-191，232.
[246] 闻平. 珠江三角洲入海水道水质变化趋势分析 [J]. 人民珠江，2009 (3)：12-14.
[247] 吴自军，周怀阳，彭晓彤. 珠江口及其邻近海域沉积物甲烷-硫酸根界面分布深度及影响因素 [J]. 海洋与湖沼，2009 (3)：249-260.
[248] 徐小飞，高杨. 珠江三角洲景观生态聚类分析 [J]. 环境科学导刊，2009 (4)：8-10.
[249] 王兵，李心清，袁洪林，等. 西江干流河水主要离子及锶同位素地球化学组成特征 [J]. 地球化学，2009 (4)：345-353.
[250] 卢素兰. 河口海湾生态环境季节变化的研究综述 [J]. 广东水利水电，2009 (4)：34-36，40.
[251] 刘孝竹，李卓佳，曹煜成，等. 珠江三角洲低盐度虾池秋冬季浮游微藻群落结构特征的研究 [J]. 农业环境科学学报，2009 (5)：1010-1018.
[252] 董军，李向丽，栾天罡，等. 珠江口地区沉积物中酚类物质污染及其生态安全评价 [J]. 安全与环境学报，2009 (5)：113-116.
[253] 李翠田，王淑红，于红兵，等. 珠江口海域表层沉积物中重金属含量分布特征及其环境质量评价 [J]. 海洋环境科学，2009 (5)：535-538.
[254] 陈艳，刘喜燕. 浅析西北江三角洲水源工程水资源论证特点 [J]. 珠江现代建设，2009 (6)：1-3.
[255] 高原，赖子尼，魏泰莉，等. 珠江八个入海口浮游桡足类的季节特征 [J]. 淡水渔业，2009 (6)：3-9.
[256] 张凌，陈繁荣，殷克东，等. 珠江口和邻近海域沉积有机质的来源及其沉积通量的时空变化 [J]. 环境科学研究，2009 (8)：875-881.
[257] 杨建丽，刘征涛，周俊丽，等. 中国主要河口沉积物中 PCBs 潜在生态风险研究 [J]. 环境科学与技术，2009 (9)：187-190，197.
[258] 谢文平，朱新平，陈昆慈，等. 珠江口水体、沉积物及水生动物中 HCHs 和 DDTs 的含量与生态风险评价 [J]. 环境科学学报，2009 (9)：1984-1994.
[259] 喻婷，房怀阳，曾凡棠. 广州市番禺区市桥河流域水质分析与评价 [J]. 中国农村水利水电，2009 (12)：38-40，48.
[260] 萧洁儿，曾凡棠，房怀阳. 感潮河区水闸对水质影响的数学模拟研究 [J]. 广东水利水电，2009 (12)：10-13.
[261] 唐汇娟，厉红梅. 潭江下游及黄茅海入海口底栖动物现状及水质分析 [J]. 安徽农业科学，2009 (21)：10032-10033，10036.
[262] 唐汇娟. 潭江下游及黄茅海入海口浮游植物现状 [J]. 安徽农业科学，2009 (22)：263-265.
[263] Lu F. H., Ni H. G., Liu F., et al. Occurrence of nutrients in riverine runoff

of the Pearl River Delta, South China [J]. Journal of Hydrology, 2009, 376: 107 - 115.

[264] Zhang S., Lu X. X., Sun H. G., et al. Geochemical characteristics and fluxes of organic carbon in a human - disturbed mountainous river (the Luodingjiang River) of the Zhujiang (Pearl River), China [J]. Science of the total environment, 2009, 407: 815 - 825.

[265] Xiuguo Wei, Weixi Yi, Chengde Shen, et al. 14 C as a tool for evaluating riverine POC sources and erosion of the Zhujiang (Pearl River) drainage basin, South China [J]. Nuclear Inst. and Methods in Physics Research, B, 2009, 268 (7).

[266] Jianfang Hu, Ping'an Peng, Allan R. Chivas. Molecular biomarker evidence of origins and transport of organic matter in sediments of the Pearl River estuary and adjacent South China Sea [J]. Applied Geochemistry, 2009, 24 (9).

[267] Suying Ou, Hong Zhang, Dongxiao Wang. Dynamics of the buoyant plume off the Pearl River Estuary in summer [J]. Environmental Fluid Mechanics, 2009: 9 (5).

[268] Ling Zhang, Kedong Yin, Lu Wang, et al. The sources and accumulation rate of sedimentary organic matter in the Pearl River Estuary and adjacent coastal area, Southern China [J]. Estuarine, Coastal and Shelf Science, 2009, 85 (2).

[269] 王志增．河口水环境中多溴联苯醚（PBDEs）生态风险评价研究［D］．长春：吉林大学，2009.

[270] 黄宁．物探方法在珠江三角洲地区地下水污染调查评价中的可行性研究［D］．石家庄：石家庄经济学院，2009.

[271] 郑燕平．珠江口淇澳岛海岸带沉积物样品参与甲烷循环和氮循环相关微生物的群落结构及其它们与环境相互关系的研究［D］．厦门：厦门大学，2009.

[272] 付红波．珠三角滩涂围垦农田土壤和农作物重金属污染特征与评价［D］．广州：暨南大学，2009.

[273] 彭静，廖文根，何少苓，等．珠江三角洲河口区水环境承载能力与协同调控初探［C］//2001 年提高水环境承载能力，促进国民经济可持续发展研讨会，2001.12.

[274] 方立刚，陈水森．基于反射比的珠江口近岸水质模拟研究［C］//苏州市自然科学优秀学术论文汇编（2008—2009），2010.

[275] 李开枝，黄良民，张建林，等．珠江河口咸潮期间浮游植物的群落特征［J］．热带海洋学报，2010（1）：62 - 68.

[276] 刘志勇，潘少明，程功弼，等．珠江口沉积物～（210）Pb 分布特征及环境意义［J］．沉积学报，2010（1）：166 - 175.

[277] 张凌，陈繁荣，殷克东，等．珠江口及近海表层沉积有机质的特征和来源

[J]. 热带海洋学报，2010 (1)：98-103.

[278] 伏美燕，周怀阳，王虎，等．珠江口沉积物柱状样的脂肪酸垂向变化特征 [J]. 海洋湖沼通报，2010 (1)：161-172.

[279] 黄小平，田磊，彭勃，等．珠江口海域环境污染研究进展 [J]. 热带海洋学报，2010 (1)：1-7.

[280] 高原，赖子尼，庞世勋，等．黄茅海河口虎跳门和崖门浮游动物群落的比较 [J]. 生态科学，2010 (2)：121-126.

[281] 崔志红，李取生，谭小琪，等．咸水浸泡对珠江口滩涂围垦土壤重金属的去除效果 [J]. 中国环境科学，2010 (2)：246-250.

[282] 王珊珊，曹志敏，兰东兆，等．珠江口沉积地球化学特征与古环境演化过程 [J]. 地球科学（中国地质大学学报），2010 (2)：261-267.

[283] 王超，李新辉，赖子尼，等．珠江口球形棕囊藻（Phaeocysis globosa）赤潮后期的浮游植物群落结构特征研究 [J]. 生态科学，2010 (2)：140-146.

[284] 赖晓华，肖新才，刘文祥，等．广州珠江河口地区水体中副溶血弧菌定量研究 [J]. 华南预防医学，2010 (3)：5-8.

[285] 陈小娇，李取生，杜烨锋，等．外源重金属在珠江河口湿地土壤中的形态转化 [J]. 生态与农村环境学报，2010 (3)：251-256.

[286] 甘华阳，梁开，郑志昌．珠江口沉积物的重金属背景值及污染评价分区 [J]. 地球与环境，2010 (3)：344-350.

[287] 杨静，翁士创．感潮河网水环境容量计算应用 [J]. 水利科技与经济，2010 (3)：279-280，287.

[288] 肖莞生，陈子燊．珠江河口区枯季咸潮入侵与盐度输运机理分析 [J]. 水文，2010 (3)：10-14，21.

[289] 赖晓华，肖新才，王鸣．珠江河口水体及海、水产品致病性弧菌检测 [J]. 中国公共卫生，2010 (4)：448-449.

[290] 魏鹏，黄良民，冯佳和，等．珠江口广州海域石油烃的分布特征 [J]. 海洋环境科学，2010 (4)：473-476.

[291] 叶雅．西江 2000—2009 年水环境质量及水质变化趋势分析 [J]. 净水技术，2010 (4)：65-70.

[292] 王志增，赵文晋，马小凡．珠江口水环境中多溴联苯醚生态风险分析 [J]. 环境保护科学，2010 (4)：65-68.

[293] 甘华阳，梁开，郑志昌．珠江口表层沉积物中微量元素地球化学 [J]. 海洋地质与第四纪地质，2010 (4)：131-139.

[294] 刘宝林，杨娟，高秀花，等．珠江口淇澳岛海岸带沉积柱重金属分布特征及污染评价 [J]. 海洋环境科学，2010 (5)：641-644，661.

[295] 孙翠慈，王友绍，吴默林，等．夏季珠江口透明胞外聚合颗粒物分布特征 [J]. 热带海洋学报，2010 (5)：81-87.

[296] 陈涛，邱永松，贾晓平，等．珠江西部河口中华白海豚的分布和季节变化

[J]. 中国水产科学，2010 (5)：1057-1065.

[297] 卢楚谦，蔡伟叙，余汉生. 伶仃洋海域潜在性富营养化评价与研究 [J]. 海洋通报，2010 (6)：712-716.

[298] 梁晅，李柏生，牟成惠，等. 实时荧光 PCR 技术检测珠江水霍乱弧菌 [J]. 南方医科大学学报，2010 (8)：2000-2001.

[299] 熊兴，江源，任斐鹏，等. 东江下游河网区土地利用变化及其对水体的生态影响 [J]. 自然资源学报，2010 (8)：1320-1331.

[300] 谭超，邱静，黄本胜，等. 东江下游潮区界、潮流界、咸水界变化对人类活动的响应 [J]. 广东水利水电，2010 (10)：36-39.

[301] 谢文平，陈昆慈，朱新平，等. 珠江三角洲河网区水体及鱼体内重金属含量分析与评价 [J]. 农业环境科学学报，2010 (10)：1917-1923.

[302] 陈中颖，李开明，林文实，等. 珠江口大气氮磷干湿沉降通量及其污染特征 [J]. 环境污染与防治，2010 (11)：53-57.

[303] 杨婉玲，赖子尼，魏泰莉，等. 2006 年珠江入海口营养现状调查及生态危害评价 [J]. 广东农业科学，2010 (11)：196-199.

[304] 徐腊梅，黄炳峰. 深圳河湾流域的污染负荷分布预测 [J]. 中国给水排水，2010 (13)：68-70.

[305] 方立刚，陈水森，李宏丽. 基于叶绿素 a 浓度的珠江口感潮河段咸潮监测研究 [J]. 安徽农业科学，2010 (30)：513-515，524.

[306] Gao X. L.，Chen C. T. A.，Wang G.，et al. Environmental status of Daya Bay surface sediments inferred from a sequential extraction technique, Estuarine [J]. Coastal and Shelf Science，2010，86 (3)：369-378.

[307] Zhao J. L.，Ying G. G.，Liu Y. S.，et al. Occurrence and risks of triclosan and triclocarban in the Pearl River system, South China: from source to the receiving environment [J]. Journal of Hazardous Materials，2010，179：215-222.

[308] Qi S.，Leipe T.，Rueckert P.，et al. Geochemical sources, deposition and enrichment of heavy metals in short sediment cores from the Pearl River Estuary, Southern China [J]. Journal of Marine Systems，2010，82：S28-S42.

[309] Kwok R. H. F.，Fung J. C. H.，Lau A. K. H.，et al. Numerical study on seasonal variations of gaseous pollutants and particulate matters in Hong Kong and Pearl River Delta Region [J]. Journal of Geophysical Research，115，D16308，doi：10.1029/2009JD012809，2010.

[310] Zhang Z. M.，Cui B. S.，Zhao H.，et al. Discharge-salinity relationships in Modaomen waterway, Pearl River estuary [J]. Procedia Environmental Sciences，2010，2：1235-1245.

[311] Bai Junhong，Xiao Rong，Cui Baoshan，et al. Assessment of heavy metal pollution in wetland soils from the young and old reclaimed regions in the Pearl River Estuary, South China [J]. Environmental Pollution，2010，1593.

[312] 陶亚．基于 EFDC 模型的深圳湾水环境模拟与预测研究 [D]．北京：中央民族大学，2010.

[313] 崔志红．围垦对珠江口滩涂土壤重金属化学形态的影响 [D]．广州：暨南大学，2010.

[314] 庞勇．珠江口海区环境特征及双胞旋沟藻赤潮发生过程的研究 [D]．广州：暨南大学，2010.

[315] 刘擎，杨宇峰．珠海磨刀门浮游植物群落结构和水质特征 [C] //中国海洋湖沼学会藻类学分会．中国藻类学会第八次会员代表大会暨第十六次学术讨论会论文摘要集，2011.

[316] 常弘，廖宝文，粟娟，等．2005—2009 年广州南沙湿地鸟类的群落结构及数量动态 [J]．四川动物，2011 (1)：124-130.

[317] 张英，孙继朝，黄冠星，等．珠江三角洲地区地下水环境背景值初步研究 [J]．中国地质，2011 (1)：190-196.

[318] 张玉玺，孙继朝，陈玺，等．珠江三角洲浅层地下水 pH 值的分布及成因浅析 [J]．水文地质工程地质，2011 (1)：16-21.

[319] 张玉华，王晓玮，陈昊，等．珠江虎门河口水体和沉积物中内分泌干扰物垂向分布特征 [C] //中国化学会环境化学专业委员会，中国环境科学学会环境化学分会，中国毒理学会分析毒理专业委员会．第六届全国环境化学大会暨环境科学仪器与分析仪器展览会摘要集，2011.

[320] 李英，彭少麟，陈宝明．基于 SWAT 模型预测气温变化对珠江河口水环境的影响 [C] //广东省生态学会．联合国开发计划署 UNDP/全球环境基金 GEF/小额赠款项目 SGP“湛江特呈岛滨海湿地保护与可持续发展利用示范”项目论文成果汇编，2011.

[321] 黄少彬，李开明，姜国强，等．珠江口盐度锋面对营养物质和生物的影响 [J]．水资源保护，2011 (2)：18-25.

[322] 翁毅，张伟强．珠江三角洲晚第四纪红树林的演化及其环境意义 [J]．台湾海峡，2011 (2)：264-268.

[323] 魏秀国，李宁利，沈承德，等．西江水体有机碳含量变化及悬浮物碳同位素的意义 [J]．地理科学，2011 (2)：166-171.

[324] 旷芳芳，江毓武．夏季珠江口悬浮泥沙与营养盐对生物生长影响的数模分析 [J]．厦门大学学报（自然科学版），2011 (3)：586-592.

[325] 杨婉玲，赖子尼，魏泰莉，等．2006 年珠江八大入海口 As 含量调查 [J]．广东农业科学，2011 (3)：144-147.

[326] 张弛，王树功，朱远辉，等．红树林湿地沉积物中 AVS-SEM 与重金属分布特征——以珠江口淇澳岛为例 [J]．环境科学学报，2011 (4)：805-815.

[327] 李团结，马玉，王迪，等．珠江口滨海湿地退化现状、原因及保护对策 [J]．热带海洋学报，2011 (4)：77-84.

[328] 马玉，李团结，王迪，等．珠江口滨海湿地沉积物重金属污染现状及潜在生态

危害 [J]. 热带地理，2011 (4)：353-356.

[329] 李涛，向荣，李团结. 珠江口外表层沉积物底栖有孔虫组合及其与环境的关系 [J]. 热带海洋学报，2011 (4)：51-57.

[330] 刘俊勇，张丽，张云，等. 珠江流域水生态补偿机制总体框架初步研究 [J]. 人民珠江，2011 (5)：1-3.

[331] 马玉，蔡钰灿，李团结，等. 珠江口滨海湿地生态环境退化分析 [J]. 热带地理，2011 (5)：451-455，462.

[332] 诸裕良，林晓瑜，张蔚. 珠江河口盐水入侵预测模式研究 [C] //中国海洋工程学会. 第十五届中国海洋（岸）工程学术讨论会论文集（中），2011.

[333] 李涛，向荣，李团结. 珠江口表层沉积物底栖有孔虫分布及环境指示 [J]. 海洋地质与第四纪地质，2011 (6)：91-98.

[334] 方神光. 伶仃洋水域水体交换特性分析 [C] //中国海洋工程学会. 第十五届中国海洋（岸）工程学术讨论会论文集（中），2011.

[335] 向绪洪，邵磊，乔培军，等. 珠江流域沉积物重矿物特征及其示踪意义 [J]. 海洋地质与第四纪地质，2011 (6)：27-35.

[336] 曾艳红，罗孝俊，孙毓鑫，等. 东江下游入河排污水卤系阻燃剂质量浓度及排放通量 [J]. 环境科学，2011 (10)：2891-2895.

[337] 张敬怀，高阳，方宏达. 珠江口伶仃洋海域小型底栖生物丰度和生物量 [J]. 应用生态学报，2011 (10)：2741-2748.

[338] 穆三妞，赖子尼. 珠江八大口门表层沉积物中拟除虫菊酯、有机氯等农药的残留状况 [C] //中国水产学会渔业资源与环境分会. 中国水产学会渔业资源与环境分会2011年学术交流会会议论文（摘要）集，2011.

[339] Gong J., Ran Y., Chen D. Y., et al. Occurrence of endocrine - disrupting chemicals in riverine sediments from the Pearl River Delta, China [J]. Marine Pollution Bulletin, 2011, 63: 556-563.

[340] Mehler W. T., Li H., Lydy M. J., et al. Identifying the Causes of Sediment - Associated Toxicity in Urban Waterways of the Pearl River Delta, China [J]. Environmental Science & Technology, 2011, 45: 1812-1819.

[341] 王彪. 珠江河口盐水入侵 [D]. 上海：华东师范大学，2011.

[342] 吴锦涛. 东江流域水质监测分析及沉积物对菲和铜的吸附特性研究 [D]. 北京：北京交通大学，2011.

[343] 王新茹. 明清珠三角城镇发展引起的区域生态环境问题 [D]. 广州：暨南大学，2011.

[344] 张英. 珠江三角洲地区地下水环境背景值研究 [D]. 北京：中国地质科学院，2011.

[345] 孙磊. 东莞运河排涝对东江取水口水质影响模拟分析 [D]. 北京：清华大学，2011.

[346] 侯磊. 珠江广州河段和磨刀门河口轮虫的群落特征 [D]. 广州：暨南大

学，2011.

[347] 周永胜．珠江河口湿地沉积物中氮磷的赋存形态及反硝化作用研究 [D]．广州：暨南大学，2011.

[348] 杨璇．珠江河口水体常见有机磷农药污染现状及风险评价 [D]．广州：暨南大学，2011.

[349] 李开枝，尹健强，黄良民，等．珠江口伶仃洋海域底层游泳动物的季节变化 [J]．生态科学，2012 (1)：2-8.

[350] 常弘，廖宝文，粟娟，等．广州南沙红树林湿地鸟类群落多样性 (2005—2010) [J]．应用与环境生物学报，2012 (1)：30-34.

[351] 卢腾腾，林钦，柯常亮，等．珠江口伶仃洋水域沉积物中多环芳烃及其生态风险评价 [J]．中国水产科学，2012 (2)：336-347.

[352] 方神光．水质扩散系数在伶仃洋水域水体交换中的影响分析 [J]．海洋科学进展，2012 (2)：177-185.

[353] 闫勇，韩鸿胜．港珠澳大桥对伶仃洋水沙环境的影响 [J]．水道港口，2012 (2)：113-118.

[354] 黄向青，林进清，张顺枝，等．珠江口海水化学要素分布和水质特征 [J]．海洋湖沼通报，2012 (3)：162-174.

[355] 王玉萍，王立立，李取生，等．珠江河口湿地沉积物硝化作用强度及影响因素研究 [J]．生态科学，2012 (3)：330-334.

[356] 肖凯恩．珠江口东海域营养盐比例及其对藻类的影响 [J]．环境保护科学，2012 (3)：14-19，24.

[357] 王思粉，黄楚光，倪志鑫，等．珠江虎门河口表层沉积物中酸可挥发性硫化物的重金属同步提取 [J]．海洋环境科学，2012 (4)：500-503，537.

[358] 胡嘉镗，李适宇．模拟珠江河网的污染物通量及外源输入对入河口通量的贡献 [J]．环境科学学报，2012 (4)：828-835.

[359] 杨婉玲，桑朝炯，庞世勋，等．珠江八大入海口高锰酸盐指数含量调查 [J]．中国渔业质量与标准，2012 (4)：39-43.

[360] 孙磊，毛献忠．东莞运河排涝对东莞水厂取水口水质影响模拟分析 [J]．给水排水，2012 (5)：151-156.

[361] 孙磊，毛献忠，黄旻旻．东莞运河排涝对东江河网水质影响分析 [J]．环境科学，2012 (5)：1519-1525.

[362] 吴玲玲，周俊杰，李海涛，等．珠江口表层沉积物石油类含量、分布及变化趋势 [J]．生态科学，2012 (5)：543-547.

[363] 覃超梅，于锡军．海平面上升对广东近岸海域环境影响研究 [J]．环境科学与管理，2012 (8)：37-38，61.

[364] 彭聪聪，李卓佳，曹煜成，等．珠江河口区罗非鱼养殖池塘中浮游微藻的群落特征 [J]．农业环境科学学报，2012 (10).

[365] 许斌，刘杰，李柏生，等．O1/O139 群霍乱弧菌检出率与珠江河口水体理化因

素的相关性研究［J］. 中国卫生检验杂志，2012（12）.
［366］李瑞利，柴民伟，邱国玉，等. 近50年来深圳湾红树林湿地Hg、Cu累积及其生态危害评价［J］. 环境科学，2012（12）.
［367］牟成惠，宋妙芳，钟逸雯，等. 实时荧光双重PCR检测610份珠江水霍乱弧菌结果分析［J］. 实用医学杂志，2012（15）.
［368］Deli Wang，Wenfang Lin，Xiqian Yang，et al. Occurrences of dissolved trace metals（Cu，Cd，and Mn）in the Pearl River Estuary（China），a large river - groundwater - estuary system［J］. Continental Shelf Research，2012，50 - 51.
［369］David J. Strong，Rachel Flecker，Paul J. Valdes，et al. Organic matter distribution in the modern sediments of the Pearl River Estuary［J］. Organic Geochemistry，2012，49.
［370］王思粉. 珠江口及近海沉积物中酸可挥发性硫化物及重金属污染评价［D］. 青岛：中国海洋大学，2012.
［371］李玉红. 南海北部生物标志物季节性变化对浮游植物生物量/群落结构的指示作用［D］. 青岛：中国海洋大学，2012.
［372］苗春玲. 珠江口鹤洲北红树林群落恢复对土壤、水体的影响［D］. 中南林业科技大学，2012.
［373］杜韶娴. 珠江出海口门水环境中砷、汞、铅、镉的测定及评价［D］. 广州：华南理工大学，2012.
［374］梁秋洪. 珠江三角洲地区农业面源污染研究［D］. 广州：暨南大学，2012.
［375］何洪威. 珠江水体中溶解性有机物的时空分布及消毒副产物的研究［D］. 广州：华南理工大学，2012.
［376］穆三妞. 珠江河口滴滴涕、六六六的残留水平及污染特征［D］. 上海：上海海洋大学，2012.
［377］王玉萍. 珠江河口湿地沉积物硝化与反硝化作用对比研究［D］. 广州：暨南大学，2012.
［378］贾良文，文艺. 珠江口黄茅海枯季表层沉积物特性及输移研究［J］. 泥沙研究，2013（1）：60 - 66.
［379］章文，刘丙军，辛彦博，等. 珠江河口区盐度变化周期特征分析——以磨刀门水道为例［J］. 热带地理，2013（1）：28 - 33.
［380］陈康，方展强，安东，等. 珠江口沿岸水域表层沉积物中重金属含量分布及污染评价［J］. 应用海洋学学报，2013（1）：20 - 28.
［381］李秀丽，赖子尼，穆三妞，等. 珠江入海口表层沉积物中多氯联苯残留与风险评价［J］. 生态环境学报，2013（1）：135 - 140.
［382］杜韶娴. 珠江出海口沉积物重金属污染评价［J］. 人民珠江，2013（2）：42 - 44.
［383］周愸，石雷，李取生，等. 珠江河口水体有机磷农药的含量与季节变化［J］. 中国环境科学，2013（2）：312 - 318.

[384] 岳玉娟，王多春，龚建华．珠江河口霍乱弧菌数量与离子浓度关系研究［J］. 现代预防医学，2013（2）：213－216.

[385] 陶亚，赵喜亮，栗苏文，等．基于 TMDL 的深圳湾流域污染负荷分配［J］. 安全与环境学报，2013（2）：46－51.

[386] 吴洁，刘春莲，Franz T. Fürsich，等．中国南部珠江河口地区表层沉积物中有孔虫的环境意义及其在晚第四纪古环境重建中的应用［C］//中国石油大学（北京）．第一届国际古地理学会议论文集，2013.

[387] 邢玉清，陆苇，郑红波．黄茅海及口外海滨表层沉积物重金属污染及其生态风险评价［J］. 海洋技术，2013（4）：85－88.

[388] 王宇，尹华，秦华明，等．珠江河口沉积物对十溴联苯醚的吸附［J］. 环境化学，2013（4）：698－699.

[389] 杨婉玲，庞世勋，王超，等．珠江口水、沉积物及生物体 As 含量分布特征及生态风险评价［J］. 生态环境学报，2013（4）：650－656.

[390] 唐诚，赵艳，张华，等．珠江口近 30 年海底表层沉积物粒度分布及其环境变化［J］. 海洋科学，2013（5）：61－70.

[391] 方神光，马腾蛟．珠江河口盐水入侵对有机污染物的影响概述［J］. 海洋环境科学，2013（5）.

[392] 孙羚晏，龙爱民，肖红伟，等．磨刀门表层沉积物间隙水与上覆水之间的营养盐交换研究［J］. 海洋环境科学，2013（6）.

[393] 肖红伟，龙爱民，孙羚晏．珠江口磨刀门溶解有机物 CDOM 三维荧光光谱特征［J］. 海洋科学，2013（7）：41－46.

[394] 陈亮，李团结．珠江口及粤西海区表层沉积物重金属分布特征［C］//广东海洋湖沼学会，广东海洋学会，中国海洋学会热带海洋分会．热带海洋科学学术研讨会暨第八届广东海洋湖沼学会、第七届广东海洋学会会员代表大会论文及摘要汇编，2013.

[395] 赵肖，刘明清，廖岩，等．基于水生生物评价的珠江口营养盐水质标准阈值分析［C］//中国环境科学学会．2013 中国环境科学学会学术年会论文集（第四卷），2013.

[396] 赵李娜，赖子尼，李秀丽，等．珠江河口沉积物中拟除虫菊酯类农药污染及毒性评价［J］. 生态环境学报，2013（8）：138－143.

[397] 张英，张玉玺，王金翠，等．珠江三角洲地区地下水氟元素背景特征分析［J］. 环境化学，2013（10）：1983－1988.

[398] 钟晨晨，阮华达，吴志辉，等．珠江磨刀门河口可溶性重金属的时空分布研究［J］. 广东化工，2013（13）：47－48.

[399] 李贤．烟气脱硫石膏淋洗对珠江河口围垦土壤重金属形态的影响［D］. 广州：暨南大学，2013.

[400] 安东，秦春艳，方展强，等．珠江口 14 种习见水生动物体内滴滴涕含量的测定与评价［J］. 天津农业科学，2014（1）：33－39.

[401] 蔡立哲，周细平，傅素晶，等．深圳湾湿地大型底栖动物对环境变化的响应［C］//中国海洋湖沼学会．“全球变化下的海洋与湖沼生态安全”学术交流会论文摘要集，2014.

[402] 叶璐，张珞平，郭娟，等．河口区海洋环境监测与评价一体化研究1——珠江口水环境监视性监测方案设计、实施和改进［J］．海洋环境科学，2014（1）：105-112.

[403] 顾立忠，李虎成，刘画眉，等．珠江三角洲网河水质模拟研究［J］．广东水利水电，2014（2）：49-53.

[404] 何桂芳，袁国明．珠江鸡啼门口海湾沉积物重金属环境质量评价［J］．海洋湖沼通报，2014（2）：132-140.

[405] 张黎黎，王成端，刘晓文，等．广州市新塘镇水环境重金属污染特征研究［J］．四川理工学院学报（自然科学版），2014（3）：10-14.

[406] 王建华，黄楚光，倪志鑫，等．珠江口伶仃洋沉积物中重金属元素分布、赋存形态及来源分析［J］．海洋通报，2014（3）：259-267.

[407] 邹航，王立立，柳蓉．珠江河口湿地沉积物吸附氨氮及影响因素研究［J］．环境污染与防治，2014（3）：46-51.

[408] 黄楚光，王建华，曹玲珑，等．珠江口外内陆架表层沉积物重金属元素形态特征、控制因素及生态风险分析［J］．海洋湖沼通报，2014（3）：175-185.

[409] 马玉，李团结，高全洲，等．珠江口沉积物重金属背景值及其污染研究［J］．环境科学学报，2014（3）：712-719.

[410] 押淼磊，王新红，吴玉玲，等．珠江下游至伶仃洋水体中多环芳烃的相态分布和传输特征［J］．海洋环境科学，2014（4）：525-530.

[411] 尹希杰，何拥军，孙治雷，等．珠江口淇澳岛湿地甲烷排放通量及日变化规律［J］．海洋地质与第四纪地质，2014（5）：39-46.

[412] 李志刚，李军，龚鹏博，等．珠江口淇澳岛红树林及毗邻生境昆虫群落多样性［J］．环境昆虫学报，2014（5）：672-678.

[413] 王建国，汪义杰，崔树彬，等．珠海—澳门十字门水道隧道工程对浮游植物群落结构影响分析［J］．人民珠江，2014（5）：60-64.

[414] 郑亮，吕振波，李凡，等．黄河口、长江口和珠江口水域鱼类分类学多样性的对比研究［J］．大连海洋大学学报，2014（5）.

[415] 李红玉，赵彦龙，梁永津，等．北江干流沉积物重金属污染生态风险评价［J］．广东微量元素科学，2014（7）：1-5.

[416] 王超，李新辉，赖子尼，等．珠三角河网水域栅藻的时空分布特征［J］．生态学报，2014（7）.

[417] 李绪录，张军晓，史华明，等．深圳湾及邻近沿岸水域总溶解氮的分布、组成和来源及氮形态的转化［J］．环境科学学报，2014（8）.

[418] 唐得昊，刘兴健，邹欣庆．海湾表层沉积物重金属污染与潜在生态危害评价——以深圳湾为例［J］．环境化学，2014（8）.

[419] 赵明辉，李绪录．2000—2011年深圳湾及邻近水域颗粒有机物的来源和时空分布［J］．中国环境科学，2014（11）．
[420] 赵晨辰，张世彦，毛献忠．深圳湾流域TN和TP入海年通量变化规律研究［J］．环境科学，2014（11）．
[421] 迭庆杞，聂志强，黄启飞，等．珠江三角洲地区土壤中二恶英污染水平及其分布特征研究［J］．环境污染与防治，2014（11）：67－71．
[422] 王珊珊，王永波，扶卿华，等．珠江口水体组分的吸收特性分析［J］．环境科学，2014（12）．
[423] 王树玲．珠江口海底地下水以及其携带的营养盐和碳的通量研究［D］．厦门：厦门大学，2014．
[424] Fenfen Liu，Shilin Tang，Chuqun Chen. Temporal variability of chromophoric dissolved organic matter in the Pearl RiverEstuary，China from 2003 to 2009［J］．Aquatic Ecosystem Health & Management，2014，17（3）．

3.6 遥感技术

21世纪，随着珠江三角洲经济建设的快速发展，珠江河口的综合治理与河口资源的合理开发显得同等重要。遥感技术的应用，成为研究珠江河口治理与开发不可缺少的手段之一，利用遥感技术可快速、大面积、高分辨率地获取更多影像资料分析珠江河口特征，提取河口地形地貌、水流泥沙等定性定量特征信息。近年来，不少单位及学者在遥感技术研究方面做了不少探索，取得了大量成果。如中国水利水电科学研究院、广东省水利电力勘测设计研究院开展了《珠江三角洲网河区及口门地区水沙动力特性分析及遥感技术应用研究》，珠江水利委员会科学研究院对《珠江河口水沙运动遥感分析》进行了研究，邓明等对《珠江河口悬浮泥沙遥感数据集》进行了研究，丁晓英等对《近30年磨刀门拦门沙演变遥感监测分析》进行了研究，等等。

[1] 陈水森，黎夏，邹春洋，等．利用遥感与GIS分析珠江口番禺段近20a来的沿岸变化［J］．热带海洋学报，2001（3）：21－27．
[2] 朱小鸽，何执兼，邓明．最近25年珠江口水环境的遥感监测［J］．遥感学报，2001（5）：396－400，408．
[3] 周成虎，等．遥感影像地学理解与分析［M］．北京：科学出版社，2001．
[4] Weng Q. H.. Modeling urban growth effects on surface runoff with the integration of remote sensing and GIS［J］．Environmental Management，2001，28（6）：737－748．
[5] 朱小鸽．珠江口海岸线变化的遥感监测［J］．海洋环境科学，2002（2）：19－22，80．
[6] 中国水利水电科学研究院．珠江三角洲水沙动力特性分析和遥感技术应用研究

[R]. 2002.3.

[7] 邓明，黄伟，李炎．珠江河口悬浮泥沙遥感数据集 [J]. 海洋与湖沼，2002 (4)：341-348，453-454.

[8] Weng，Q. H.. Land use change analysis in the Zhujiang Delta of China using satellite remote sensing GIS and stochastic modeling [J]. Journal of environmental management，2002，64 (3)：273-284.

[9] 水利部珠江水利委员会科学研究院，珠江河口水沙运动遥感分析 [R]，2003.11.

[10] 中国水利水电科学研究院，广东省水利电力勘测设计研究院．珠江三角洲网河区及口门地区水沙动力特性分析及遥感技术应用研究 [R]，2003.

[11] 陶海燕，陈晓翔．交互式海洋泥沙叶绿素遥感信息系统 [J]. 热带海洋学报，2004 (4)：81-86.

[12] 作者不详．珠江河口滩涂资源调查与演变分析遥感专题研究报告 [R]，2004.

[13] 庞雄，陈长民，施和生，等．相对海平面变化与南海珠江深水扇系统的响应 [J]. 地学前缘，2005 (3)：167-177.

[14] 珠江水利科学研究院．珠江河口重点区域水质状况遥感监测研究-以伶仃洋为重点区 [R]，2005.12.

[15] Chen S. S. , Chen L. F. , Liu Q. H. , et al. Remote sensing and GIS-based integrated analysis of coastal changes and their environmental impacts in Lingding Bay，Pearl River Estuary，South China [J]. Ocean & Coastal Management，2005，48：65-83.

[16] 张金区．珠江三角洲地区地表热环境的遥感探测及时空演化研究 [D]. 北京：中国科学院研究生院（广州地球化学研究所），2006.

[17] Chen C. Q. , Tang S. L. , Pan Z. L. , et al. Remotely sensed assessment of water quality levels in the Pearl River Estuary，China [J]. Marine Pollution Bulletin，2007，54 (8)：1267-1272.

[18] Zhang J. , Wang Y. , Wang Z.. Change analysis of land surface temperature based on robust statistics in the estuarine area of Pearl River (China) from 1990 to 2000 by Landsat TM/ETM+ data [J]. International Journal of Remote Sensing，2007，28 (10)：2383-2390.

[19] 潘世兵，李纪人．遥感技术在水利领域的应用 [J]. 中国水利，2008 (21)：63-65，59.

[20] Kramer S. C. , Stelling G. S.. A conservative unstructured scheme for rapidly varied flows [J]. International Journal for Numerical Methods In Fluids，2008，58：183-212.

[21] 钟凯文，刘旭拢，解靓，等．基于遥感方法反演珠江三角洲西江干流悬浮泥沙分布研究 [J]. 遥感信息，2009 (1)：49-52，59.

[22] 马金峰，詹海刚，陈楚群，等．珠江河口混浊高产水域叶绿素a浓度的遥感估算模型 [J]. 热带海洋学报，2009 (1)：15-20.

[23] Chen S. S., Fang L. G., Zhang L. X., et al. Remote sensing of turbidity in seawater intrusion reaches of Pearl River Estuary - A case study in Modaomen water way, China, Estuarine [J]. Coastal and Shelf Science, 2009, 82: 119-127.

[24] 高雷，杨晓梅，苏奋振，等．珠江口养殖开发重心迁移的空间信息动态遥感分析 [J]. 热带海洋学报，2010 (3)：35-40.

[25] 喻丰华，丁晓英，余顺超，等．伶仃洋悬沙分布及挖沙影响的遥感监测分析 [C] //中国水利技术信息中心．中国河道治理与生态修复技术专刊，2010.

[26] Li X. J., Damen M. C. J.. Coastline change detection with satellite remote sensing for environmental management of the Pearl River Estuary, China [J]. Journal of Marine Systems, 2010, 82: S54-S61.

[27] 丁晓英，喻丰华．近 30 年磨刀门拦门沙演变遥感监测分析 [J]. 人民珠江，2011 (4)：3-5，27.

[28] 何颖清，喻丰华，杨留柱，等．珠江口水表盐度遥感反演及空间分异特点分析 [J]. 人民珠江，2012 (S1)：52-55.

[29] 孙彩歌，钟凯文，刘旭拢．东江流域近 20 年来生态安全时空变化遥感分析 [J]. 国土与自然资源研究，2012 (2)：51-52.

[30] 朱俊凤，李文胜，王耿明．珠江口水深遥感反演研究 [J]. 海洋地质前沿，2012 (3)：52-59.

[31] 方立刚，李宏丽，陈水森．基于反射光谱的珠江口咸潮遥感方法 [J]. 水科学进展，2012 (3)：403-408.

[32] 孔兰，陈晓宏，刘斌，等．咸潮影响下磨刀门水道取淡时机初探 [C] // 广东省水力发电工程学会．广东省水力发电工程学会 2012 年获奖优秀科技论文集，2012.

[33] 朱俊凤，王耿明，张金兰，等．珠江三角洲海岸线遥感调查和近期演变分析 [J]. 国土资源遥感，2013 (3)：130-137.

[34] 逯玲燕，詹杰民．基于遥感反演的珠江口冲淡水扩展研究 [C] //广东海洋湖沼学会，广东海洋学会，中国海洋学会热带海洋分会．热带海洋科学学术研讨会暨第八届广东海洋湖沼学会、第七届广东海洋学会会员代表大会论文及摘要汇编，2013.

[35] 丁晓英，余顺超．基于遥感的珠江口表层盐度监测研究 [J]. 遥感信息，2014 (5)：96-100.

[36] 张怡．近 40 年来珠江口海岸线变迁遥感分析 [D]. 呼和浩特：内蒙古师范大学，2014.

3.7 治理开发

1979 年，珠江水利委员会成立后，针对改革开放后的广东河口地区经济建设发展的新形势、新要求，组织开展珠江三角洲综合治理规划，并以磨刀门口门整治为重点，全面开展珠江河口治理开发规划。相继开展了伶仃洋及东四口门治导线、广州—虎门出海水道治导线、黄茅海及鸡啼门浅海治导线、珠江河口澳门附近水域治导线等规划工作。近 20 年来，水利部珠江水利委员会水利规划勘测研究院和珠江水利委员会水利科学研究院先后提出了《珠江磨刀门口门治理开发工程规划报告》《珠江流域三角洲综合利用规划报告》《伶仃洋治导线规划报告》《珠江流域防洪规划》《黄茅海及鸡啼门治理规划报告》《广州—虎门出海水道整治规划报告》《珠江河口澳门附近水域综合治理规划报告》等多项重大规划成果。广东省水利水电科学研究院对《珠江河口磨刀门水道疏浚治理工程抛泥区导流堤围堰稳定与沉降初步分析报告》《珠江河口河砂可采区 2008 年度开采计划》等进行了研究，广东省水利电力勘测设计研究院开展了《珠江河口整治近期防洪实施工程可行性研究》《珠江河口系统整治初步构想专题报告》《珠江河口整治李家沙水道清障专项工程可行性研究》等。

---

[1] 李春初，雷亚平，何为，等．珠江河口演变规律及治理利用问题 [C] //中国科学院地理科学与资源研究所，华东师范大学．海峡两岸地理学术研讨会暨 2001 年学术年会论文摘要集，2001.

[2] 许光祥，郑银功．小潮汐河道急弯类型及整治措施研究 [J]．重庆交通学院学报，2001 (S1)：116－120.

[3] 刘峰．土工织物袋充填筑堤在横门出海航道整治工程中的应用 [J]．广东公路交通，2001 (S1)：100－102.

[4] 姜海萍，汪德爟．珠江河口治理工程对水环境容量的影响研究 [J]．河海大学学报（自然科学版），2001 (1)：93－95.

[5] 李天坚．水文要素与河道变化的分析 [J]．广东水利水电，2001 (S1)：32－33，27.

[6] 广东省水电设计院．珠江八大出海口门整治工程可行性研究报告（初步成果）[R]，2001.2.

[7] 王志良，唐洪武，肖洋，等．西、北江三角洲李家沙水道的分流特性研究 [J]．河海大学学报（自然科学版），2001 (2)：66－70.

[8] 薛建枫．珠江口澳门水域治理规划思路 [J]．水利规划设计，2001 (2)：18－20.

[9] 黄镇国，张伟强，范锦春，等．珠江三角洲海平面上升的影响范围 [J]．海洋与湖沼，2001 (2)：225－232.

[10] 成忠理．珠江三角洲网河区及八大口门水文情势年代变化分析 [J]．中山大学学报（自然科学版），2001 (S2)：29－31.

[11] 珠水宣．珠江河口综合治理规划工作协调会强调 团结治水 依法治水 科学治水 [J]．珠江现代建设，2001 (3)：5.

[12] 薛建枫．珠江水资源与西部大开发 [C] //中国水利学会．中国水利学会 2001 学术年会论文集，2001.

[13] 任杰，包芸，林卫强．珠江口伶仃洋水沙纵向输移特征分析 [J]．热带海洋学

报，2001 (3)：35-40.

[14] 广东省水利水电科学研究院．横门北汊—洪奇门调整汇流工程导流堤及抛泥区围堰初步分析报告 [R]，2001.3.

[15] 欧贺贤．打通珠三角西部国际运输航道——崖门出海航道期望继续浚深 [J]. 珠江水运，2001 (3)：26-27.

[16] 广东省水利水电科学研究院．横门东四围堤围抛石探地雷达探测报告 [R]，2001.3.

[17] 罗盈．在横门出海航道整治工程中应用GPS卫星定位技术成效显著 [J]. 广东交通，2001 (3)：44.

[18] 赵焕庭，王丽荣．关于珠江河海划界的意见 [J]. 热带地理，2001 (3)：218-222.

[19] 李平日，等．广东全新世埋藏树木研究 [J]．热带地理，2001 (3).

[20] 李兵．东河水利枢纽船闸闸室结构设计与施工 [J]. 珠江现代建设，2001 (3)：6-10.

[21] 广东省水利水电科学研究所．东江干流及三角洲河段设计洪潮水面线计算技术大纲 [R]，2001.4.

[22] 陈俊鸿，黄大基，吴赤蓬，等．三角洲感潮河段洪潮水位频率分析方法的初步研究 [J]. 热带地理，2001 (4)：342-345.

[23] 陈枫．21世纪的珠江防洪体系建设 [J]. 广西水利水电，2001 (4)：1-5.

[24] 周作付，罗宪林，罗章仁，等，近年珠江三角洲网河区局部河段洪水位异常壅高主因分析 [J]. 热带地理，2001，21 (4).

[25] 吴国荣．浅谈珠江出海口门软土地质特征 [J]. 中山大学学报（自然科学版），2001 (S4)：104-107.

[26] 陈枫．21世纪的珠江防洪体系建设 [J]. 广西水利水电，2001 (4)：1-5.

[27] 罗万申，谢均宜．从珠江口可持续发展看深圳市污水排海工程的建设 [J]. 环境工程，2001 (5)：56-58，6.

[28] 吴宏旭，张庆通，曾维汉．东江三角洲咸潮活动现状初探 [J]. 广东水利水电，2001 (5)：34-36.

[29] 王琳，陈上群．磨刀门口门治理研究及工程实践效果分析 [J]. 人民珠江，2001 (5)：25-29.

[30] 蔡尚途．珠江河口综合治理规划全面展开 [N]. 广东科技报，2001-05-12 (001).

[31] 陈水森，黎夏，邹春洋．珠江口岸区近20年来土地利用变化基本特点 [J]. 人民珠江，2001 (5)：52-54.

[32] 董德化，陈军强，姚章民，等．珠江流域片水资源利用和保护 [C] //中国水利学会．中国水利学会2001学术年会论文集，2001.

[33] 广东省水利水电科学研究院．西、北江三角洲网河河道桥梁阻水问题调研报告 [R]，2001.6.

[34] 孔宪志．对珠江流域防洪规划的几点认识［J］．人民珠江，2001（6）：30－31，34.

[35] 广东省水利水电科学研究院．西北江三角洲网河河道桥梁阻水问题调研报告［R］，2001.6.

[36] 水利部珠江水利委员会勘测设计研究院．磨刀门整治效果（阶段）分析报告［R］，2001.6.

[37] 广东省水利水电科学研究院．澜石大桥、大沙大桥、三洪奇大桥桥梁阻水水文观测报告［R］，2001.7.

[38] 广东省珠江河口整治工程指挥部．广东省珠江河口综合调研报告［R］，2001.7.

[39] 广东省水利厅．珠江三角洲河口整治近期实施工程可行性研究报告（初稿）［R］，2001.7.

[40] 包芸，任杰．西南季风对珠江河口及邻近海域影响的初步研究［C］// 中国力学学会，《水动力学研究与进展》编委会，武汉理工大学，上海市力学学会．第五届全国水动力学学术会议暨第十五届全国水动力学研讨会文集，2001.

[41] 刘春杉．广东沿海海洋荒漠化的趋势及其原因［J］．海洋科学，2001（8）：52－54.

[42] 珠江委设计院．广东省江新联围除险加固达标工程可行性研究报告［R］，2001.8.

[43] 梁飞龙．东平水道紫洞头鱼嘴工程毁坏原因及修复措施［J］．珠江水运，2001（9）：32－33.

[44] 水利部珠江水利委员会主任 薛建枫．依法加强管理 促进珠江河口治理开发［N］．中国水利报，2001－09－22（008）.

[45] 珠江委设计院．磨刀门整治效果（阶段）分析报告［R］，2001.9.

[46] 珠江水利委员会提供．珠江河口管理办法［N］．中国水利报，2001－09－22（008）.

[47] 广东省水利水电科学研究院．虎门大桥人工砂岛对防洪排涝纳潮影响的分析论证报告［R］，2001.10.

[48] 广东省水利水电科学研究院．横门东四围堤围抛石探地雷达二次探测报告［R］，2001.10.

[49] 广东省水文局佛山分局．西江天河河段水文测验成果报告［R］，2001.11.

[50] 广东省水利电力勘测设计研究院．珠江河口整治“十五”实施工程可行性研究报告［R］，2001.12.

[51] 珠海市水利勘测设计室．珠海市江河流域综合规划报告［R］，2001.

[52] 水利部珠江水利委员会．珠江河口综合治理规划［R］，2001.

[53] 何为．现代珠江三角洲的发展与水系网络型式［D］．广州：中山大学，2001.

[54] 深圳博物馆，中山大学，香港大学．环珠江口史前文物图录（一）（二）（三）［M］．广州：中山大学出版社，1991.

[55] 广东省航道局，珠江水利委员会．广东省主要航道洪水位变化趋势及其对航道

影响分析总报告 [R]，时间不详.

[56] 作者不详. 珠江河口整治近期清障实施规划方案 [R]，时间不详.

[57] 作者不详. 珠江河口黄茅海及鸡啼门、广州—虎门出海水道治理规划报告 [R]，时间不详.

[58] 薛惠洁，柴扉，王丽娅，等. 珠江口及其邻近海域环流模式结构 [G] //中国海洋学文集——南海海流数值计算及中尺度特征研究，2001.

[59] 黄德发，张汉昌. 创新珠三角：兼与长江三角洲比较 [G] //广东省统计局. 广东统计年鉴（2001）. 北京：中国统计出版社. 2001：34-52.

[60] 广东省水利水电科学研究院. 横门北汊—洪奇门调整汇流工程沥沁沙尾围和水泥围导流堤施工期监测资料分析报告 [R]，2002.1.

[61] 广东省水利水电科学研究院. 横门北汊—洪奇门调整汇流工程导流堤及抛泥区围堰监测报告 [R]，2002.1.

[62] 戴志军，彭晓春，黄鹄. 灰色模型理论在河流水污染预测中的应用 [J]. 环境保护，2002（1）：28-29.

[63] 李春初，何为，王世俊. 珠江河口阴阳论 [C] // 中国地理学会，北京师范大学，中国科学院地理科学与资源研究所，北京大学地理科学中心，首都师范大学资源环境与旅游学院. 地理教育与学科发展——中国地理学会 2002 年学术年会论文摘要集，2002.

[64] 李春贤. 贯彻新水法 推进珠江流域规划管理 [J]. 人民珠江，2002（S1）：7-10.

[65] 李亮新，徐雁. 依法行政 规范管理 全面推进珠江流域水政工作 [J]. 人民珠江，2002（S1）：15-17，34.

[66] 蓝崇钰，廖文波，王勇军. 广东内伶仃岛的生物资源及自然保护规划 [J]. 植物资源与环境学报，2002（1）：47-52.

[67] 何宝根. 珠江三角洲河网区数字地形图缩编实践 [J]. 海洋测绘，2002（1）：45-47.

[68] 马其盛. 广珠东线高速公路横沥大桥钢纤维混凝土桥面铺装施工及应用 [J]. 广东公路交通，2002（1）：22-23.

[69] 贾良文，杨清书，钱海强，等. 近几十年来西北江三角洲网河区顶点的河相关系 [J]. 地理科学，2002（1）：57-62.

[70] 广东省科达水利电力岩土工程公司. 磨刀门主干道（一期）整治工程鹤州北鲤鱼门抛泥区技施阶段地质勘察报告 [R]，2002.1.

[71] 崔伟中. 认真贯彻实施新水法推进珠江流域水资源管理 [J]. 人民珠江，2002（S1）：4-5，14.

[72] 陈永平，马启南，杜德军，等. 黄茅海内治导线对潮汐要素影响的试验研究 [J]. 海洋工程，2002（2）：32-37.

[73] 珠江委设计院与珠海市水利勘测设计室. 广东省珠海市西区海堤白蕉段除险加固达标工程可行性研究报告 [R]，2002.2.

[74] 黄本胜，邱静，赖冠文．东海水道南华岸边调控闸的设想与试验研究［J］．广东水利水电，2002（2）：12－13，17.

[75] 陈炳禄，张云霓，王志刚，等．伶仃洋水文特征与水质变化趋势分析［J］．重庆环境科学，2002（2）：69－72.

[76] 沈焕庭，杨清书，罗宪林，等．珠江三角洲网河区水位变化趋势研究［J］．海洋学报（中文版），2002（2）：30－38.

[77] 冯梦雪．江新联围加固工程设计介绍［J］．珠江现代建设，2002（2）：4－7.

[78] 谢君，徐健鹏，蒋志．"比降法"在三角洲联围水文分析计算中的应用［J］．甘肃水利水电技术，2002（2）：119－120，122.

[79] 黄东，黄本胜，郑国栋，等．西、北江下游及其三角洲网河河道设计洪潮水面线计算［J］．广东水利水电，2002（2）：5－7.

[80] 杜文印．河道变化对珠江三角洲网河区洪水的影响［J］．佛山科学技术学院学报（自然科学版），2002（2）：57－60.

[81] 何晓辉，何建华，车进胜，等．疏浚整治河道对珠江三角洲东平水道上段的影响［J］．热带地理，2002（3）：266－269，274.

[82] 谢志强，姚章民，李继平，等．珠江流域"94·6""98·6"暴雨洪水特点及其比较分析［J］．水文，2002（3）：56－58.

[83] 白绍华，陈伟宇．珠江三角洲河口区适用的两种水位过程预报方法［J］．中山大学学报论丛，2002（3）：261－265.

[84] 中国水利水电科学研究院．珠江河口整治近期工程水沙动力特性影响研究［R］．2002（3）.

[85] 陈志民，蔡南树，辛文杰．珠江口伶仃洋航道的回淤分析［J］．海洋工程，2002（3）：61－68.

[86] 金忠贤，苏德源，顾锦祥．试论河口滩涂的长效管理［J］．水利发展研究，2002（3）：15－16.

[87] 蔡昱明，宁修仁，刘子琳．珠江口初级生产力和新生产力研究［J］．海洋学报（中文版），2002（3）：101－111.

[88] 广东省水电设计院．珠江河口近期整治工程水沙动力特性影响研究［R］，2002.3.

[89] 广东省水电设计院．珠江三角洲网河及口门地区水沙动力特性分析及遥感技术应用研究［R］，2002.3.

[90] 林卫强，李适宇．夏季伶仃洋 COD、DO 的垂向分布及其影响因素［J］．中山大学学报（自然科学版），2002（4）：82－86.

[91] 廖化荣．珠江三角洲环境地质分区及其特征［J］．中山大学研究生学刊（自然科学、医学版），2002（4）：51－59.

[92] 罗晓霞．珠江三角洲航运规划及实施总览［J］．珠江水运，2002（4）：28－29.

[93] 刘佑华，陈晓宏，陈永勤．珠江三角洲典型站水位过程变异性的差异熵识别［J］．中山大学学报（自然科学版），2002（4）：87－91.

[94] 何治波，蔡尚途，邢英薇．珠江“九五”水利建设成就与有关问题的思考[J]. 人民珠江，2002（4）：8-10，34.

[95] 广东省水利水电科学研究院．西江下游肇庆至虎跳门航道整治工程C7标段土堤边坡稳定性分析（横坑裁弯、横坑下湾切嘴）[R]，2002.4.

[96] 陈晓宏，陈永勤．珠江三角洲网河区水文与地貌特征变异及其成因[J]. 地理学报，2002（4）：429-436.

[97] 陈曙东，袁红雷，江碧云，等．土工织物袋充填技术在珠江河口整治工程中的应用[J]. 人民珠江，2002（5）：35-37.

[98] 广东省珠江河口整治工程指挥部．珠江河口整治工程施工最新情报[J]. 广东水利水电，2002（5）：55.

[99] 邓展鹏．FS浆垫在佛山大堤险段护岸防冲工程中的应用[J]. 珠江现代建设，2002（5）：4-8，20.

[100] 骆育敏，梁明易，王朝晖，等．珠江三角洲陈村水道航道整治对该区域水环境影响评价[J]. 暨南大学学报（自然科学与医学版），2002（5）：88-94.

[101] 朱士康．珠江河口规划与治理[J]. 人民珠江，2002（5）：7-9.

[102] 中山大学．珠江三角洲网河河床演变[M]. 广州：中山大学出版社，2002.

[103] 包芸，任杰．珠江河口不同粒径泥沙分级模拟的方法研究[C]//《水动力学研究与进展》编委会，中国力学学会，中国造船工程学会，中山大学，澳门大学，澳门科学技术协进会，水动力学国家级重点实验室，上海市力学学会．第十六届全国水动力学研讨会文集，2002.

[104] 杨清书，傅家谟，罗章仁，等．西北江三角洲来水来沙的非线性分形特征[J]. 泥沙研究，2002（6）：15-18.

[105] 程禹平．略论珠江河口区东海水道流量调控[J]. 广东水利水电，2002（6）：8-12.

[106] 姜海萍，王大魁，汪德爟．磨刀门河口治理工程环境影响的回顾评价[J]. 河海大学学报（自然科学版），2002（6）：67-69.

[107] 广东省水利水电科学研究院．珠江河口磨刀门水道疏浚治理工程抛泥区围堰稳定与沉降分析[R]，2002.6.

[108] 广东省水利水电科学研究院．珠江河口磨刀门水道疏浚治理工程抛泥区导流堤围堰稳定与沉降初步分析报告[R]，2002.6.

[109] 广东省水利水电科学研究院．西、北江下游及其三角洲网河河道设计洪潮水面线计算报告[R]，2002.6.

[110] 罗盈．GPS卫星定位技术在横门出海航道整治工程中的应用[J]. 水运工程，2002（6）：14-16.

[111] 黄东，郑国栋，黄本胜，等．西、北江三角洲洪潮水位变化数值计算[C]//《水动力学研究与进展》编委会，中国力学学会，中国造船工程学会，中山大学，澳门大学，澳门大学，澳门科学技术协进会，水动力学国家级重点实验室，上海市力学学会．第十六届全国水动力学研讨会文集，2002.

[112] 车进胜，司银云．珠江三角洲内河航运发展之我见 [J]．水运工程，2002 (8)：1-3.

[113] 广东省水电设计院．珠江河口整治近期防洪实施工程可行性研究报告 [R]，2002.8.

[114] 水利部珠江水利委员会科学研究所．十字门水道北口整治规划方案专题研究报告 [R]，2002.8.

[115] 广东省水电设计院．珠江河口整治近期防洪实施工程可行性研究报告——珠江河口潮汐年代变化分析专题报告 [R]，2002.8.

[116] 广东省水电设计院．珠江河口整治近期防洪实施工程可行性研究报告——珠江河口系统整初步构想专题报告 [R]，2002.8

[117] 陈枫．珠江流域的堤防规划与建设 [J]．中国水利，2002 (9)：34-35.

[118] 广东省水利水电科学研究院．珠江河口整治工程指挥部建设用地沉降分析报告 [R]，2002.9.

[119] 车进胜．陈村水道急弯类型及其航道整治措施研究 [J]．珠江水运，2002 (9)：31-33.

[120] 广东省水利水电科学研究院．珠海磨刀门白龙河堤围抛石探地雷达探测报告 [R]，2002.12.

[121] 邓小宁．浅谈横门出海航道整治工程土工织物袋充填筑堤的施工经验 [J]．珠江水运，2002 (12)：32-33.

[122] 严恺．海岸工程 [M]．北京：海洋出版社，2002.

[123] 李平日．珠江口地区风暴沉积研究 [M]．广州：广东科技出版社，2002.

[124] 孙建伟．与时俱进　依法行政　加强珠江流域水利工程的建设与管理 [J]．人民珠江，2002 (S1)：27-30.

[125] 黄镇国，张伟强，陈奇礼，等．海平面上升对广东沿海工程设计参数的影响 [J]．地理科学，2003 (1)：39-41.

[126] 吴利桥，范利平，刘新媛．提高市桥水道水环境承载能力的工程措施 [J]．人民珠江，2003 (1)：37-38，50.

[127] 毛革．珠江流域防洪规划的几个修订重点 [J]．人民珠江，2003 (1)：17-19.

[128] 郑国栋，黄东，赖冠文，等．数学模型在劳龙虎水道航道整治工程方案优化中的应用 [J]．广东水利水电，2003 (2)：23-24，38.

[129] 王春生，黄道沸．东江特大桥主航道桥方案设计 [J]．城市道桥与防洪，2003 (2)：61-64，6-7.

[130] 彭毅坚．思贤滘水闸软土工程地质特征 [J]．西部探矿工程，2003 (2)：12-13.

[131] 陈亮雄，黄东，赖冠文．西、北江下游及其三角洲洪水水情地理信息系统研究 [J]．广东水利水电，2003 (2)：14-15，18.

[132] 罗盈．GPS 卫星定位技术在横门出海航道整治（疏浚）工程中的应用 [J]．人

民珠江，2003（2）：8-9.

[133] 林志光．水下不分散混凝土在堤防加固中的应用［J］．中国农村水利水电，2003（2）：47-48.

[134] 朱涛．珠江河口治理要坚持五项原则［N］．中国水利报，2003-02-25.

[135] 闻平，刘沛然，雷亚平，等．近50年伶仃洋滩槽冲淤变化趋势分析［J］．中山大学学报（自然科学版），2003（S2）：240-243.

[136] 李松明．RTK-GPS在珠江河口整治工程中的实践［J］．广东水利水电，2003（S2）：46-47.

[137] 唐洪武，肖洋，李福田，等．李家沙水道切嘴工程对其分流比的影响［J］．河海大学学报（自然科学版），2003（2）：128-131.

[138] 广东省水利电力勘测设计研究院．广东省珠江三角洲流域综合规划报告［R］，2003.3.

[139] 雷亚平，杨清书，贾良文，等．从河床演变看东平水道航道整治和河床采沙效应［J］．水利水运工程学报，2003（3）：13-17.

[140] 广东省水利水电科学研究院．珠江河口整治工程指挥部建设用地沉降计算与实测结果对比分析［R］，2003.3.

[141] 朱士康．珠江防洪形势浅析［J］．人民珠江，2003（3）：35-36.

[142] 刘佑华，陈晓宏，陈永勤，等．珠江三角洲腹地洪水特征变异因素的关联分析［J］．热带地理，2003（3）：204-208.

[143] 谢守红．珠江三角洲资源、环境与可持续发展对策［J］．国土与自然资源研究，2003（4）：41-43.

[144] 黄贞山．港珠澳大桥建设路线方案研究［J］．广东交通，2003（4）：10-11.

[145] 王现方，赖万安．珠江三角洲水资源整合配置规划思路［J］．人民珠江，2003（4）：1-4.

[146] 李今朝，黄志全，殷淑华，等．江新联围睦洲堤段加固工程安全性研究［J］．华北水利水电学院学报，2003（4）：24-27.

[147] 刘慧，郭子嵩．土工格栅充砂袋在堤防防冲护基加固中的应用［J］．人民珠江，2003（4）：46-48.

[148] 谢志强，张宇明．珠江百年洪患简要回顾与思考［J］．人民珠江，2003（4）：13-16，18.

[149] 徐民．珠江八大出口潮汐特性变化浅析［J］．广东水利水电，2003（4）：47-49.

[150] 周辉，方大勇，李川，等．大型土工织物充填袋筑堤中软土地基变形速率的控制［C］//中国土木工程学会．中国土木工程学会第九届土力学及岩土工程学术会议论文集（下册），2003.

[151] 国家环保总局．珠江三角洲环境保护规划［R］，2003.4.

[152] 姚章民，谢志强，沈鸿金．珠江三角洲地区水文站网布设及水文测验的分析研究［J］．水文，2003（5）：20-23，27.

[153] 王秋生．珠江三角洲水资源与流域经济的协调发展［J］．中国水利，2003（5）：32-34.

[154] 彭鉅新．航道设计最低通航水位计算方法中的等价问题［J］．水运工程，2003（5）：42-44，50.

[155] 陈卓英，倪培桐．珠江黄茅海河口湾悬沙纵向输运机制分析［J］．人民珠江，2003（6）：27-29，43.

[156] 叶林宜．甘竹溪20年一遇以下洪水不分洪刍议［J］．人民珠江，2003（6）：15-17.

[157] 李亮新．妥善解决河海法规交叉问题，加强珠江河口管理［J］．人民珠江，2003（6）：22-23，46.

[158] 刘海洋．广东省海堤规划工程环境影响分析及对策［J］．环境保护科学，2003（6）：50-52.

[159] 广东省珠江河口整治工程指挥部．珠江河口局部区域演变研究报告［R］，2003.6.

[160] 香靖宇．珠江洪奇沥中下游及上下横沥潮流沙特性分析［J］．珠江现代建设，2003（6）：17-21，31.

[161] 广东省水利水电科学研究院．东江干流及三角洲河段设计洪潮水面线计算报告［R］，2003.7.

[162] 广东省水利水电科学研究院．中山洪奇门堤围抛石探地雷达探测报告［R］，2003.7.

[163] 龙跃桂．砂枕护脚在内河航道整治护岸工程中的应用［J］．水运工程，2003（8）：42-44.

[164] 贾良文，罗章仁．珠江三角洲的内河集装箱运输发展研究［J］．珠江水运，2003（8）：10-12.

[165] 广东省水利水电科学研究院．东莞虎门港口岸工作船头工程行范例纳潮湿影响数值计算报告［R］，2003.8.

[166] 贾良文，罗章仁．发展珠江三角洲的内河集装箱运输［J］．中国港口，2003（8）：21-22.

[167] 何为，李春初，尤华丽．珠江口近年水沙运行的变化规律及排洪思路探讨［C］//中国水利学会．中国水利学会首届青年科技论坛论文集，2003.

[168] 张虹．加快珠江河口治理步伐［N］．中国水利报，2003-10-11.

[169] 陈子超，李荣新，黎绍泓，等．崖门出海航道航标自动监测系统建设初探［J］．珠江水运，2003（10）：43-45.

[170] 广东省水利水电科学研究院．珠江三角洲经济区环形公路九江至小塘段北江大桥工程（跨北江部分）河道管理范围内建设项目专题报告［R］，2003.11.

[171] 广东省水利水电科学研究院．珠江三角洲经济区环形公路九江至小塘段北江大桥工程（跨南沙涌部分）河道管理范围内建设项目专题报告［R］，2003.11.

[172] 彭静，何少苓，廖文根，等．珠江三角洲大系统洪水模拟分析及防洪对策探讨

[J]. 水利学报，2003 (11)：78-84.

[173] 珠海市斗门建筑设计院．干务联围海堤达标加固续建黄金堤段工程岩土工程勘察报告 [R]，2003.11.

[174] 上海航道勘测设计研究院．崖门 5000t 级出海航道整治工程可行性研究报告 [R]，2003.12.

[175] 广东省水利水电科学研究院．广东省西部沿海高速公路跨磨刀门水道特大桥河道管理范围内建设项目专题报告 [R]，2003.12.

[176] 珠江水利委员会．珠江河口水沙数学模型研究 [R]，2003.

[177] 朱伟桥．珠江航运发展研究 [D]. 武汉：武汉理工大学，2003.

[178] 萧艳娥．海平面上升引起的海岸自然脆弱性评价——以珠江口沿岸为例 [D]. 华南师范大学，2003.

[179] 李平日．珠江河口治理的几个问题 [C] //曾庆存．中国江河河口研究及治理开发问题研讨会文集．北京：中国水利水电出版社，2003.

[180] 罗宪林．"广东省主要水道人工挖沙专题研究" 省级项目 (2003—2004) [R]，2003.

[181] Zhang S. C., Liang D. G., Gong Z. S., et al. Geochemistry of petroleum systems in the eastern Pearl River Mouth Basin: evidence for mixed oils [J]. Organic Geochemistry, 2003, 34: 971-991.

[182] 许振成．珠江口海域环境及其综合治理问题辨析 [J]. 热带海洋学报，2003，22 (6)：88-93.

[183] 广东省水利水电科学研究院．干务联围黄金堤段稳定性分析 [R]，2004.1.

[184] 徐峰俊，朱士康，王华．伶仃洋水动力环境分析及治理策略探讨 [J]. 人民珠江，2004 (1)：11-14，27.

[185] 姚启文，潘玉敏．珠江河口整治近期防洪实施工程效益分析 [J]. 广东水利水电，2004 (1)：34-35，38.

[186] 程功弼．珠江口及邻近海域 ^{210}Pb 的沉积速率研究 [C] //中国土木工程学会．科技、工程与经济社会协调发展——中国科协第五届青年学术年会论文集，2004.

[187] 黄胜伟，徐峰俊．珠江河口潮汐及盐度特征研究 [C] //中国海洋学会海岸河口分会，中国海洋湖沼学会海岸河口分会，华东师范大学河口海岸国家重点实验室．第八届全国海岸河口学术研讨会暨海岸河口理事会议论文摘要集，2004.

[188] 欧素英，杨清书．珠江三角洲网河区径流潮流相互作用分析 [J]. 海洋学报 (中文版)，2004 (1)：125-131.

[189] 郁达，周作付，罗敬思．珠江三角洲网河区一类典型联通汊河的航道水文泥沙特性分析——以劳龙虎水道为例 [J]. 重庆交通学院学报，2004 (S1)：77-81.

[190] 黎开志，胡跃辉，陈楚．江新联围新姿 [J]. 珠江现代建设，2004 (1)：2.

[191] 广东省水利水电科学研究院．珠江河口洪奇门水道鸭仔沙进口河段整治工程主堤侧向位移监测报告 [R]，2004.1.

[192] 侯卫东，陈晓宏，江涛，等．西北江三角洲网河径流分配的时间变化分析 [J]．中山大学学报（自然科学版），2004（S1）：204-207.

[193] 黄国良，陈小文．河口疏浚工程的质量控制与工程计量 [J]．水利建设与管理，2004（1）：44-45，47.

[194] 崔伟中．珠江河口滩涂湿地的问题及其保护研究 [J]．湿地科学，2004（1）：26-30.

[195] 彭静，廖文根，禹雪中．珠江三角洲腹地洪水位异常变化及成因分析 [J]．自然灾害学报，2004（1）：50-54.

[196] 何为．西、北江三角洲水网系统的特点及其开发利用 [C] //中国地理学会，中山大学，中国科学院地理科学与资源研究所．中国地理学会2004年学术年会暨海峡两岸地理学术研讨会论文摘要集，2004.

[197] 张蔚，诸裕良．珠江河网分流比之研究 [J]．广东水利水电，2004（1）：11-13.

[198] 何为．西、北江三角洲水网系统的特点及其开发利用 [C] //中国土木工程学会．科技、工程与经济社会协调发展——中国科协第五届青年学术年会论文集，2004.

[199] 商少凌，张彩云，曾银东．珠江口及其邻近海域走航式叶绿素荧光计数据的校正 [J]．热带海洋学报，2004（2）：69-74.

[200] 刘林军．珠江河口整治近期防洪实施方案设计与研究 [J]．甘肃水利水电技术，2004（2）：127-128，130.

[201] 徐民．珠江河口整治思路的初步探讨 [J]．水利规划与设计，2004（S2）：29-30，60.

[202] 陈琴．关于流域管理立法的思考 [J]．水利发展研究，2004（2）：38-40，44.

[203] 钱挹清．珠江三角洲河道无序采沙影响及管理措施 [J]．人民珠江，2004（2）：44-46，58.

[204] 吴建新，张文方．清代珠江三角洲三种类型的农业工程 [J]．古今农业，2004（2）：36-45.

[205] 郭建设．珠江河口整治工程土工合成材料的设计 [J]．甘肃水利水电技术，2004（2）：144-145.

[206] 朱海．细粒土内摩擦角与标准贯入锤击数的相关分析 [J]．人民珠江，2004（2）：26-27.

[207] 赵琴芳，齐建军，严辉，等．水下模袋混凝土护岸的应用 [J]．水利科技与经济，2004（2）：97-98.

[208] 罗肇森．河口治导线放宽率的计算 [J]．水利水运工程学报，2004（2）：55-58.

[209] 罗挺，陈力．土工织物袋充填砂筑堤施工技术应用 [J]．水利科技与经济，

2004 (3): 188.
[210] 林志光，梅寒．从SDC—3型堤坝隐患探测仪的应用浅析我国堤防隐患探测技术的发展 [J]. 广东水利水电，2004 (3): 14-16.
[211] 徐民．珠江河口整治的几点认识 [J]. 广东水利水电，2004 (3): 23-24, 30.
[212] 钟国泉．珠江三角洲治水方案——充分利用水资源，进行科学管理 [J]. 广东水利水电，2004 (3): 3-6.
[213] 郑道贤，沈鸿金．西江、北江下游及三角洲网河河道同步水文测验成果分析 [J]. 水文．2004 (3).
[214] 陈勇．对肇庆城区防洪问题的几点认识 [J]. 人民珠江，2004 (3): 30-32.
[215] 刘霞．珠江三角洲水文特性变异及原因浅析 [J]. 水利规划与设计，2004 (4): 9-13.
[216] 林振勋．珠江三角洲系统整治框架构想的研究 [J]. 水利规划与设计，2004 (4): 1-4, 47.
[217] 曾昭璇，王为，朱照宇，等．论珠江三角洲河网的人为影响 [J]. 第四纪研究，2004 (4): 379-386.
[218] 钟永，费凯．ADCP在潮流量测验中的应用与分析 [J]. 水利水文自动化，2004 (4): 35-39.
[219] 连涛，黄汝顺．关于江新联围管理现代化的思考 [J]. 广东水利水电，2004 (4): 76-77, 79.
[220] 蔡美仪，罗素芬．广东省主要河流入海口门整治规划管理见解 [J]. 广东水利水电，2004 (4): 53-54.
[221] 刘林军．土工合成材料在珠江河口整治工程中的应用 [J]. 广东水利水电，2004 (4): 26-27.
[222] 姚启文．珠江河口生态水利模式的探讨 [J]. 广东水利水电，2004 (4): 13-15.
[223] 徐辉荣．珠江河口整治疏浚断面设计初步研究 [J]. 广东水利水电，2004 (4): 48-50.
[224] 黄镇国，张伟强．人为因素对珠江三角洲近30年地貌演变的影响 [J]. 第四纪研究，2004 (4): 394-401, 481-482.
[225] 何远海．小榄水道航道整治护岸工程砂枕护脚施工探索 [J]. 珠江水运，2004 (4): 47-49.
[226] 黄国良，陈小文．基监测技术在河口整治导流堤工程中的应用 [J]. 广东水利水电，2004 (4): 11-12.
[227] 广东省水电设计院．粤港澳大桥对珠江河口防洪纳潮的影响研究 [R], 2004.4.
[228] 广东省水电设计院．珠江河口整治近期防洪实施工程清障专题报告 [R], 2004.4.
[229] 广东省水利水电科学研究院．佛山市和顺至北滘公路主干线潭洲水道特大桥工

程河道管理范围内建设项目专题报告［R］，2004.4.

［230］包芸，刘欢．珠江河口一维/三维水动力连接计算方法研究［C］//中国空气动力学会，中国宇航学会，中国航空学会，中国力学学会．计算流体力学研究进展——第十二届全国计算流体力学会议论文集，2004.

［231］苏水明，俞瑞荣．景丰联围赤顶堤段滑坡的成因分析及处理［J］．广东水利水电，2004（5）：7-8.

［232］张蕾，陈晓宏．珠江三角洲网河区水位空间插值的Kriging方法［J］．中山大学学报（自然科学版），2004（5）：112-114.

［233］刘洁，吴仁海．珠江三角洲水环境问题及其调控方略探讨［J］．环境科学与技术，2004（5）：45-47，117.

［234］林瑞建．航道整治疏浚物的综合利用［J］．珠江水运，2004（5）：27-28.

［235］广东省水电设计院．珠江河口近期整治分期实施及替代方案水沙影响研究［R］，2004.5.

［236］广东省水电设计院．珠江河口整治工程船舶管理基地可行性研究报告［R］，2004.5.

［237］王秋生．对珠江流域水利发展战略的几点思考［J］．人民珠江，2004（6）：1-3.

［238］王志超．广东航道建设融资渠道现状及思考［J］．珠江水运，2004（6）：28-29.

［239］陈海全，黄恒熙，周作付．人工采沙对东江博罗河段水文特性的影响分析［J］．广东水利水电，2004（6）：56-58.

［240］周翠英，牟春梅．珠江三角洲软土分布及其结构类型划分［J］．中山大学学报（自然科学版），2004（6）：81-84.

［241］马国栋，贾良文．东平水道水文动力条件的变化［J］．水运工程，2004（6）：19-22.

［242］李靖．航道整治工程中土工织物充填袋和充填料的参数选择［J］．水运工程，2004（6）：23-25.

［243］罗章仁．人类活动引起的珠江三角洲网河和河口效应［J］．海洋地质动态，2004（7）：35-36.

［244］白静媛，王毅．规划计划司办理人大建议政协提案特点浅析［J］．中国水利，2004（7）：66-67.

［245］黄智敏，江洧，陆汉柱，等．思贤滘水利枢纽滘内水闸试验研究［C］//《水动力学研究与进展》编委会，中国力学学会，中国造船工程学会，新疆大学，新疆农业大学，新疆水利水电勘测设计研究院，新疆风能工程技术研究中心．第十八届全国水动力学研讨会文集，2004.

［246］广东省水利电力勘测设计研究院．广东省防洪规划报告［R］，2004.7.

［247］杨莉玲，王运洪，徐峰俊．东江水利枢纽对珠江河口盐水入侵的影响［C］//中国土木工程学会，中国水利学会，中国城镇供水协会．第四届流域管理和城

市供水国际会议论文集（A），2004.

[248] 吴廷．东平、顺德水道提升级别的必要性［J］．珠江水运，2004（8）：14－15.

[249] 江门市水利水电勘测设计院有限公司．江门市新会区银洲湖堤围加固工程可行性研究报告［R］，2004.8.

[250] 广东省水利水电科学研究院．干务联围黄金堤段滑塌段技术咨询报告［R］，2004.9.

[251] 陈晓宏，张蕾，时钟．珠江三角洲河网区水位特征空间变异性研究［J］．水利学报，2004（10）：36－42.

[252] Gao J. Y.，Zhang W.．Analysis to time series of water discharge［C］//Second Sino－German Joint Symposium on Coastal and Ocean Engineering. Beijing：China Ocean Press，2004，10：358－365.

[253] 广东省水电设计院．广东省珠江河口整治近期防洪实施工程地质灾害危险性评估报告［R］，2004.10.

[254] 李正光，何涛，张同发，等．原位测试在珠江河口及滨海工程勘察中的应用［J］．西部探矿工程，2004（11）：43－44.

[255] Huang Z. G.，Zong Y. Q.，Zhang W. Q.．Coastal inundation due to sea level rise in the Pearl River Delta，China［J］．Natural Hazards，2004，33：247－264.

[256] Zong，Y. Q. Mid－Holocene sea－level highstand along the Southeast Coast of China［J］．Quaternary International，2004，117（1）：55－67.

[257] Dong L.，Su J.，Wong L. A.，et al. Seasonal variation and dynamics of the Pearl River plume［J］．Continental Shelf Research，2004，24：1761－1777.

[258] Mao Q. W.，Shi P.，Yin K. D.，et al. Tides and tidal currents in the Pearl River Estuary［J］．Continental Shelf Research，2004，24（16）：1797－1808.

[259] 珠江水利委员会水利科学研究所．氹仔客运码头港池及航道研究设计报告［R］，2004.12.

[260] 广东省航运规划设计研究院．江门市港口总体规划（2001—2020）年［R］，2004.12.

[261] 珠江水利委员会．珠江防洪规划［R］，2004.

[262] 珠江水利委员会水资源保护局科研所．广州市开发区环境影响报告书［R］，2004.

[263] 广东省水利电力勘测设计研究院．珠江河口整治近期防洪实施工程可行性研究［R］，2004.

[264] 崔伟中，李学灵，刘新媛．珠江河口水资源保护与可持续发展研究［M］．广州：广东经济出版社，2004.

[265] 珠江水利委员会《珠水利简史》编纂委员会．珠江水利简史［M］．广州：中山大学出版社，2004.

[266] 谢绍平．西江中、下游河床下切变化及洪水预报改进研究 [D]．武汉：武汉大学，2004.

[267] 姜雪维．东河水利枢纽全集成自动化系统设计 [D]．哈尔滨：哈尔滨工程大学，2004.

[268] 葛亮．分汊河道分流特性的研究与应用 [D]．南京：河海大学，2004.

[269] 广东省水利水电科学研究院．广东省海堤工程设计导则（试行）：DB44/T 182—2004 [S]．北京：中国水利水电出版社，2004.

[270] 陈坚雄．珠江三角洲水文监测站网优化与系统整体规划研究 [D]．武汉：武汉大学，2004.

[271] 侯卫东，陈晓宏等．西北三角洲网河径流分配的时间变化分析 [J]．中山大学学报，2004，43（增刊）：204-207.

[272] 李瑞杰，等．珠江口崖门出海航道骤淤分析 [R]．河海大学物理海洋研究所，2004.

[273] 包芸，唐元春．采用逐时递推同化技术修正伶仃洋外海边界水位 [J]．水动力学研究与进展（A辑），2005（1）：95-100.

[274] 冼剑民，王丽娃．明清珠江三角洲的围海造田与生态环境的变迁 [J]．学术论坛，2005（1）：123-127.

[275] 王树功，周永章，黎夏，等．干扰对河口湿地生态系统的影响分析 [J]．中山大学学报（自然科学版），2005（1）：107-111.

[276] 杨林．珠三角咸潮的形成机制及防范措施 [J]．宜春学院学报，2005（S1）：125-127.

[277] 张正栋．珠江河口地区可持续发展评价研究 [J]．地理科学，2005（1）：29-35.

[278] 何为，李春初．伶仃洋沉积动力特点及其水沙治导问题 [J]．人民珠江，2005（S1）：53-56.

[279] 于乐江，詹杰民．泥沙公式在伶仃洋的适应性研究 [J]．水动力学研究与进展（A辑），2005（S1）：901-909.

[280] 黎开志，周文浩，钱挹清，等．珠江磨刀门整治效果分析 [J]．人民珠江，2005（S1）：31-34.

[281] 沈汉堃，陈丽棠，黄希敏，等．伶仃洋潮流动力与湾口型态关系研究 [J]．人民珠江，2005（S1）：24-27

[282] 朱三华，徐欣，王贤平，等．不同差分格式对伶仃洋数值计算的影响分析 [J]．人民珠江，2005（S1）：38-40.

[283] 周文浩，欧志勇．20世纪90年代西北江三角洲水文情势变化原因分析 [J]．人民珠江，2005（S1）：50-52，73.

[284] 黎文波．浅谈抛石丁坝对洪奇门玉米地段岸坡的作用 [J]．广东水利水电，2005（S1）：41-60.

[285] 杨清书，麦碧娴，傅家谟，等．珠江干流河口水体有机氯农药的研究 [J]．中

国环境科学，2005 (S1)：47－51.

[286] 包芸，姚冬静．珠江网河二维水动力数值计算研究 [J]. 水动力学研究与进展 (A辑)，2005 (S1)：881－886.

[287] 钱挹清．珠江河口近期冲淤演变情势及对策 [J]. 人民珠江，2005 (S1)：45－49.

[288] 何为．伶仃洋河口湾的形态研究 [J]. 人民珠江，2005 (S1)：61－64.

[289] 石要红，曾宁烽，陈太浩，等．珠江口内伶仃岛以北水域海底工程地质条件评价 [J]. 地质通报，2005 (Z1)：178－185.

[290] 黄镇国，张伟强．珠江三角洲口门近期淤积及其对港口航道的影响 [J]. 地理与地理信息科学，2005 (1)：47－51.

[291] 黄伟民，杜文印，钟红伟．西江"94·6""98·6""05·6"暴雨洪水比较分析 [J]. 水科学与工程技术，2005 (S1)：32－35.

[292] 陈伟平．水泥稳定石屑基层在堤路结合道路上的应用 [J]. 广东水利水电，2005 (1)：20－22.

[293] 广东省水电设计院．珠江河口滩涂资源调查与演变分析遥感专题研究报告 [R]，2005.1.

[294] 李瑞杰，王昌杰，邵宇阳，等．珠江口崖门出海航道回淤分析 [J]. 中国港湾建设，2005 (2)：5－7.

[295] 胥加仕，罗承平．近年来珠江三角洲咸潮活动特点及重点研究领域探讨 [J]. 人民珠江，2005 (2)：21－23.

[296] 季晓云，张平．西江"05·06"特大暴雨洪水分析 [J]. 中山大学学报（自然科学版），2005 (S2)：266－268.

[297] 郑天祥．港珠澳大桥与中深大桥建设的必要性与功能互补性 [J]. 当代港澳，2005 (2)：28－29.

[298] 作者不详．广东整治崖门5000吨级出海航道 [J]. 广东交通，2005 (2)：20.

[299] 周瑛．浅谈东江下游及三角洲河段供水水源保证工程建设的必要性 [J]. 中山大学学报（自然科学版），2005 (S2)：254－257.

[300] 陈坚雄，王敏．高新技术在珠江调水压咸水文测验中的应用 [J]. 水利水文自动化，2005 (3)：52－54.

[301] 何克军，陈晓翔，何执谦，等．广东湿地资源及其分布特征研究 [J]. 生态科学，2005 (3)：207－211.

[302] 赖启宏，杜海燕，林杰藩，等．珠江三角洲冲积平原土壤氟高含量区形成原因 [J]. 第四纪研究，2005 (3)：370－375.

[303] 韩永伟，高吉喜，李政海，等．珠江三角洲海岸带主要生态环境问题及保护对策 [J]. 海洋开发与管理，2005 (3)：84－87.

[304] 贾建军，高抒，高建华，等．珠江口河流输沙、河口沉积与粒度信息之间的联系 [J]. 海洋科学进展，2005 (3)：297－304.

[305] 刘秋海，吴超羽．20世纪50年代珠江三角洲网河水动力特征分析 [J]. 水运

工程，2005 (3)：66-69.

[306] 王树功，黎夏，钟凯文，等．遥感与GIS技术在湿地定量研究中的应用趋势分析 [J]. 热带地理，2005 (3)：201-205.

[307] 陈燕群．应对珠江口咸潮的对策初探 [J]. 广西水利水电，2005 (3)：81-83.

[308] 黎开志．珠江磨刀门整治效果阶段分析 [J]. 人民珠江，2005 (3)：8-10，50.

[309] 广东省水利电力勘测设计研究院．广东省江河流域综合规划总报告 [R]，2005.3.

[310] 李远青．H-ADCP在珠江三角洲思贤滘测流中的应用 [J]. 佛山科学技术学院学报（自然科学版），2005 (3)：18-20.

[311] 江越进．水下模袋混凝土护岸在堤防应急除险工程中的应用 [J]. 甘肃水利水电技术，2005 (3)：269-270，308.

[312] 林煜安．软基上水闸施工回填方法 [J]. 广东水利水电，2005 (3)：75-77.

[313] 刘桂贻．顺德水道加村险段整治工程的设计与施工 [J]. 广东水利水电，2005 (4)：43-44.

[314] 梁向阳，梁家海，萧金文．珠江三角洲海岸变迁及对城市可持续发展的影响 [J]. 资源调查与环境，2005 (4)：283-291.

[315] 黄国平．浅谈佛山大堤路堤结合工程七标段地基处理方法 [J]. 广东水利水电，2005 (4)：41-42，44.

[316] 广东省水利水电科学研究院．珠江三角洲经济区外环公路江门至肇庆段高明河大桥防洪评价报告 [R]，2005.4.

[317] 广东省水利水电科学研究院．珠江三角洲经济区外环公路江门至肇庆段西江特大桥防洪评价报告 [R]，2005.4.

[318] 广东省水利水电科学研究院．北江干流（韶关—河口）河道采砂控制规划报告 [R]，2005.4.

[319] 黄镇国，张伟强．珠江三角洲河道近期冲淤特征初步分析 [J]. 台湾海峡，2005 (4)：417-425.

[320] 江璐明，张虹鸥，梁国昭．环珠江口与环东京湾地区产业发展及环境比较 [J]. 热带地理，2005 (4)：331-335，345.

[321] 张正栋，周永章，邓国军，等．珠江河口区可持续发展崭新模式——建设生态河口研究 [J]. 人文地理，2005 (4)：56-59，91.

[322] 包芸，来志刚，刘欢．珠江河口一维河网、三维河口湾水动力连接计算 [J]. 热带海洋学报，2005 (4)：67-72.

[323] 徐清扬，夏宇，蔡尚途，等．咸潮威胁珠三角 [J]. 瞭望新闻周刊，2005 (4)：30-31.

[324] 罗承平，朱士康．珠江水利规划体系初探 [J]. 人民珠江，2005 (4)：11-14.

[325] 唐兆民，包芸，任杰，等．珠江口虎门小尺度动力结构及凫洲水道对其影响的

数值研究 [J]. 中山大学学报（自然科学版），2005（5）：93-97.

[326] 张华庆，沈汉，陈丽棠，等. 珠江河口水沙数值模拟系统研究 [C] // 中国海洋工程学会. 第十二届中国海岸工程学术讨论会论文集，2005.

[327] 刘霞. 东江流域水资源承载力和工程设想分析 [J]. 中山大学学报论丛，2005（5）：283-285.

[328] 易越涛，刘玲华，田玉丽. 珠江"05·6"洪水灾情险情与抗洪抢险 [J]. 人民珠江，2005（5）：16-19，22.

[329] 何治波，胥加仕，王宏. 珠江"05·6"洪水的思考和建议 [J]. 人民珠江，2005（5）：20-22.

[330] 徐继荣，王友绍，殷建平，等. 珠江口入海河段DIN形态转化与硝化和反硝化作用 [J]. 环境科学学报，2005（5）：686-692.

[331] 叶林宜. 海平面上升对珠江三角洲潮区水利工程和咸潮的影响分析 [J]. 人民珠江，2005（5）：43-46.

[332] 水利部珠江水利委员会. 珠江河口综合治理规划纲要 [R]，2005.6.

[333] 易小兵，李春初. 珠江河口滩涂类型及其保护利用与管理问题 [C] // 中国水利学会滩涂湿地保护与利用专业委员会. 中国水利学会滩涂湿地保护与利用专委会2005学术年会论文集，2005.

[334] 王兆印，程东升，刘成. 人类活动对典型三角洲演变的影响——Ⅰ长江和珠江三角洲 [J]. 泥沙研究，2005（6）：78-83.

[335] 黄镇国，张伟强. 珠江河口磨刀门的整治与地貌演变 [J]. 地理与地理信息科学，2005（6）：61-65，73.

[336] 丁坚，陶爱峰，王昌杰. 珠江口崖门出海航道骤淤分析 [J]. 水利水电科技进展，2005（6）：41-45.

[337] 丁坚，李瑞杰，陶爱峰. 黄茅海潮流波浪计算分析 [J]. 河海大学学报（自然科学版），2005（6）：103-106.

[338] 黄俊龙. 伶仃洋横门口整治开发对河势发展影响分析 [J]. 广东水利水电，2005（6）：26-28.

[339] 吴亚帝，闻平. 近年来珠江三角洲咸潮入侵加强原因及对策探讨 [C] //中国水利学会. 中国水利学会2005学术年会论文集——水环境保护及生态修复的研究与实践，2005.

[340] 罗琳，李适宇，厉红梅. 夏季珠江口水域溶解氧的特征及影响因素 [J]. 中山大学学报（自然科学版），2005（6）：118-122.

[341] 许祥向，丁晓瑛，余顺超，等. 珠江口伶仃洋整治开发对河势发展影响分析 [C] // 中国海洋工程学会. 第十二届中国海岸工程学术讨论会论文集，2005.

[342] 包芸，任杰. 伶仃洋盐度高度层化现象及盐度锋面的研究 [J]. 水动力学研究与进展（A辑），2005（6）：689-693.

[343] 梁志鸿. 景丰联围加固工程堤防渗流控制设计 [J]. 中国农村水利水电，2005（6）：84-85，88.

[344] 中水珠江规划勘测设计有限公司．西江、北江三角洲主要河汊设计分流比计算报告［R］，2005.6.

[345] 支兵发．影响珠江三角洲可持续城市化的若干环境地质问题［J］．地质通报，2005（6）.

[346] 林超明，周琼，罗召平．堤防应力、变形及稳定分析——以劳龙虎水道航道整治工程为例［J］．水运工程，2005（6）：110-112，124.

[347] 吴宏中．顺德水道桥梁净空研究［J］．珠江水运，2005（7）：47-48.

[348] 包芸，马岳雄，姚冬静．珠江网河广州区域二维水动力计算［C］//中国力学学会，《水动力学研究与进展》编委会，中国造船工程学会，哈尔滨工程大学，黑龙江省造船工程学会．第七届全国水动力学学术会议暨第十九届全国水动力学研讨会文集（下册），2005.

[349] 上海航道勘测设计研究院．崖门水道航道整治工程可行性研究报告（征求意见稿）［R］，2005.8.

[350] 陈小文．河口滩涂可持续发展管理模式的探讨［C］// 中国水利学会滩涂湿地保护与利用专业委员会．中国水利学会滩涂湿地保护与利用专委会2005学术年会论文集，2005.

[351] 广东省水利水电科学研究院．广州市南沙区小虎沥水道整治工程防洪评价报告［R］，2005.8.

[352] 河海大学．崖门水道航道整治工程可行性研究数学模型专题报告［R］，2005.8.

[353] 杨莉玲，徐峰俊，王运洪，等．潮汐河网地区一维、二维水流、盐度耦合模型研究［C］// 中国力学学会，《水动力学研究与进展》编委会，中国造船工程学会，哈尔滨工程大学，黑龙江省造船工程学会．第七届全国水动力学学术会议暨第十九届全国水动力学研讨会文集（下册），2005.

[354] 陆永军，贾良文，莫思平，等．人类活动引起复杂河网区主要水道低水位变化研究［C］// 中国海洋工程学会．第十二届中国海岸工程学术讨论会论文集，2005.

[355] 黄智敏，何小惠，倪培桐．大汾北水道大桥防洪影响数值计算和研究［C］//中国力学学会，《水动力学研究与进展》编委会，中国造船工程学会，哈尔滨工程大学，黑龙江省造船工程学会．第七届全国水动力学学术会议暨第十九届全国水动力学研讨会文集（上册），2005.

[356] 黄东，张政，赖冠文，等．佛山中油高富码头工程行洪影响评价［C］// 中国力学学会，《水动力学研究与进展》编委会，中国造船工程学会，哈尔滨工程大学，黑龙江省造船工程学会．第七届全国水动力学学术会议暨第十九届全国水动力学研讨会文集（下册），2005.

[357] 广东省水利水电科学研究院．珠江三角洲经济区外环公路江门至肇庆段绥江大桥防洪评价报告［R］，2005.8.

[358] 范浩．整治珠江虎门大桥水域船舶通航秩序［J］．水运管理，2005（8）：36

-38.

[359] 广东省水电设计院. 广东省中顺大围达标加固工程可行性研究征地移民专题报告 [R], 2005.8.

[360] 黄东, 郑国栋, 徐林春, 等. 同舟码头工程行洪纳潮影响计算和评价 [J]. 中国农村水利水电, 2005 (9): 42-43, 45.

[361] 陈燕群. 咸潮对策初探 [J]. 水利天地, 2005 (9): 38-39.

[362] 曾永容. 不完全对孔布置的两桥对桥区通航条件的影响及安全保障研究——以广州地铁四号线跨市桥水道大桥为例 [J]. 珠江水运, 2005 (9): 24-25.

[363] 林卫东, 王辉, 杨利军, 等. 浅议软土地基中的堤防工程设计 [J]. 河南水利, 2005 (9): 28-29.

[364] 广东省水利水电科学研究院. 佛山市北滘—均安公路主干线跨顺德水道黄麻涌特大桥工程防洪评价报告 [R], 2005.10.

[365] 广东省水利水电科学研究院. 佛山市禅西大道跨潭洲水道石湾特大桥工程防洪评价报告 [R], 2005.10.

[366] 广东省水利水电科学研究院. 广东省西江 (界道—肇庆) 航道整治工程防洪评价报告 [R], 2005.11.

[367] 广东省水文局肇庆分局. 西江干流张良河段流量测验成果报告书 [R], 2005.12.

[368] 广东省水利水电科学研究院. 植物消浪护岸试验研究 [R], 2005.12.

[369] 王树功. 珠江河口区典型湿地景观演变及调控研究 [D]. 中山大学, 2005.

[370] 马毅. 广东省防潮警戒水位核定研究 [D]. 中国海洋大学, 2005.

[371] 作者不详. 东莞市虎门港岸线规划利用总体方案对珠江河口泄洪与河势稳定影响论证报告 [R], 2005.

[372] 王岭. 珠江三角洲地区大面积软土地基处理方法的研究 [D]. 广州: 广东工业大学, 2005.

[373] 宋爱群. 大藤峡水利枢纽防洪库容规模论证 [D]. 南京: 河海大学, 2005.

[374] 韦绍文. 珠江三角洲航道裁弯切嘴筑堤软基处理技术研究 [D]. 南京: 河海大学, 2005.

[375] 张大伟. 分汊河道实时洪水预报方法研究及应用 [D]. 南京: 河海大学, 2005.

[376] 徐峰俊, 等. 港珠澳大桥工程防洪论证专题研究报告 (方案初步比选阶段) [R]. 广州: 珠江水利委员会珠江水利科学研究院, 2005.

[377] 何晓媛, 石金辉, 辛海虹, 等. 珠江口八大口门入海油类污染物的动态变化 [J]. 中国科技信息, 2005 (21): 84-85.

[378] 岳中明. 全面落实科学发展观 切实做好"十一五"珠江水利工作——在珠江委 2006 年工作会议上的报告 [J]. 人民珠江, 2006 (1): 1-5.

[379] 石要红, 曾宁烽, 马胜中, 等. 珠江口伶仃洋海底工程地质条件评价 [C] // 中国地质学会海洋地质专业委员会, 中国海洋学会海洋地质分会. 海洋地质、

矿产资源与环境学术研讨会论文摘要集，2006.

[380] 刘雄．珠江口西部河口类型与水文特点简述［C］// 中国地质学会海洋地质专业委员会，中国海洋学会海洋地质分会．海洋地质、矿产资源与环境学术研讨会论文摘要集，2006.

[381] 张乔民，王平，王文介，等．珠江河口水域的海沙资源［C］//中国地质学会海洋地质专业委员会，中国海洋学会海洋地质分会．海洋地质、矿产资源与环境学术研讨会论文摘要集，2006.

[382] 任杰．珠江口虎门射流动力特征初探［C］//中国海洋学会，中国海洋湖沼学会海岸河口分会．第九届全国河口海岸学术研讨会论文（摘要）集，2006.

[383] 贾良文，吴超羽，任杰，等．珠江口磨刀门枯季水文特征及河口动力过程［J］. 水科学进展，2006（1）：82-88.

[384] 王艺．2006年珠江压咸补淡应急调水综述［J］. 人民珠江，2006（1）：6，71-72.

[385] 汤超莲，郑兆勇，游大伟，等．珠江口近30a的SST变化特征分析［J］. 台湾海峡，2006（1）：96-101.

[386] 广东省水利水电科学研究院．顺德水道航道整治工程水土保持方案报告书［R］，2006.1.

[387] 庄儒仲．珠江三角洲内河航道重点建设16个项目［J］. 珠江水运，2006（1）：25.

[388] 邓芬．桑园围——珠江三角洲最大的堤围工程［J］. 农业考古，2006（1）：150-155.

[389] 王盛．鸡啼门西滩东大堤工程设计研究［J］. 广东水利水电，2006（S1）：51-53.

[390] 赖国友，郑悦华，王小丹．设引桥的墩式码头建设对附近水域流态影响分析［J］. 广东水利水电，2006（S1）：65-66.

[391] 杨彩燕，张鸿雁．珠三角河口地区填海造地的思路与方法［J］. 水运工程，2006（S1）：51-52，67.

[392] 陈海全，仝伟，周作付．试论疏浚整治航道对增加河道行洪能力的作用［J］. 珠江水运，2006（S1）：139-142.

[393] 徐民．珠江三角洲网河区占用河滩对洪水水情变异影响浅析［J］. 广东水利水电，2006（S1）：60-61，68.

[394] 张兆华，杨滨，唐僦泽．珠江三角洲内河地区电厂采用自卸船码头方案的探讨［J］. 水运工程，2006（S1）：89-91.

[395] 佘有贵，吴伟强．西江流域“2005·06”特大暴雨洪水分析［J］. 水文，2006（2）：87-90.

[396] 沈汉堃，刘建业，谌晓东，等．珠江出海口门泄洪形势分析［J］. 人民珠江，2006（2）：10-12.

[397] 贾良文，吴超羽，任杰．珠江口磨刀门河口动力平衡特点及人类活动对其影响

[J]. 海洋工程，2006 (2)：53－60.

[398] 陈丽棠. 珠江三角洲防洪（潮）减灾对策研究 [J]. 人民珠江，2006 (2)：8－9，19.

[399] 吴建新. 明清珠江三角洲城镇的水环境 [J]. 华南农业大学学报（社会科学版），2006 (2)：133－141.

[400] 耿艳芬，王志力，金生. 河网洪水预报径向基函数人工神经网络方法 [J]. 大连理工大学学报，2006 (2)：267－271.

[401] 唐富满，周兴梁. 试论珠江三角洲的围董及围董会 [J]. 中山大学学报（社会科学版），2006 (2)：56－60，125.

[402] 广东省水利水电科学研究院. 白坭水道航道整治工程水土保持方案报告书 [R]，2006.2.

[403] 谢淑琴. 珠江流域防洪目标与防洪工程总体布局 [J]. 人民珠江，2006 (2)：4－5，12.

[404] 余卫真. 控制填土速率在软土地基堤防加固中的应用 [J]. 甘肃水利水电技术，2006 (2)：151－152，156.

[405] 郑康平，陈小文. 对加强我省滩涂管理的几点认识 [J]. 广东水利电力职业技术学院学报，2006 (3)：45－46，54.

[406] 韩秋影，黄小平，施平，等. 华南滨海湿地的退化趋势、原因及保护对策 [J]. 科学通报，2006 (S3)：102－107.

[407] 刘杰晓，陈小南，梁桁. 珠江三角洲集装箱码头的布局规划探讨 [J]. 现代交通技术，2006 (3)：75－78.

[408] 陈红梅. 佛山水道水流水质模型研究与应用 [J]. 广东水利电力职业技术学院学报，2006 (3)：32－35.

[409] 廖梓瑾. 珠江河口整治工程的生态影响浅析 [J]. 广东水利水电，2006 (3)：39－40，44.

[410] 任杰，吴超羽，包芸. 珠江虎门口动力结构研究 [J]. 中山大学学报（自然科学版），2006 (3)：105－109.

[411] 闻平，杨晓灵. 2004—2005 年冬春珠江三角洲咸潮预警的评价分析 [J]. 人民珠江，2006 (3)：10－12，47.

[412] 李未，王如云，卢长娜，等. 神经网络在珠江口风暴潮预报中的应用 [J]. 热带海洋学报，2006 (3)：10－13.

[413] 易小兵，王世俊，李春初. 珠江河口界面特征与河口管理理念 [C] //中国可持续发展研究会. 2006 年中国可持续发展论坛——中国可持续发展研究会 2006 学术年会经济高速增长与中国的资源环境问题专辑，2006.

[414] 王津，陈南，姚泊. 珠江三角洲咸潮影响因子及综合防治综述 [J]. 广东水利水电，2006 (4)：4－5，8.

[415] 沈鸿金. 2005 年珠江压咸补淡应急调水水文测验技术分析 [J]. 人民珠江，2006 (4)：4－6，17.

[416] 汪珊，孙继朝，张宏达，等．珠江三角洲环境有机污染现状与防治对策 [J]. 环境与可持续发展，2006 (4)：28-31.

[417] 林帼秀．珠江三角洲城市河流污染及修复维护对策研究 [J]. 水资源保护，2006 (4)：27-29，46.

[418] 黄成雄．深层搅拌法在佛山大堤路堤结合工程地基处理中的应用 [J]. 广东科技，2006 (4)：98-100.

[419] 香靖宇．西、北江三角洲主要河道枯季水量分配比初步探讨 [J]. 人民珠江，2006 (4)：48-50.

[420] 何孝俅，胡训润，范锦春，等．港珠澳大桥建设应开辟伶仃洋西滩泄洪排沙通道 [J]. 中国水利，2006 (4)：58-59.

[421] 刘俊勇，徐峰俊．广州港出海航道疏浚工程对珠江口水动力及河势稳定影响研究 [J]. 人民珠江，2006 (4)：11-14.

[422] 殷建平，王友绍，徐继荣，等．特大咸潮对珠江入海河段环境要素的影响 [J]. 热带海洋学报，2006 (4)：79-84.

[423] 杨曦．番禺浮运水闸设计 [J]. 人民珠江，2006 (4)：30-32，70.

[424] 陈绍新，陈海全．无序采砂对东江下游及三角洲地区水文特性影响分析 [J]. 广东水利水电，2006 (4)：57-59.

[425] 林敏，卢绍鸿．甘竹溪大桥高低塔单索面斜拉桥方案设计 [J]. 广东交通职业技术学院学报，2006 (4)：34-37.

[426] 江洧，韦永康，李毓湘，等．基于样条修正的河口动力问题大涡模拟模式 [J]. 水动力学研究与进展 (A 辑)，2006 (5)：613-618.

[427] 聂红海．西、北江下游流量测验与整编方法探究 [J]. 广东水利水电，2006 (5)：17-19，21.

[428] 黄镇国，张伟强．珠江三角洲治水方针的实施和发展 [J]. 地理与地理信息科学，2006 (5)：45-49.

[429] 周慧杰，吴良林．珠江三角洲咸潮灾害及防灾减灾对策 [C] //中国可持续发展研究会．2006 年中国可持续发展论坛——中国可持续发展研究会 2006 学术年会经济高速增长与中国的资源环境问题专辑，2006.

[430] 黄金平，程东升，邓家泉，等．东江流域气候分析 [J]. 人民珠江，2006 (5)：48-52.

[431] 李志敏．H-ADCP 在线测流系统在思贤滘的应用研究 [J]. 广东水利水电，2006 (5)：10-11，14.

[432] 范锦春．大藤峡水利枢纽对构建珠江防洪抗旱减灾体系的重要作用 [J]. 人民珠江，2006 (5)：35-37.

[433] 吕爱琴，杜文印．磨刀门水道咸潮上溯成因分析 [J]. 广东水利水电，2006 (5)：50-53.

[434] 吴超羽，任杰，包芸，等．珠江河口"门"的地貌动力学初探 [J]. 地理学报，2006 (5)：537-548.

[435] 水利部珠江水利委员会．保障澳门、珠海供水安全专项规划报告[R]，2006.5.

[436] 珠江水利委员会科学研究所．珠海高栏港航道泥沙回淤计算分析报告[R]，2006.6.

[437] 陶爱峰，邵宇阳，李瑞杰．黄茅海潮流场计算分析[J]．科技导报，2006(6)：42-44.

[438] 沈焕庭，胡刚．河口海岸侵蚀研究进展[J]．华东师范大学学报（自然科学版），2006(6)：1-8，2.

[439] 黄华，陈小文．珠江河口滩涂开发利用与保护规划[C]//中国水利学会，中国水利学会滩涂湿地保护与利用专业委员会．中国水利学会2006学术年会论文集（滩涂利用与生态保护），2006.

[440] 王秋生．珠江河口治理[J]．人民珠江，2006(6)：1-3，9.

[441] 罗宪林，季荣耀，杨利兵．珠江三角洲咸潮灾害主因分析[J]．自然灾害学报，2006(6)：146-148.

[442] 林志文．高压旋喷桩在海堤达标加固设计中的应用[J]．水利规划与设计，2006(6)：45-49.

[443] 邓小宁．对横门出海航道建立航标自动监测系统的思考[J]．珠江水运，2006(6)：25-26.

[444] 马磊．GPS技术在崖门5000t级出海航道疏浚工程中的应用[J]．水运工程，2006(7)：44-45.

[445] 林超明，罗敬思．劳龙虎水道航道整治工程设计[J]．水运工程，2006(7)：40-43.

[446] 黄俊龙，王伟．珠江河口整治临时反滤施工技术研究[J]．西部探矿工程，2006(7)：256-257.

[447] 李莉．三角洲网河区排涝规划的外江水位分析[J]．水利科技与经济，2006(7)：423-424.

[448] 黄桂林，何平，侯盟．中国河口湿地研究现状及展望[J]．应用生态学报，2006(9)：1751-1756.

[449] 廖伟权．应用二维模型对壅水计算的探讨[J]．东北水利水电，2006(10)：7-8，71.

[450] 珠江水利委员会珠江水利科学研究院．中山港二期扩建工程潮流泥沙回淤分析研究报告[R]，2006.10.

[451] 长江委水文局长江下游水文水资源勘测局．横门出海航道观测冲淤分析报告[R]，2006.10.

[452] 谢辉，高燕成，杨金顺．抗地下水侵蚀水泥搅拌桩的工程应用[J]．治淮，2006(10)：39-40.

[453] 广东省珠江河口管理局．磨刀门河口河床与拦门沙演变研究[R]，2006.12.

[454] Zong Y., Lloyd J. M., Leng M. J., et al. Reconstruction of Holocene monsoon

history from the Pearl River Estuary, southern China, using diatoms and carbon isotope ratios [J]. The Holocene, 2006, 16 (2): 251 - 263.

[455] 何建明．潮涌伶仃洋——中山市实施东部发展战略纪实 [J]. 中国作家，2006 (17)：126 - 163.

[456] 吴超羽，任杰，包芸，等．珠江河口门的地貌动力学初探 [C] //中国海洋学会，中国海洋湖沼学会海岸河口分会．第九届全国河口海岸学术研讨会论文（摘要）集，2006.

[457] 李桂生．试论港珠澳大桥对珠江三角洲西岸的影响 [J]. 中国市场，2006 (25)：63 - 66.

[458] Ericson J. P., Vörösmarty C. J., Dingman S. L., et al. Effective sea - level rise and deltas: Causes of change and human dimension implications [J]. Global and Planetary Change, 2006, 50: 63 - 82.

[459] 张凌．珠江口及近海沉积有机质的分布、来源及其早期成岩作用研究 [D]. 北京：中国科学院研究生院（广州地球化学研究所），2006.

[460] 崔敏．珠江口大型深水港开发利用研究 [D]. 南京：河海大学，2006.

[461] 庞海龙．珠江冲淡水扩散路径分析 [D]. 青岛：中国海洋大学，2006.

[462] 王伟．基于可持续发展的珠江河口治理研究 [D]. 南京：河海大学，2006.

[463] 李平日．华南沿海地理环境变化对人类活动斩影响 [M] //岭南考古研究．香港：香港考古学会出版，2006.

[464] 吴自军．沉积物甲烷厌氧氧化——从珠江河口至南海 [D]. 北京：中国科学院研究生院（广州地球化学研究所），2006.

[465] 广东省水文局、河海大学．西江洪水预报研究 [R]，2006.

[466] 蔡伟叙．疏浚物的长期倾倒对珠江口内伶仃岛东南倾倒区的影响研究 [D]. 青岛：中国海洋大学，2006.

[467] 珠江水利委员会．珠江河口河海划界研究 [R]，2006.

[468] 彭冰，杜闽，徐占华．基于 GIS 的海岸带管理信息系统开发 [J]. 地理空间信息，2007 (1)：84 - 86.

[469] 段黎星．珠江河口治理战略框架研究 [J]. 人民珠江，2007 (1)：7 - 9，34.

[470] 刘宁．我国河口治理现状与展望 [J]. 中国水利，2007 (1)：34 - 38.

[471] 吕海滨，吴超羽，任杰，等．四十年来磨刀门河口水动力对地形的响应 [J]. 海洋通报，2007 (1)：20 - 27.

[472] 窦希萍，罗肇森．潮汐河口治理研究 [J]. 中国水利，2007 (1)：39 - 42.

[473] 赖国友，张蕾．EBM 综合糙率计算法在洪水过程模拟的应用 [J]. 东北水利水电，2007 (1)：1 - 2，71.

[474] 余锦杰．浅析东平水道提高通航等级的必要性和可行性 [J]. 珠江水运，2007 (1)：51 - 53.

[475] 童娟．珠江流域概况及水文特性分析 [J]. 水利科技与经济，2007 (1)：31 - 33.

[476] 张永领，高全洲，黄夏坤，等．西江溶解有机碳的输送对典型洪水过程的响应[J]．环境科学学报，2007（1）：143-150.

[477] 林文实，李开明，王雪梅，等．珠江口及近海海域干湿沉降的监测［C］//中国气象学会．中国气象学会2007年年会大气成分观测、研究与预报分会场论文集，2007.

[478] 张俊香，李平日，等．基于信息扩散理论的中国沿海特大台风暴潮灾害风险分析［J］．热带地理，2007（1）.

[479] 广东省水电设计院．珠江河口整治近期防洪实施工程一期工程可行性研究报告[R]，2007.1.

[480] 李志龙，陈子燊．广东海平面变化趋势与海平面上升对水位极值分布推算的影响［C］//中国海洋湖沼学会．中国海洋湖沼学会第九次全国会员代表大会暨学术研讨会论文摘要汇编，2007.

[481] 王兴华．陈村水道航道整治工程综述［J］．中国水运（学术版），2007（1）：106-107.

[482] 刘俊勇，陈军，朱秋菊．取水工程对河道通航影响数学模型研究［J］．人民珠江，2007（2）：6-8，31.

[483] 唐兆民，倪培桐，任杰，等．珠江河口虎门的地貌动力学研究［J］．热带海洋学报，2007（2）：34-37.

[484] 谢智敏．甘竹溪特大桥主桥设计［J］．广东公路交通，2007（2）：9-12.

[485] 王世俊，黄胜伟，王华，等．珠江河网分形机理研究［J］．热带地理，2007（2）：111-114，138.

[486] 商良．樵桑联围丹灶险段水下抛石护岸施工及质量控制［J］．人民珠江，2007（2）：43-44，47.

[487] 周斌，张继周，周然．铜鼓航道建设对珠江口中华白海豚自然保护区的环境影响研究［J］．海洋技术，2007（2）：38-41.

[488] 王树功，黎夏，刘凯，等．环内伶仃洋河口湾湿地动态变化（1988—2004）[J]．中山大学学报（自然科学版），2007（2）：105-109.

[489] 马骁轩，冉勇，孙可，等．珠江水系两条重要河流水体中悬浮颗粒物的有机污染物含量［J］．生态环境，2007（2）：378-383.

[490] 贾培宏，夏真，朱大奎，等．珠江口内伶仃洋沿岸土地利用动态分析［J］．海洋通报，2007（3）：66-71.

[491] 赵铁虎，张训华，王修田，等．广东珠江口—东平近海浅地层剖面的声学特征及地质意义［J］．物探化探计算技术，2007（3）：183-188，177.

[492] 蒋陈娟．珠江三角洲网河潮汐空间特征［J］．中山大学研究生学刊（自然科学、医学版），2007（3）：78-90.

[493] 作者不详．珠江河口防咸防潮试验大厅工程可行性研究报告（代项目建议书）审查会在京召开［J］．珠江现代建设，2007（3）：10.

[494] 赖鸣书．石渣护底在沙质河床筑坝工程的应用［J］．珠江水运，2007（3）：23

-24.

[495] 蒋陈娟．珠江三角洲网河潮汐空间特征［J］．中山大学研究生学刊（自然科学、医学版），2007（3）：78-90.

[496] 包芸，刘欢．风暴潮极值状态下珠江河网白坭水道内的不稳定流动［J］．大连大学学报，2007（3）：22-27.

[497] 广东省水电设计院．广东省中顺大围应急项目拱北水闸重建工程可行性研究报告［R］，2007.3.

[498] 广东省水电设计院．广东省中顺大围应急项目麻子涌水闸重建工程可行性研究报告［R］，2007.3.

[499] 广东省水电设计院．广东省中顺大围应急项目铺锦水闸重建工程初步设计报告［R］，2007.3.

[500] 广东省水电设计院．广东省中顺大围应急项目西河水闸重建工程初步设计报告［R］，2007.3.

[501] 江宇，刘小丽．港珠澳大桥建设对泛珠三角发展的社会经济影响［J］．中国国情国力，2007（4）：62-64.

[502] 张锦汉，林晓新．港珠澳大桥施工期间水上交通安全预测与防控［J］．商品储运与养护，2007（4）：127-129.

[503] 莫思平，季荣耀，辛文杰，等．伶仃洋出海航道浮泥形成机制与分布特征［J］．海洋工程，2007（4）：33-38.

[504] 徐海亮．西江流域洪水灾害和水文变异分析［J］．人民珠江，2007（4）：42-46.

[505] 贾良文，吴超羽．磨刀门河口近期水文动力变化及人类活动对其影响研究［J］．海洋工程，2007（4）：46-53.

[506] 毛革．珠江流域防洪规划概要［J］．人民珠江，2007（4）：10-13.

[507] 沈汉堃，谌晓东，喻丰华．珠江流域防洪规划中有关新技术的应用［J］．人民珠江，2007（4）：17-19，28.

[508] 龙江，李适宇．珠江河口水动力一维、二维联解的有限元计算方法［J］．水动力学研究与进展 A 辑，2007（4）：512-519.

[509] 水利部珠江水利委员会．珠江流域防洪规划［R］，2007.4.

[510] 莫思平，李越，卢素兰．广州水道咸潮影响因素分析［J］．水利水运工程学报，2007（4）：36-42.

[511] 聂红海．过量采砂对东江下游及其三角洲水文水资源的影响与对策［J］．人民珠江，2007（4）：82-84.

[512] 佘有贵，谢宏旭．上世纪 90 年代以来珠江水情新特点［J］．人民珠江，2007（4）：23-25.

[513] 韩长峰．GPS 定位系统在景丰联围控制测量中的应用［J］．广东水利水电，2007（4）：25-27，30.

[514] 沈汉堃，朱三华，谢淑琴，等．珠江三角洲咸潮治理研究［J］．珠江现代建设，

2007 (4): 6-9.

[515] 姚章民，钱燕．珠江重点区域干旱特征指标的初步分析研究 [J]. 人民珠江，2007 (5): 7-8, 52.

[516] 何用，徐峰俊．珠江洲头嘴河段过江隧道工程极限冲刷模拟研究 [J]. 人民珠江，2007 (5): 32-36.

[517] 刘俊勇，陈军．广州后航道某污泥处理码头工程防洪影响分析与评价 [J]. 人民珠江，2007 (5): 70-73.

[518] 包芸，刘欢．二维水动力数值模型在珠江河口整体水动力模拟中的应用 [C] // 中国海洋学会海洋工程分会．第十三届中国海洋（岸）工程学术讨论会论文集，2007.

[519] 刘兆衡，刘文宁，李震．河口治理的技术经济意义浅析 [J]. 水利经济，2007 (5): 64-67, 78.

[520] 刘欢，包芸．珠江口虎门底边界层湍流结构观测分析 [C] // 中国海洋学会海洋工程分会．第十三届中国海洋（岸）工程学术讨论会论文集，2007.

[521] 吴超羽，何志刚，任杰，等．珠江三角洲中部子平原形成演变机理研究——以大鳌平原为例 [J]. 第四纪研究，2007 (5): 814-827.

[522] 李向阳，林木隆，杨明海．健康珠江的内涵 [J]. 人民珠江，2007 (5): 1-3.

[523] 戴仕宝，杨世伦，蔡爱民．51年来珠江流域输沙量的变化 [J]. 地理学报，2007 (5): 545-554.

[524] 杨茜．珠江流域的堤围修筑 [J]. 珠江水运，2007 (6): 48.

[525] 唐诚，周蒂，詹文欢，等．晚更新世珠江口埋藏古河道沉积过程研究 [C] // 中国地质学会工程地质专业委员会．中国地质学会工程地质专业委员会2007年学术年会暨“生态环境脆弱区工程地质”学术论坛论文集，2007.

[526] 龙江，李适宇．有限元联解方法在珠江河口水动力研究中的应用 [J]. 海洋学报（中文版），2007 (6): 10-14.

[527] 包芸，黄涛．珠江河口二维水动力整体数值模拟计算 [C] //中国海洋学会，广东海洋大学．中国海洋学会2007年学术年会论文集（下册），2007.

[528] 朱三华，沈汉堃，林焕新，等．珠江三角洲咸潮活动规律研究 [J]. 珠江现代建设，2007 (6): 1-7.

[529] 刘斌，闻平，翁士创．珠江三角洲咸潮预测预报技术及应用 [C] // 中国水利学会青年科技工作委员会．中国水利学会第三届青年科技论坛论文集，2007.

[530] 包芸，戚志明．二维水动力数值模型 ccost-2d 及在珠江河口整体水动力模拟中的应用 [C] //第二十届全国水动力学研讨会文集．上海：《水动力学研究与进展》杂志社，2007.

[531] 杨卫军，郭珊，黄伟杰．虎门港淡水河进港航道工程水流泥沙试验探讨 [J]. 珠江水运，2007 (7): 51-53.

[532] 姚铭，凌峰，李鲁健，等．珠江三角洲城郊河涌综合整治工程实践研究 [J].

中国农村水利水电，2007（7）：88-91.

[533] 广东省水利水电科学研究院．珠江口河网、河口区水文资料收集及模型测算与地形数字化专题报告[R]，2007.7.

[534] 蔡立梅，周永章，石丙飞，等．珠江三角洲人为地质灾害链主要类型和特征分析[C]//中国可持续发展研究会．2007中国可持续发展论坛暨中国可持续发展学术年会论文集（2），2007.

[535] 李水新．磨刀门航道整治设计水位计算的探讨[J]．珠江水运，2007（8）：39-40.

[536] 广东省水电设计院．江新联围除险加固应急项目龙泉及三江口水闸工程可研报告[R]，2007.8.

[537] 徐峰俊．港珠澳大桥工程对珠江口防洪影响论证报告（三地三检方案）[R]．广州：珠江水利委员会珠江水利科学研究院，2007.9.

[538] 水利部珠江水利委员会．2007—2008年度珠江枯水期水量调度方案[R]，2007.10.

[539] 李瑞杰，严以新，邵宇阳，等．极端水文条件下黄茅海流场计算分析[J]．海洋科学，2007（10）：29-35.

[540] 广东省水利水电科学研究院．北江及珠江三角洲防洪调度应用系统研究报告[R]，2007.10.

[541] 莫继凌．模袋混凝土技术在景丰联围加固工程中的应用[J]．吉林水利，2007（10）：36-38.

[542] 广东省水电设计院．广东省中顺大围应急项目拱北水闸重建工程可行性研究报告[R]，2007.10.

[543] 张俊广．珠江三角洲内河码头前沿线影响因素分析[J]．中国水运（理论版），2007（10）：19-20.

[544] 刘怀湘，王兆印．典型河网形态特征与分布[J]．水利学报，2007（11）：1354-1357.

[545] 李志敏．指标流速法在珠江三角洲的应用[J]．中国水利，2007（11）：68-69.

[546] 沈汉堃，谌晓东．珠江河口泄洪整治工程方案研究[J]．中国水利，2007（11）：35-37.

[547] 颜莉虹．闽南金三角与珠三角、长三角经济发展比较研究——基于1985—2005年的经济统计数据[J]．福建论坛（社科教育版），2007（12）：120-125.

[548] 广东省水利水电科学研究院．珠江河口河砂可采区2008年度开采计划[R]，2007.12.

[549] 黄彦，王晓凤，黄敏能．复合土工布管袋软体排块石压重在珠江河口险段的应用[J]．中国科技信息，2007（14）：51-55.

[550] 杨勇翔．甘竹溪大桥索塔锚固区环向预应力设计[J]．山西建筑，2007（23）：338-340.

[551] 岳中明. 建设绿色珠江为流域经济社会发展提供支撑 [J]. 中国水利, 2007 (24): 66-68.

[552] Luo X. L., Zeng E. Y., Ji R. Y., et al. Effects of in-channel sand excavation on the hydrology of the Pearl River Delta, China [J]. Journal of Hydrology, 2007, 343 (3-4): 230-239.

[553] Weng Q. H.. A historical perspective of river basin management in the Pearl River Delta of China [J]. Journal of Environmental Management, 2007, 85 (4): 1048-1062.

[554] 王训明. 人工挖沙对珠江三角洲水情的影响研究 [D]. 南京: 河海大学, 2007.

[555] 刘志明. 长短搅拌桩复合地基的试验研究及数值模拟 [D]. 长沙: 中南大学, 2007.

[556] 谢林伸. 河道采砂对珠江三角洲河网水质影响数值模拟 [D]. 南京: 河海大学, 2007.

[557] 高凡. 珠江三角洲地区城市水环境生态安全评价研究 [D]. 北京: 中国科学院研究生院 (广州地球化学研究所), 2007.

[558] 徐维海. 典型抗生素类药物在珠江三角洲水环境中的分布、行为与归宿 [D]. 北京: 中国科学院研究生院 (广州地球化学研究所), 2007.

[559] 李成钢. 南海北部珠江口近海地质风险 [D]. 北京: 中国科学院研究生院 (海洋研究所), 2007.

[560] 冼剑民, 王丽娃. 明清珠江三角洲的围海造田与生态环境的变迁 [J]. 学术论坛. 2005 (1): 123-127.

[561] 杨树森, 韩西军. 广州港伶仃航道三期工程项目伶仃洋海域现场勘测资料成果汇编 [R]. 天津: 交通部天津水运工程科学研究所, 2007.

[562] 唐洪武, 丁兵, 杨明远. 河口治导线放宽率的确定 [J]. 水利学报, 2008 (1): 59-65.

[563] 徐志良. 论珠江口河海联管机制建立的客观依据与对策 [J]. 海洋开发与管理, 2008 (1): 16-20.

[564] 汪明华. 珠江片水利工程建设管理的思考与探索 [J]. 人民珠江, 2008 (1): 1-2, 9.

[565] 黄玉辉. 磨刀门大桥预制场出梁系统平车的设计与应用 [J]. 建材与装饰 (下旬刊), 2008 (1): 126-127.

[566] 李勇, 张晓健, 陈超. 东江流域咸潮对饮用水处理工艺的影响及对策 [J]. 中国建设信息 (水工业市场), 2008 (1): 33-36.

[567] 朱雅敏, 陈子燊. 珠江口内伶仃洋河口湾盐度输运机理 [J]. 海洋通报, 2008 (1): 29-34.

[568] 莫思平, 辛文杰, 应强. 广州港深水出海航道伶仃航段回淤规律分析 [J]. 水利水运工程学报, 2008 (1): 42-46.

[569] 季荣耀，陆永军，左利钦．人类活动影响下的东江下游博罗浅滩河段航道整治[J]．水利水运工程学报，2008 (1)：20-27.

[570] 叶林宜．雁洲水闸在市桥河防洪潮、治涝的作用和效果 [J]．珠江现代建设，2008 (1)：6-10.

[571] 闫肯宏．泥水盾构超长距离掘进的盾尾选型技术 [J]．铁道建筑技术，2008 (1)：36-38.

[572] 吴伟强．2006-2007 年珠江水雨情及咸情分析 [J]．人民珠江，2008 (1)：32-34，58.

[573] 幸红．对珠江流域水资源管理体制及机制的思考 [J]．人民珠江，2008 (1)：3-6.

[574] 洪开荣，杜闯东，王坤．广深港高速铁路狮子洋水下盾构隧道修建技术 [J]．现代隧道技术，2008 (S1)：312-316.

[575] 姚章民．珠江流域“2005·06”暴雨洪水的特点与警示 [J]．水利水电快报，2008 (S1)：68-69，74.

[576] 钟伟强，唐造造，陈灿辉．西江金鱼沙游艇码头工程防洪影响分析 [J]．红水河，2008 (2)：44-47.

[577] 刘欢，吴超羽，包芸，等．一次东北季风过程下珠江口磨刀门河口环流研究[J]．海洋工程，2008 (2)：102-111.

[578] 柳喜军．思贤滘过滘流量分析研究．人民珠江 [J]，2008 (2)：36-39.

[579] 钟伟强，唐造造，陈灿辉．西江金鱼沙游艇码头工程防洪影响分析 [J]．红水河，2008 (2)：44-47.

[580] 刘建业，赵旭升，邓军涛，等．2007—2008 年珠江枯季水量调度系统 [J]．人民珠江，2008 (2)：7-11.

[581] 支兵发．珠江三角洲经济区海岸变迁的生态地质环境效应 [J]．资源环境与工程，2008 (2)：200-204.

[582] 夏真，马胜中，梁开，等．珠江口伶仃洋海底沉积 [J]．海洋地质与第四纪地质，2008 (2)：7-13.

[583] 向安强．技术与社会：环珠江口先秦手工业史的综合考察 [J]．华南农业大学学报（社会科学版），2008 (2)：132-140.

[584] 刘杰斌，包芸．磨刀门水道枯季盐水入侵咸界运动规律研究 [J]．中山大学学报（自然科学版），2008 (S2)：122-125.

[585] 王世俊，易小兵，李春初．磨刀门河口水沙变化与地貌响应 [J]．海洋工程，2008 (3)：51-57.

[586] 何慎术，钱海强．磨刀门水道咸潮入侵规律及影响因素初步分析 [J]．人民珠江，2008 (3)：18-21，38.

[587] 梁海涛，黄剑威，黄兆玮．珠江三角洲河道岸线存在问题及解决思路 [J]．广东水利电力职业技术学院学报，2008 (3)：52-55.

[588] 任镇寰，孙崇赤，黄剑涛，等．滨海断裂带珠江口段的重磁资料解释 [J]．海

洋地质与第四纪地质，2008（3）：61－66.

[589] 尹刚乾，汤学峰．磨刀门水道水平定向钻穿越施工技术［C］//中国非开挖技术协会（China Society for Trenchless Technology）．2008非开挖技术会议论文专辑，2008.

[590] 朱继伟．广州港南沙港区二期工程深基床爆破夯实效果分析［J］．海岸工程，2008（3）：72－76.

[591] 刘金生．中山小榄水道特大桥三角刚架施工支架应力监测［J］．广州建筑，2008（3）：35－37.

[592] 珠江水利委员会水文局．2007—2008年枯水期珠江水量统一调度水文测验成果报告［R］，2008.3.

[593] 何用，胡晓张，孙倩文．从"2005·6"洪水看珠江河口水沙输移［J］．人民珠江，2008（3）：10－14.

[594] 刘欢，吴超羽，许炜铭．珠江河口底边界层湍流积分尺度研究［J］．海洋工程，2008（4）：125－131.

[595] 梁志宏，徐峰俊，刘俊勇．珠江南河道平面二维非恒定流水沙数值模拟［J］．黑龙江水专学报，2008（4）：12－16.

[596] 叶灵，鲁秀明．崖门出海航道测量技术方案设计［J］．中国水运（下半月），2008（4）：34－35，37.

[597] 唐兆民，任杰，吴超羽．珠江口"门"的双向射流指标体系研究［J］．鲁东大学学报（自然科学版），2008（4）：358－362.

[598] 彭靖．风对磨刀门水道盐度分布影响的分析［J］．广东水利水电，2008（4）：16－18.

[599] 高时友，陈荣力．珠江磨刀门河口分层流特点及对其咸潮上溯的影响［C］//广东省科学技术协会，香港工程师学会，澳门工程师学会．第四届粤港澳可持续发展研讨会论文集，2008.

[600] 广东省水电设计院．江新联围除险加固应急项目大洞口水闸工程可行性研究报告［R］，2008.4.

[601] 尹小玲，张红武，方红卫．枯季磨刀门水道咸潮活动与压咸控制分析［J］．水动力学研究与进展（A辑），2008（5）：554－559.

[602] 李碧，黄光庆．城市化对珠江河口的生态影响及对策［J］．海洋环境科学，2008（5）：543－546.

[603] 刘玉，隋丽杰，段丽杰，等．珠江口EwE模型功能组划分研究［J］．海洋环境科学，2008（5）：480－483.

[604] 谌洁．珠江流域诸水系的形成与演变简述［J］．珠江现代建设，2008（5）：9－10，20.

[605] 作者不详．广东整治航道发掘水上客运潜力［J］．珠江水运，2008（5）：65.

[606] 林建辉．应对珠江口重大油污事故清污设备应用分析［G］//中国航海学会海洋船舶驾驶专业委员会．2008船舶防污染管理论文集，2008.

[607] 彭涛，陈晓宏，刘霞，等．珠江三角洲洪水孕灾环境变化及其洪水响应 [J]. 水文，2008 (5)：57-60.

[608] 刘尚仁．珠江三角洲及其附近地区河流阶地的分布与特征——广东河流阶地研究之二 [J]. 热带地理，2008 (5)：400-404，410.

[609] 罗琳，李适宇，王东晓．珠江河口夏季缺氧现象的模拟 [J]. 水科学进展，2008 (5)：729-735.

[610] 尹小玲，张红武，方红卫．枯季磨刀门水道咸潮活动与压咸控制分析 [J]. 水动力学研究与进展A辑，2008 (5)：554-559.

[611] 广东省水利电力勘测设计研究院．珠江三角洲主要河道岸线控制规划报告 [R]，2008.6.

[612] 王伟，陈法兴．珠江河口管理有关问题研究 [J]. 人民珠江，2008 (6)：46-47.

[613] 冯向波，张蔚．伶仃洋西槽洪季水沙纵向输移机制研究 [J]. 河海大学学报 (自然科学版)，2008 (6)：838-841.

[614] 尹刚乾，汤学峰．磨刀门水道水平定向钻穿越施工技术 [J]. 石油工程建设，2008 (6)：38-39，96-97.

[615] 江修恭，曾宪岳，庞瑞生．在珠江口门建闸挡潮蓄淡——解决珠三角地区淡水供应和改善周边水环境研究 [C] //广州市老工程师协会论文集 (第四辑)，2008.

[616] 包芸，刘杰斌．磨刀门水道枯季盐水入侵成界运动规律研究 [C] // 中国造船工程学会近海工程学术委员会．2008年度海洋工程学术会议论文集，2008.

[617] 杨清书，雷亚平，欧素英，等．珠江广州河段水环境中多环芳烃的组成及其垂直分布特征 [J]. 海洋通报，2008 (6)：34-43.

[618] 陈斌，杨聿，张强．广州港出海航道三期工程建设对咸潮上溯的影响分析 [J]. 人民珠江，2008 (6)：9-13.

[619] 彭鉅新．关于航道设计最低通航水位中样本一致性与代表性的讨论 [J]. 珠江水运，2008 (6)：44-48.

[620] 索晓波，樊红霞．基于珠江蓄滞洪区建设与管理规划 [J]. 黑龙江水利科技，2008 (6)：5-7.

[621] 刘金生．小榄水道特大桥主墩承台施工技术 [J]. 公路，2008 (6)：64-67.

[622] 王涛．小榄水道特大桥主桥大直径桩基施工探析 [J]. 贵州工业大学学报 (自然科学版)，2008 (6)：144-146，157.

[623] 许炜铭，包芸．虎门—凫洲水道射流体系水动力结构研究 [C] //《水动力学研究与进展》编委会，中国力学学会，中国造船工程学会，山东大学，台湾海洋大学，台湾大学．第二十一届全国水动力学研讨会暨第八届全国水动力学学术会议暨两岸船舶与海洋工程水动力学研讨会文集，2008.

[624] 崔树彬，汪义杰，张云，等．珠江三角洲感潮内河水体污染环境特征与修复技术研究 [C] // 广东省科学技术协会，香港工程师学会，澳门工程师学会．第

四届粤港澳可持续发展研讨会论文集，2008.

[625] 包芸．交替分层法解决河口海岸三维 z 坐标水流模式底边界拟合问题［C］//《水动力学研究与进展》编委会，中国力学学会，中国造船工程学会，山东大学，台湾海洋大学，台湾大学．第二十一届全国水动力学研讨会暨第八届全国水动力学学术会议暨两岸船舶与海洋工程水动力学研讨会文集，2008.

[626] 陈伟坚，林慧常．海平面上升对珠江三角洲地区土层液化的影响［J］．广东土木与建筑，2008（8）：57－58.

[627] 刘树锋，黄健东，唐造造．珠江三角洲网河区建设项目水资源论证可供水量之分析探讨［J］．广东水利水电，2008（8）：49－52.

[628] 广东省水利水电科学研究院．广州市西江引水工程基坑工程技术咨询报告［R］，2008.8.

[629] 杨光华，涂金良，乔有梁，等．珠江三角洲软土地基上涵闸基础处理的现状及对策［J］．广东水利水电，2008（8）：67－68.

[630] 江修恭，曾宪岳，庞瑞生．珠江三角洲河口建闸后水文条件变化初步探讨［C］//广州市老工程师协会论文集（第四辑），2008.

[631] 黄穗诚，粤水婷．河砂开采管理将实行阳光作业［N］．广东建设报，2008－08－15（A02）.

[632] 张蔚，严以新，诸裕良，等．人工采沙及航道整治对珠江三角洲水流动力条件的影响［J］．水利学报，2008（9）：1098－1104.

[633] 张春添，颜俊明．珠江三角洲河网及北江主航道测量浅析［J］．珠江水运，2008（10）：53－55.

[634] 周作付，陈洪艳，杨利兵．崖门出海航道整治效果分析［J］．珠江水运，2008（10）：49－50，55.

[635] 钟红伟．Argonaut－SL 流量计在珠江三角洲的应用研究［J］．科技风，2008（11）：105－106.

[636] 杨明远，严以新，孔俊，等．珠江口水流泥沙运动模拟研究［M］．北京：海洋出版社，2008.11.

[637] 高松，王明．容桂水道特大桥连续刚构 0 号段施工［J］．山西建筑，2008（12）：306－307.

[638] 广东省水利水电科学研究院．珠江三角洲网河水动力水质模拟研究报告［R］，2008.12.

[639] 刘国卿，张干，李军，等．珠江口及南海北部近海海域大气有机氯农药分布特征与来源［J］．环境科学，2008（12）：3320－3325.

[640] 曹丰林．基于珠江河口变迁对广州南沙空间发展模式探讨［C］//中国城市规划学会．生态文明视角下的城乡规划——2008 中国城市规划年会论文集，2008.

[641] 刘金生，王卫锋．广珠鸡鸦水道特大桥预应力连续刚构应力监测［J］．山西建筑，2008（16）：7－8.

[642] 曹丰林．基于珠江河口变迁对广州南沙空间发展模式探讨 [C] //中国城市规划学会．生态文明视角下的城乡规划——2008 中国城市规划年会论文集，2008.

[643] 伍明浪．珠江三角洲断裂构造的探讨 [J]．科技资讯，2008 (17)：254 - 255.

[644] 宋富荣．深水承台钢板桩围堰施工技术 [J]．山西建筑，2008 (18)：13 - 14.

[645] 赵建军．基于多 Agent 的流域洪水预报系统研究与应用 [D]．西安：西北农林科技大学，2008.

[646] 广东省西江流域管理局．珠江三角洲 2008 年汛期同步水文测验成果分析报告 [R]，2008. 10.

[647] 作者不详．珠江三角洲地区改革发展规划纲要 (2008—2020 年) [R]．2008.

[648] 高志超．明清时期伶仃洋区域海洋社会经济变迁 [D]．广州：暨南大学，2008.

[649] 苏立华．容桂水道特大桥施工技术与施工控制研究 [D]．成都：西南交通大学，2008.

[650] 李平日．广东地下埋藏古树与古气候初步研究 [M] //倪极全．台北：万人出版社，2008.

[651] 广东省水利电力勘测设计研究院．珠江河口系统整治初步构想专题报告 [R]，2008.

[652] 广东省水利电力勘测设计研究院．珠江河口整治李家沙水道清障专项工程可行性研究 [R]，2008.

[653] 深圳市治理深圳河办公室、南京水利科学研究院．加筋土挡墙技术研究 [R]，2008.

[654] Harrison P. J.，Yin K. D.，Lee J. H. W.，et al. Physical - biological coupling in the Pearl River Estuary [J]. Continental Shelf Research，2008，28 (12)：1405 - 1415.

[655] 李坚军．广珠城际轨道工程小榄特大桥施工技术 [J]．山西建筑，2008 (34)：3 - 4.

[656] 刘志如．小榄特大桥 V 型斜腿有限元分析 [J]．山西建筑，2008 (36)：329 - 330.

[657] Zhang W.，Hao J. L.. Human impacts on the hydrology in Pearl River delta [C] //China，Proceedings of the ASME 27th international conference on offshore mechanics and arctic engineering，America，Estoril，Portugal，(CD - ROM)，2008.

[658] Ni H. G.，Lu F. H.，Luo X. L.，et al. Assessment of sampling designs to measure riverine fluxes from the Pearl River Delta，China to the South China Sea [J]. Environ Monit Assess，2008，143：291 - 301.

[659] 黄婷．浅析珠江三角洲咸潮危害与防治对策 [J]．广东水利水电，2009 (1)：9 - 12.

[660] 晏雪平．二十世纪八十年代以来中国水利史研究综述 [J]. 农业考古，2009 (1)：187-200.

[661] 岳中明．抓住机遇，加快发展 全力推进绿色珠江建设 [J]. 人民珠江，2009 (1)：6-12.

[662] 陈雷．在珠江水利委员会干部大会上的讲话 [J]. 人民珠江，2009 (1)：1-5.

[663] 泽贵，海珊．崖门出海航道整治通过验收 [J]. 广东交通，2009 (1)：38.

[664] 刘杰斌，黄宇明，包芸．丰、枯水年磨刀门水道枯季盐水入侵规律比较 [C]. 中国力学学会，郑州大学．中国力学学会学术大会'2009论文摘要集，2009.

[665] 欧素英．珠江三角洲咸潮活动的空间差异性分析 [J]. 地理科学，2009 (1)：89-92.

[666] 杨涛，陈永勤，陈喜，等．复杂环境下华南东江中上游流域筑坝导致的水文变异 [J]. 湖泊科学，2009 (1)：135-142.

[667] 刘欢，吴超羽，许炜铭，等．珠江河口底边界层湍流特征量研究 [J]. 海洋工程，2009 (1)：62-69，76.

[668] 港珠澳大桥隧道工法方案确定 [J]. 建筑监督检测与造价，2009 (1)：44.

[669] 崔洁，何家雄，周永章，等．珠江口盆地白云凹陷天然气成因及油气资源潜力分析 [J]. 天然气地球科学，2009 (1)：125-130.

[670] 邓俊杰，包芸．近十年伶仃洋地形变化及虎门潮汐潮流特征对比分析 [C] // 中国力学学会，郑州大学．中国力学学会学术大会'2009论文摘要集，2009.

[671] 曾凡棠，林澍．西江、东海水道枯水期分流比实测研究 [J]. 广西水利水电，2009 (1)：37-39，45.

[672] 瞿小清．灌浆技术在水闸除险加固工程中的应用 [J]. 陕西水利，2009 (S1)：103-104.

[673] 闻平，戚志明，刘斌．西北江三角洲压咸流量初步研究 [J]. 水文，2009 (S1)：74-75，52.

[674] 刘新媛．珠江流域水质监测能力建设发展方向的思考 [J]. 水文，2009 (S1)：9-11.

[675] 高卫平，林炜华．珠江三角洲水资源问题及可持续利用对策 [J]. 水文，2009 (S1)：19-21.

[676] 孙波．珠江流域防汛抗旱减灾体系建设 [J]. 中国防汛抗旱，2009 (S1)：165-174.

[677] 左海洋，阎永军，张素平，等．新中国重大洪涝灾害抗灾纪实 [J]. 中国防汛抗旱，2009 (S1)：20-38.

[678] 杜砚江．浅析沙湾水道特大桥（76＋160＋76）m连续梁拱的施工 [J]. 科技资讯，2009 (2)：90-91.

[679] 蔺敬跃．容桂水道特大桥中主墩承台钢套箱围堰施工 [J]. 施工技术，2009 (2)：86-88.

[680] 袁建国．关于加强珠江河口涉水项目水行政管理的思考 [J]. 人民珠江，2009

(2)：33-34，60.

[681] 黄道建，于锡军，郭振仁，等. 珠江口黄茅海冬季海洋生态环境特征 [J]. 海洋通报，2009 (2)：28-33.

[682] 刘欢，尹小玲，吴超羽，等. 珠江河口潮流底边界层的湍流特征量研究 [J]. 水动力学研究与进展A辑，2009 (2)：133-140.

[683] 杨帆. 中洪系统在西北江马口、三水水文站的应用 [J]. 广东水利水电，2009 (2)：47-50，57.

[684] 姚章民，王永勇，李爱鸣. 珠江三角洲主要河道水量分配比变化初步分析 [J]. 人民珠江，2009 (2)：43-45，51.

[685] 唐庆忠，余顺超，卢敬德. 珠江水政监察遥感信息系统框架设计 [J]. 人民珠江，2009 (2)：5-8.

[686] 刘欢，吴超羽，许炜铭，等. 珠江河口底边界层观测平台的设计和应用 [C] //中国力学学会，郑州大学. 中国力学学会学术大会'2009论文摘要集，2009.

[687] 詹威，程香菊. FVCOM模拟珠江磨刀门盐水入侵 [C] //中国力学学会，郑州大学. 中国力学学会学术大会'2009论文摘要集，2009.

[688] 姚章民，王永勇，李爱鸣. 珠江三角洲主要河道水量分配比变化初步分析 [J]. 人民珠江，2009 (2)：43-45，51.

[689] 李亮新，吕树明. 推进水利法制建设 为流域水资源统一管理保驾护航 [J]. 人民珠江，2009 (S2)：15-18.

[690] 孙波. 以创新求发展 以科学治珠江 珠江委推动防汛抗旱"两个转变"进程 [J]. 人民珠江，2009 (S2)：23-24，38.

[691] 陈道远. 把"西江经济走廊"从构思推向现实 [J]. 广西经济，2009 (3)：20，25.

[692] 梁志宏，刘俊勇，陈军，等. 二维水沙数学模型在码头工程防洪评价中的应用 [J]. 黑龙江水专学报，2009 (3)：9-13.

[693] 袁建国，毛革. 珠三角地区水利改革发展中存在的主要问题及有关建议 [J]. 人民珠江，2009 (3)：10-11，14.

[694] 戚志明，包芸. 珠三角咸水入侵变化趋势及其动力因素影响分析 [J]. 广东广播电视大学学报，2009 (3)：43-47.

[695] 张弛，王树功. 珠江口滩涂资源及其可持续利用 [C] //中国可持续发展研究会. 2009中国可持续发展论坛暨中国可持续发展研究会学术年会论文集（上册），2009.

[696] 闫宝敏. 连续刚构特大桥设计要点 [J]. 铁路工程造价管理，2009 (3)：17-20.

[697] 杨昆翰. 新沙南作业区#2，#3泊位工程对珠江河口泄洪纳潮及河势稳定影响的数值分析 [J]. 水运工程，2009 (3)：10-14.

[698] 贾良文，任杰，徐治中，等. 磨刀门拦门沙区域近期地貌演变和航道整治研究

[J]. 海洋工程，2009 (3)：76-84.

[699] 何杰，辛文杰．崖门出海航道疏浚工程潮流泥沙变化数值模拟 [J]. 中国港湾建设，2009 (3)：1-4.

[700] 李志敏．枯季西、北江上游调度对思贤滘流量的影响分析 [J]. 广东水利水电，2009 (3)：18-20.

[701] 马瑞．变化环境下西北江三角洲控制站流量特征变化 [J]. 广东水利水电，2009 (3)：13-17，20.

[702] 刁秀媚．中国洪水预报系统在东江流域的应用 [J]. 广东水利水电，2009 (3)：43-46.

[703] 韦楚来．西江景丰联围洪水骤降水位的确定 [J]. 吉林水利，2009 (3)：31-32.

[704] 杨昆翰．新沙南作业区#2，#3泊位工程对珠江河口泄洪纳潮及河势稳定影响的数值分析 [J]. 水运工程，2009 (3)：10-14.

[705] 包芸．采用交替分层法的河口海岸三维z坐标水流模式 [J]. 计算力学学报，2009 (3)：428-432.

[706] 韦楚来．广东省景丰联围某排涝区设计排水流量复核 [J]. 甘肃水利水电技术，2009 (3)：3-5.

[707] 魏林坚，刘启波．大洞口挡潮闸通航孔与船闸的比选 [J]. 广东水利水电，2009 (4)：41-42，53.

[708] 衷海燕．清代珠江三角洲的堤围管理与基层权力体系——以景福围为中心 [J]. 农业考古，2009 (4)：212-217，225.

[709] 陈斌，杨聿．珠江骨干水库调度对遏制磨刀门水道咸潮上溯的效果分析 [J]. 广东水利水电，2009 (4)：10-14.

[710] 张强，高宝峰．港珠澳大桥非通航孔桥型方案分析 [J]. 桥梁建设，2009 (4)：38-41.

[711] 彭靖．咸潮对磨刀门水道环境要素的影响 [J]. 广东水利水电，2009 (4)：19-21.

[712] 许自力．珠江三角洲流域水系景观特征及结构性问题 [J]. 中国园林，2009 (4)：54-58.

[713] 戚志明，包芸．珠三角磨刀门水道咸界变化规律研究 [J]. 广东水利电力职业技术学院学报，2009 (4)：61-65.

[714] 莫思平，季荣耀，陆永军，等．珠江口磨刀门出海航道整治研究 [C] //中国海洋学会海洋工程分会．第十四届中国海洋（岸）工程学术讨论会论文集（下册），2009.

[715] 雷文斌．磨刀门出海航道线路比选 [J]. 中国水运（下半月），2009 (4)：20-22.

[716] 作者不详．港珠澳大桥海底隧道方案敲定 [J]. 广西城镇建设，2009 (4)：51.

[717] 夏支埃．港珠澳大桥海中桥隧主体工程勘察中的地震反射勘探 [J]. 工程勘察，2009 (5)：89-94.

[718] 赖培伟，李伟．浅谈 G881 型海洋磁力仪在港珠澳大桥桥区水域水下结构物扫海调查中的应用 [C] //中国航海学会航标专业委员会测绘学组．中国航海学会航标专业委员会测绘学组学术研讨会学术交流论文集，2009.

[719] 何杰，辛文杰．崖门出海航道冲淤变化分析 [C] //中国海洋学会海洋工程分会．第十四届中国海洋（岸）工程学术讨论会论文集（下册），2009.

[720] 洪四雄，刘庆东，陈一超，等．港珠澳大桥桥轴线水下结构物的多手段探测 [C] //中国测绘学会．中国测绘学会第九次全国会员代表大会暨学会成立 50 周年纪念大会论文集，2009.

[721] 支兵发．珠江三角洲经济区泛都市化趋势下的环境地质问题 [J]. 2009 (5).

[722] 赖培伟，李伟．浅谈 G881 型海洋磁力仪在港珠澳大桥桥区水域水下结构物扫海调查中的应用 [C] //中国航海学会航标专业委员会测绘学组．中国航海学会航标专业委员会测绘学组学术研讨会学术交流论文集，2009.

[723] 林进条，张雪英．多波束水下地形测量系统在肇庆景丰联围监测的应用 [J]. 水利科技与经济，2009 (5)：455-457.

[724] 陈茂益，梅桂萍．浅谈珠江三角洲内河涌综合整治排涝规划的几个关键问题 [J]. 人民珠江，2009 (5)：20-22.

[725] 广东省水电设计院，江新联围除险加固应急项目三江口水闸工程初步设计报告 [R]，2009.5.

[726] 广东省水电设计院．佛山市樵桑联围达标加固工程可行性研究报告评估报告 [R]，2009.5

[727] 刘曾美，吴俊校，肖素芬．感潮地区排涝分析计算方法和思路研究 [J]. 人民珠江，2009 (5)：8-11，46.

[728] 刘曾美，陈子．区间暴雨和外江洪水位遭遇组合的风险 [J]. 水科学进展，2009 (5)：619-625.

[729] 广东省水利水电科学研究院 .2009 年珠江河口河砂开采初步方案 [R]，2009.5.

[730] 孙加龙，刘德峰．水资源管理软件系统的应用 [C] //中国水利学会水力学专业委员会，中国水力发电学会水工水力学专业委员会，国际水利工程与研究协会中国分会．水力学与水利信息学进展 2009，2009.

[731] 衷海燕．清代珠江三角洲的水事纠纷及其解决机制研究 [J]. 史学集刊，2009 (6)：97-104.

[732] 杨涛，陈喜，杨红卫，等．基于线性矩法的珠江三角洲区域洪水频率分析 [J]. 河海大学学报（自然科学版），2009 (6)：615-619.

[733] 郃佳爱，张长宽，宋立荣．强台风 0814（黑格比）和 9615（莎莉）台风暴潮珠江口内超高潮位分析 [J]. 海洋通报，2009 (6)：14-18.

[734] 李有为，余顺超，杨莉玲．潮汐河口区洪潮水位相关关系模式研究 [J]. 人民珠江，2009 (6)：4-6，17.

[735] 焦树林，高全洲，刘昆．西江磨刀门水道枯季咸淡水混合特征和二氧化碳分压分布 [J]．海洋学报（中文版），2009（6）：40-47.

[736] 王世俊，余顺超．洪水影响下河口潮波传播速度分析——以磨刀门水道为例 [J]．人民珠江，2009（6）：7-9.

[737] 王茜，王雪梅，钟流举，等．珠江口无机氮湿沉降规律及大气输送的研究 [J]．环境科学学报，2009（6）：1156-1163.

[738] 贺新春，黄雁敏，陈永，等．珠江三角洲网河区洪潮水位相关模式应用研究——以中山市报汛站为例 [J]．人民珠江，2009（6）：1-3，9.

[739] 孔利．小榄主桥 V 构系梁支架设计及施工 [J]．科技信息，2009（6）：285-286.

[740] 罗肇森，罗勇．珠江口航道台风影响分析 [C] //中国海洋学会海洋工程分会．第十四届中国海洋（岸）工程学术讨论会论文集（下册），2009.

[741] 曹丰林．基于珠江河口变迁对广州南沙空间发展模式探讨 [J]．规划师，2009（6）：68-71，76.

[742] 胡彩霞，谢平，唐亚松，等．西江流域洪水序列变异分析 [C] //中国水利学会水资源专业委员会，中国水利水电科学研究院，大连理工大学．变化环境下的水资源响应与可持续利用——中国水利学会水资源专业委员会 2009 学术年会论文集，2009.

[743] 广东省航道局．西江下游（肇庆至虎跳门）航道整治工程和莲沙容水道航道整治工程 [R]，2009.7.

[744] 谭莹莹，谢平，陈丽，等．东江流域径流序列变异分析 [C] //中国水利学会水资源专业委员会，中国水利水电科学研究院，大连理工大学．变化环境下的水资源响应与可持续利用——中国水利学会水资源专业委员会 2009 学术年会论文集，2009.

[745] 田晓霞．聚羧酸系减水剂在甘竹溪特大桥工程中的应用 [J]．公路，2009（7）：333-336.

[746] 陈冰．珠江口伶仃洋水文特征和综合治理 [C] //中国土木工程学会港口工程分会．中国土木工程学会港口工程分会技术交流文集，2009.

[747] 张宇明．珠江水利文化发展简述 [C] // 水利部精神文明建设指导委员会办公室，中国水利文学艺术协会，中国水利学会．首届中国水文化论坛优秀论文集，2009.

[748] 省航道局．珠江三角洲网河区及口门区水流泥沙联网数学模型研究报告 [R]，2009.7.

[749] 张恒，李适宇．生化过程对夏季珠江口底层缺氧影响的模拟研究 [C] //中国环境科学学会．中国环境科学学会 2009 年学术年会论文集（第一卷），2009.

[750] 袁中智，邵景安，陈晓玲．基于信息分析理论的珠江河口及深圳湾悬浮泥沙时空变化分析 [J]．资源科学，2009（8）：1415-1421.

[751] 罗海燕．钢板桩防渗墙在横海水闸中的应用 [J]．甘肃水利水电技术，2009

(8): 51-52.

[752] 包芸，叶浩，康雅乔．采用动态方法研究磨刀门水道盐水强烈上溯运动规律[C] //上海《水动力学研究与进展》杂志社、四川大学水力学与山区河流开发保护实验室．第九届全国水动力学学术会议暨第二十二届全国水动力学研讨会论文集，2009.

[753] 胡嘉镗，李适宇．珠江三角洲河网与河口区水沙年通量及其收支 [C] //中国环境科学学会．中国环境科学学会2009年学术年会论文集（第一卷），2009.

[754] 李清．小榄水道特大桥群桩基础深水施工技术 [J]. 科技资讯，2009 (8): 90.

[755] 李清．中山小榄水道特大桥深水钢板桩围堰施工工艺 [J]. 科技风，2009 (9): 1, 4.

[756] 宋富荣，吴士民．小榄特大桥V构系梁节段支架法施工技术 [J]. 山西建筑，2009 (9): 292-294.

[757] 广东省水利水电科学研究院．珠江三角洲网河区省管河道管理范围内建设项目审查技术标准专题研究工作大纲 [R]，2009.9.

[758] 广东省水电设计院．江新联围除险加固应急项目龙泉水闸工程初步设计报告 [R]，2009.9.

[759] Ou S. Y., Zhang H., Wang D. X.. Dynamics of the buoyant plume off the Pearl River Estuary in summer [J]. Environmental fluid mechanics, 2009, 9: 471-492.

[760] 广东省水利水电科学研究院．白坭水道段航道整治工程防洪评价报告 [R]，2009.10.

[761] 黄晓英．珠江河口赤潮研究进展与防治对策 [J]. 中国科技信息，2009 (10): 19-20, 25.

[762] 广东省水利水电科学研究院．广东省西江大堤端远村段地质勘察报告 [R]，2009.10.

[763] Zhang Q., Xu C. Y., Becker S., Zhang Z. X., et al. Trends and abrupt changes of precipitation maxima in the Pearl River basin, China [J]. Atmospheric Science Letters, 2009, 10 (2): 132-144.

[764] 包芸，刘杰斌，任杰，等．磨刀门水道盐水强烈上溯规律和动力机制研究 [J]. 中国科学（G辑：物理学 力学 天文学），2009 (10): 1527-1534.

[765] 王光耀，董延军，石赟赟，等．珠江流域省界控制断面控制流量和预警流量指标研究 [J]. 广东水利水电，2009 (10): 7-11.

[766] 广东省水电设计院．江新联围除险加固应急项目大洞口水闸工程初步设计报告 [R]，2009.11.

[767] 张作义．小榄水道V型斜腿临时索的设计与施工 [J]. 山西建筑，2009 (11): 278-281.

[768] 彭鉅新．西江磨刀门出海航道选线探讨 [J]. 水运工程，2009 (11): 121

-127.

[769] 胡耀钧，马克俊．景丰联围加固工程 [J]．广东水利水电，2009 (12)：68.

[770] 李越，张萍，王旸．枯季不同风向对广州附近水道咸潮影响分析 [J]．广东水利水电，2009 (12)：14-18.

[771] 萧洁儿，曾凡棠，房怀阳．感潮河区水闸对水质影响的数学模拟研究 [J]．广东水利水电，2009 (12)：10-13.

[772] 记者 陈先锋．珠江河口咸潮上溯 [N]．新华每日电讯，2009-12-07 (002).

[773] 张保学，周鹏，张龙军，等．2005 年 3—8 月珠江口八大口门磷酸盐的分布特征 [J]．黑龙江科技信息，2009 (18)：113.

[774] Zhang Q.，Xu CY.，Gemmer M.，et al. Changing properties of precipitation concentration in the Pearl River basin，China [J]. Stochastic Environmental Research and Risk Assessment，2009，23 (3)：377-385.

[775] Chen Y. D.，Zhang Q.，Xu C. Y.，et al. Change-point alterations of extreme water levels and underlying causes in the Pearl River Delta，China [J]. River research and applications，2009，25：1153-1168.

[776] 曲林静，杨木壮．基于缓冲带的广州南部土地利用景观格局梯度分析 [J]．安徽农业科学，2009 (35)：17759-17762，17764.

[777] 熊建国，杨青山，熊文财．钻孔桩施工中串孔现象的原因分析及处治措施 [J]．山西建筑，2009 (36)：104.

[778] Zong Y.，Yim W. W. S.，Yu F.，et al. Late Quaternary environmental changes in the Pearl River mouth region，China [J]. Quaternary International，2009，206 (1-2)：35-45.

[779] Zhang Q.，Xu C. Y.，Chen Y. D.，et al. Abrupt behaviors of the stream flow of the Pearl River basin and implications for hydrological alterations across the Pearl River Delta，China [J]. Journal of Hydrology，2009，377：274-283.

[780] 谢莉．新广州站东平水道桥受力特性及桥面系比较研究 [D]．长沙：中南大学，2009.

[781] 广东省水利设计院．珠江三角洲地区城市群供水规划 [R]，2009.

[782] 宋良西．珠江流域水资源管理体制研究 [D]．广州：华南理工大学，2009.

[783] 尹小玲．基于数字流域模型的珠江补淡压咸水库调度研究 [D]．北京：清华大学，2009.

[784] 陈文．港珠澳大桥非通航区船舶交通现状观测、非通航孔桥船撞力及防撞措施研究 [D]．大连：大连海事大学，2009.

[785] 韩凤亭．珠江三角洲地区港口工程风险分析及经济评估 [D]．青岛：中国海洋大学，2009.

[786] 黄宁．物探方法在珠江三角洲地区地下水污染调查评价中的可行性研究 [D]．石家庄：石家庄经济学院，2009.

[787] 吴震．基于红外热成像/VHF 的大桥预警导航系统研究 [D]．广州：华南理工

大学，2009.
[788] 贾渊．大跨连续刚构拱组合桥仿真计算分析 [D]. 北京：北京交通大学，2009.
[789] 柴文书．狮子洋隧道施工过程管片受力特征及开挖面稳定性研究 [D]. 北京：北京交通大学，2009.
[790] 深圳市治理深圳河办公室、水利部交通部电力工业部南京水利科学研究院、深圳市水务规划院．砼芯砂石桩复合地基处理深圳河河口防洪堤深厚软基试验研究 [R]，2009.
[791] 辛文杰．伶仃洋西岸浅滩建港条件分析 [J]. 水利水运工程学报，2010 (1)：9-15.
[792] 樊敏玲，王雪梅，王茜，等．珠江口横门大气氮、磷干湿沉降的初步研究 [J]. 热带海洋学报，2010 (1)：51-56.
[793] 杨明海，罗承平．流域规划管理工作的体会及工作设想 [J]. 人民珠江，2010 (1)：16-18.
[794] 刘俊勇，张云，崔树彬．MIKE 软件在珠江流域水资源管理与规划中的应用 [J]. 人民珠江，2010 (1)：56-59.
[795] 孙杰，詹文欢，贾建业，等．珠江口海域灾害地质因素及其与环境变化的关系 [J]. 热带海洋学报，2010 (1)：104-110.
[796] 欧素英，杨清书，雷亚平．咸潮入侵理论预报模式的分析及其在西江三角洲的应用 [J]. 热带海洋学报，2010 (1)：32-41.
[797] 崔树彬．珠江河口城市水源地问题及对策探讨 [J]. 中国水利，2010 (1)：32-35.
[798] 任杰，曾学智，贾良文．东江下游河段溯源侵蚀特征与机理 [J]. 水科学进展，2010 (1)：84-88.
[799] 张波．广珠城际容桂水道特大桥主跨合龙 [J]. 筑路机械与施工机械化，2010 (1)：2.
[800] 尹小玲，张红武，刘欢．珠江虎门河口洪季潮流近底边界层水流结构研究 [J]. 水力发电学报，2010 (1)：158-163.
[801] 张蔚，严以新，郑金海，等．珠江三角洲年际潮差长期变化趋势 [J]. 水科学进展，2010 (1)：77-83.
[802] 胡德礼，杨清书，吴超羽，等．珠江网河水沙分配变化及其对伶仃洋水沙场的影响 [J]. 水科学进展，2010 (1)：69-76.
[803] 刘激，欧阳秀珍，周英，等．珠江口底质元素含量分布特征及其地球化学意义 [J]. 热带海洋学报，2010 (1)：116-125.
[804] 郑斌鑫，诸裕良，于东生，等．珠江口八大口门径、潮作用动力过程研究 [J]. 海洋科学进展，2010 (1)：1-7.
[805] 孙杰，詹文欢，贾建业，等．珠江口海域灾害地质因素及其与环境变化的关系 [J]. 热带海洋学报，2010 (1)：104-110.

[806] 易灵，谢淑琴．珠江枯期水库调度关键技术研究与应用［J］．人民珠江，2010（S1）：1－3.

[807] 杜建国．浅析港珠澳大桥广珠铁路对珠海港的影响［J］．中国水运，2010（2）：32－33，55.

[808] 贾良文，何志刚，莫文渊，等．全新世以来珠江三角洲快速沉积体的初步研究［J］．海洋学报（中文版），2010（2）：87－95.

[809] 陈子燊，于吉涛，罗智丰．近岸过程与海岸侵蚀机制研究进展［J］．海洋科学进展，2010（2）：250－256.

[810] 何用，黄燕．伶仃洋滩、槽水流挟沙力初步研究［J］．人民珠江，2010（2）：6－9.

[811] 韩志远，田向平，刘峰．珠江磨刀门水道咸潮上溯加剧的原因［J］．海洋学研究，2010（2）：52－59.

[812] 刘雪峰，魏晓宇，蔡兵，等．2009年秋季珠江口咸潮与风场变化的关系［J］．广东气象，2010（2）：11－13.

[813] 孔兰，陈晓宏，张强，等．海平面上升对珠江口水位影响的分析［J］．生态环境学报，2010（2）：390－393.

[814] 刘曾美，陈子燊，李粤安．感潮河段洪潮遭遇组合风险研究［J］．中山大学学报（自然科学版），2010（2）.

[815] 秦蓓蕾．李家沙特大桥防洪评价数值模拟分析［J］．黑龙江水专学报，2010（2）：26－28，31.

[816] 李小妮．Argonaut－SL流量计在思贤滘岗根站的应用研究［J］．科技风，2010（3）：272－274.

[817] 吴德林．景丰联围堤坝安全监测系统自动化［J］．广西水利水电，2010（3）：85－87.

[818] 马燕萍．景丰联围排涝泵站二期应急除险达标工程——羚山排涝泵站工程设计方案比较［J］．广东水利电力职业技术学院学报，2010（3）：20－24.

[819] 岳发元．世界最长跨海大桥工程——港珠澳大桥开工［J］．新高考（政治历史地理），2010（3）：55.

[820] 路剑飞，陈子燊，刘曾美．珠江口海平面特征分析［J］．海洋通报，2010（3）：241－246.

[821] 肖莞生，陈子燊．珠江河口区枯季咸潮入侵与盐度输运机理分析［J］．水文，2010（3）：10－14，21.

[822] 王晨阳，李孟国，李文丹．港珠澳大桥工程二维潮流数学模型研究［J］．水道港口，2010（3）：187－194.

[823] 中山市水务局、中山大学水资源与环境研究中心．广东省中山市流域综合规划修编报告书［R］，2010.4.

[824] 刘俊勇，吴建树，杨世殊，等．广州港内港港区河道感潮特性及设计通航水位分析研究［J］．珠江现代建设，2010（4）：10－15.

[825] 尹小玲．西江梧州站枯季流量变化研究［J］．人民珠江，2010（4）：1-2，47.

[826] 刘金贵，李瑞杰，张义丰，等．崖门水道悬沙输运及底床冲淤特性研究［J］．应用基础与工程科学学报，2010（4）：637-644.

[827] 朱金格，包芸，胡维平，等．近50年来珠江河网区水动力对地形的响应［J］．中山大学学报（自然科学版），2010（4）：129-133.

[828] 王小丹．一维数学模型在桥梁壅水分析中应用［J］．吉林水利，2010（4）：9-10，47.

[829] 章敏，李鹏程．深厚软土河床上大型钢板桩围堰设计与探讨［J］．广东水利电力职业技术学院学报，2010（4）：9-12.

[830] 任杰，曾学智，吴超羽，等．古珠江河口湾岸线与水下地形重建［J］．中山大学学报（自然科学版），2010（4）：125-128.

[831] 刘欢，吴超羽，许炜铭．珠江河口底边界层Taylor假设检验［J］．海洋工程，2010（4）：132-137.

[832] 简永航，冉永志．小榄水道特大桥钢管混凝土拱竖向转体施工设计与分析［J］．中外公路，2010（4）：190-193.

[833] 广东省水利水电科学研究院．北江干流（枫树坝—河口）河道采砂控制规划报告（2011—2015年）［R］，2010.5.

[834] 柴建峰，陈晓东，孟凡超，等．港珠澳大桥主体工程初勘工作介绍［C］//中国地质学会工程地质专业委员会.2010年全国工程地质学术年会暨“工程地质与海西建设”学术大会论文集，2010.

[835] 应强，辛文杰，毛佩郁．港珠澳大桥附近海域海床演变分析［J］．水道港口，2010（5）：444-448.

[836] 陈相铨，朱良生，王青，等．珠江伶仃洋余流垂向分布的季节变化及其与径流的关系研究［J］．热带海洋学报，2010（5）：24-28.

[837] 赖永辉，谈广鸣．网河区水沙耦合河流数学模型初步研究［J］．泥沙研究，2010（5）：72-76.

[838] 路剑飞，陈子燊．珠江口磨刀门水道盐度多步预测研究［J］．水文，2010（5）：69-74.

[839] 刘杰斌，包芸，黄宇铭．丰、枯水年磨刀门水道盐水上溯运动规律对比［J］．力学学报，2010（6）：1098-1103.

[840] 广东省水利水电科学研究院．西、北江下游及其三角洲防洪地理信息系统研究成果报告［R］，2010.6.

[841] 何宝根，李奇，王小刚，等．珠江流域水利水电建设中测绘技术的发展［J］．人民珠江，2010（6）：46-48，81.

[842] 罗琳，陈举，杨威，等.2007—2008年冬季珠江三角洲强咸潮事件［J］．热带海洋学报，2010（6）：22-28.

[843] 禹定峰，邢前国，陈楚群，等．利用导数光谱估算珠江河口水体悬浮泥沙浓度

[J]. 生态科学，2010 (6)：563-567.

[844] 杨阳，孟强，夏华永，等.2006年夏季珠江冲淡水扩展及生态响应 [J]. 热带海洋学报，2010 (6)：15-21.

[845] 陈军，袁建国. 珠江河口综合治理中的关键问题分析 [J]. 人民珠江，2010 (6)：4-5.

[846] 廖小龙，王贤平，黎开志，林焕新. 珠江河口水沙情势变化及响应对策研究 [J]. 人民珠江，2010 (6)：6-9.

[847] 吴小明，高时友，陈荣力，等. 珠江河口治导线规划复核论证试验研究 [J]. 人民珠江，2010 (6)：16-18，91.

[848] 王丽，黄亮，朱远生，等. 珠江河口综合治理规划中的生态保护 [J]. 人民珠江，2010 (6)：19-20，63.

[849] 黎开志，易灵. 珠江磨刀门横洲外治导线方案研究 [J]. 人民珠江，2010 (6)：13-15，72.

[850] 袁建国，朱士康. 加强珠江河口综合治理规划实施管理支撑地区经济社会可持续发展 [J]. 人民珠江，2010 (6)：1-3，76.

[851] 张荣光. 甘竹溪特大桥主塔液压自爬模体系简介 [J]. 山西建筑，2010 (6)：298-299.

[852] 张灵，王兆礼，陈晓宏. 西北江网河区顶端分流比变化特征研究 [J]. 水文，2010 (6)：1-4，23.

[853] 黄锦林，黄本胜，赵吉国，等. 河口区海堤工程界定方法探讨 [J]. 水利规划与设计，2010 (6)：43-46.

[854] 孟凡超，吴伟胜，刘明虎，等. 港珠澳大桥桥梁耐久性设计创新 [J]. 预应力技术，2010 (6)：11-27.

[855] 朱三华. 珠江河口泄洪整治研究 [J]. 人民珠江，2010 (6)：10-12.

[856] 沈锐利，谢尚英，邱景. 虎门二桥坭洲水道斜拉——悬吊组合体系桥梁方案设计构思 [C] //中国土木工程学会桥梁及结构工程分会，上海市城乡建设和交通委员会. 第十九届全国桥梁学术会议论文集（上册），2010.

[857] 长江水利委员会水文局. 珠江三角洲水文监测系统建设可行性研究报告 [R]，2010.7.

[858] 许炜铭，包芸. 重大工程引起的珠江河口潮波逆向不稳定传播现象 [C] // 中国力学学会计算力学专业委员会，南方计算力学联络委员会. 中国计算力学大会'2010（CCCM2010）暨第八届南方计算力学学术会议（SCCM8）论文集，2010.

[859] 郑国栋，顾立忠，李虎成，等. 珠江三角洲河道地貌变化对网河水情影响研究 [J]. 中国农村水利水电，2010 (7)：33-36.

[860] 孔兰，陈晓宏，杜建，等. 基于数学模型的海平面上升对咸潮上溯的影响 [J]. 自然资源学报，2010 (7)：1097-1104.

[861] 朱汝雄. MIKE FLOOD 在某码头工程防洪评价中的应用 [J]. 广东水利水电，

2010 (7): 26-28.

[862] 李远青. 近20年来珠江三角洲网河区水文要素变化特征分析 [J]. 广东水利水电, 2010 (8): 54-57.

[863] 肖黔. 小榄水道特大桥特大型挂篮设计施工技术 [J]. 科技风, 2010 (8): 148, 153.

[864] 陈小文, 赵慧, 徐辉荣. 基于DEM的珠江口滩涂湿地资源量动态分析 [J]. 人民黄河, 2010 (9): 10-12.

[865] 广东省水利厅农村机电局. 珠江三角洲内涝整治“十二五”规划 [R], 2010.9.

[866] 徐雁. 行政交叉管理问题的法律思考——以珠江河口为例 [J]. 水利发展研究, 2010 (10): 25-29.

[867] 陈德宁, 郑天祥, 邓春英. 粤港澳共建环珠江口“湾区”经济研究 [J]. 经济地理, 2010 (10): 1589-1594.

[868] 付利群. 近年引发横门水道风暴潮超警戒水位的热带气旋特征及风暴潮增水分析 [J]. 广东水利水电, 2010 (10): 65-67, 86.

[869] 罗军. 十年至百年尺度黄茅海地形演变及成因研究 [D], 2010.10.

[870] 谭超, 邱静, 黄本胜, 等. 东江下游潮区界、潮流界、咸水界变化对人类活动的响应 [J]. 广东水利水电, 2010 (10): 36-39.

[871] 肖汝诚, 庄冬利, 贾丽君, 等. 广东省虎门二桥概念设计 [C] // 中国土木工程学会桥梁及结构工程分会, 上海市城乡建设和交通委员会. 第十九届全国桥梁学术会议论文集 (上册), 2010.

[872] 郑定宁. 港珠澳大桥规模及规划概况 [C] // 中国土木工程学会桥梁及结构工程分会, 上海市城乡建设和交通委员会. 第十九届全国桥梁学术会议论文集 (上册), 2010.

[873] 罗凯. 珠江三角洲内河航运发展现状及前景分析 [J]. 世界海运, 2010 (10): 45-47.

[874] 魏林坚, 刘启波, 李俊亮. 大洞口挡潮闸枢纽布置设计 [J]. 甘肃水利水电技术, 2010 (11): 19-20, 28.

[875] 孔兰, 陈晓宏, 陈栋为, 等. 珠江三角洲水位演变分析 [J]. 生态环境学报, 2010 (11): 2642-2646.

[876] 董敏, 张惠颖. 基于西江推动高栏港区江海联运的研究 [J]. 珠江水运, 2010 (12): 9-10.

[877] 周羲, 司徒尚纪, 许桂灵. 从珠三角到泛珠三角的区域整合与对策 [G]. 经济科技研究论文集, 2010.

[878] 孔兰, 陈晓宏, 彭涛, 等. 珠江口最高洪潮水位预估 [J]. 人民长江, 2010 (14): 20-22, 36.

[879] 唐春阳. 李家沙特大桥主墩围堰设计与施工 [J]. 山西建筑, 2010 (14): 308-310.

[880] 汤厚兴．小榄水道桥主跨钢管拱吊装及竖向转体施工 [J]. 山西建筑，2010 (18)：316-318.

[881] 孟凡超，刘晓东，徐国平．港珠澳大桥主体工程总体设计 [C] // 中国土木工程学会桥梁及结构工程分会，上海市城乡建设和交通委员会．第十九届全国桥梁学术会议论文集（上册），2010.

[882] 赖荣康，黄根华．珠海地区咸潮影响因子的分析与研究 [J]. 科技传播，2010 (24)：24-25.

[883] 刘建海．河口水域水流运动特性的试验研究 [D]. 太原：太原理工大学，2010.

[884] 刘华．河口水域温排放水力热力特性的水槽系统试验研究 [D]. 太原：太原理工大学，2010.

[885] 黄剑威．河流岸线资源管理及其对流域综合管理（IRBM）的作用 [D]. 广州：华南理工大学，2010.

[886] 单仲春．磨刀门水道定向钻穿越项目目标成本管理应用研究 [D]. 中国石油大学，2010.

[887] 刘琴琴．基于3S技术的广东省围填海调查与分析 [D]. 济南：山东科技大学，2010.

[888] 封其坚．珠江三角洲地区软土地基水泥搅拌桩处理及其检测方法的研究 [D]. 广州：华南理工大学，2010.

[889] 覃杰．广州港南沙港区三期工程江海联运码头开发方案研究 [D]. 天津：天津大学，2010.

[890] 张建．时间序列分析在大跨度桥梁施工监测中的应用 [D]. 广州：华南理工大学，2010.

[891] 宁军．港珠澳大桥海底隧道半横向通风网络优化研究 [D]. 西安：长安大学，2010.

[892] 夏松林．狮子洋隧道通缝式拼装管片衬砌结构的原型试验研究 [D]. 重庆：西南交通大学，2010.

[893] 王雷．陈村特大桥主桥桥型方案比选 [J]. 黑龙江交通科技，2010 (7)：108-109.

[894] Yang T., Shao Q. X., Hao Z. C., et al. Regional frequency analysis and spatio-temporal pattern characterization of rainfall extremes in the Pearl River Basin, China [J]. Journal of Hydrology, 2010, 380 (3-4): 386-405.

[895] Zhao H., Cui B. S., Zhang H. G., et al. A landscape approach for wetland change detection (1979—2009) in the Pearl River Estuary [J]. Procedia Environmental Sciences, 2010, 2: 1265-1278.

[896] Liu D. D., Chen X. H., Lou Z. H.. A model for the optimal allocation of water resources in a saltwater intrusion area: a case study in Pearl River Delta in China [J]. Water Resources Management, 2010, 24 (1): 63-81.

[897] Yang T., Xu C. Y., Shao Q. X., et al. Regional flood frequency and spatial patterns analysis in the Pearl River Delta region using L-moments approach [J]. Stochastic Environmental Research and Risk Assessment, 2010, 24 (2): 165-182.

[898] Zhang Q., Xu C. Y., Chen Y. D.. Wavelet-based characterization of water level behaviors in the Pearl River estuary, China [J]. Stochastic Environmental Research and Risk Assessment, 2010, 24 (1): 81-92.

[899] 陈军．珠江河口岸线、滩涂保护与开发利用研究 [J]. 人民珠江，2011 (1): 13, 32.

[900] 梁海涛，徐辉荣，黄德治．珠江河口滩涂保护与利用方案浅析 [J]. 广东水利水电，2011 (1): 26-30.

[901] 陈小文，刘霞，张蔚．珠江河口滩涂围垦动态及其影响 [J]. 河海大学学报(自然科学版)，2011 (1): 39-43.

[902] 林先酉．陈村水道特大桥连续梁施工技术研究 [J]. 民营科技，2011 (1): 202.

[903] 吴玲正．陈村特大桥设计中一些细节问题的再探讨 [J]. 华东公路，2011 (1): 74-77.

[904] 黄伟民．西、北江及思贤滘水文特性变化的分析研究 [J]. 人民珠江，2011 (1): 23-24, 28.

[905] 郭盛才．广东湿地类型及其分布特征研究 [J]. 广东林业科技，2011 (1): 85-89.

[906] 吴宏旭，丁士，张蔚．珠江三角洲伶仃洋河口洪季盐水入侵规律研究 [J]. 江苏科技大学学报 (自然科学版)，2011 (1): 83-88.

[907] 李平日．重新审视珠江三角洲海面升降问题 [J]. 热带地理，2011 (1): 34-38, 51.

[908] 王吉云．港珠澳大桥岛隧工程沉管隧道施工新技术介绍 [J]. 地下工程与隧道，2011 (1): 22-26, 53.

[909] 吕爱琴，彭靖，梁剑喜，等．中山市河口咸潮活动特性分析 [J]. 广东水利水电，2011 (S1): 22-24.

[910] 许炜铭，包芸．重大工程引起的珠江河口潮波逆向不稳定传播现象 [J]. 计算力学学报，2011 (S1): 208-214.

[911] 王为，吴超羽，许刘兵，等．珠江三角洲古今海蚀地形的高度差异及影响因素 [J]. 科学通报，2011 (Z1): 342-353.

[912] 郭盛才．广东湿地资源保护管理现状及其对策研究 [J]. 广东林业科技，2011 (2): 100-103.

[913] 韦惺，吴晓星．黄茅海河口崖门的动力结构和沉积作用 [J]. 中国科学：地球科学，2011 (2): 272-282.

[914] 易灵，林焕新，尹开霞．珠江三角洲洪水位变化主要影响因素研究 [J]. 人民

珠江，2011 (2)：1-4.

[915] 韦惺，莫文渊，吴超羽. 珠江三角洲地区全新世以来的沉积速率与沉积环境分析 [J]. 沉积学报，2011 (2)：328-335.

[916] 辉阳. 港珠澳大桥主体工程通航安保方案出炉 [J]. 广东交通，2011 (2)：30.

[917] 刘欢，吴超羽. 河口湍流数据现场采集和后处理 [J]. 海洋工程，2011 (2)：122-128，134.

[918] 袁建新，王寿兵，王祥荣，等. 基于土地利用/覆盖变化的珠江三角洲快速城市化地区洪灾风险驱动力分析——以佛山市为例 [J]. 复旦学报（自然科学版)，2011 (2)：238-244.

[919] 李英，陈越. 港珠澳大桥岛隧工程的意义及技术难点 [J]. 工程力学，2011 (S2)：67-77.

[920] 郑清君. 狮子洋隧道虎门港沙田港区地层破碎段盾构掘进施工技术研究 [J]. 隧道建设，2011 (S2)：35-40.

[921] 缪丽，付辉，郭新蕾，等. 港珠澳大桥岛隧工程施工过程三维仿真 [J]. 南水北调与水利科技，2011 (3)：71-74.

[922] 肖洋，陈界仁，刘国珍. 枕箱、龙穴南水道航道疏浚工程对蕉门出海水域影响的计算分析 [J]. 水运工程，2011 (3)：111-116.

[923] 贾飞. 土工格栅在软基围堰中的应用 [J]. 科学咨询（科技·管理)，2011 (3)：64-65.

[924] 赵学问，车进胜，林超明. 珠江三角洲高等级航道网规划与建设概述 [J]. 珠江现代建设，2011 (3)：29-30.

[925] 刘曾美，陈子燊. 基于两个致灾因子的治涝标准研究 [J]. 水力发电学报，2011 (3)：39-44，49.

[926] 蔡美芳，李开明，姜国强，等. 海洋环境保护经济损益评估——以珠江口及毗邻海域为例 [J]. 海洋环境科学，2011 (3)：435-439.

[927] 兰晓妮，王峰. 广东省三水市思贤滘水道分流影响因素分析 [J]. 吉林水利，2011 (3)：26-30.

[928] 洪滨，伍亭垚. 小榄水道特大桥钢管拱竖转后锚设计 [J]. 中外公路，2011 (3)：93-95.

[929] 陈荣力，刘诚，高时友. 磨刀门水道枯季咸潮上溯规律分析 [J]. 水动力学研究与进展（A辑)，2011 (3)：312-317.

[930] 朱远生，翁士创，杨昆. 西江干流敏感生态需水量研究 [J]. 人民珠江，2011 (3)：1-2，49.

[931] 刘欢，吴超羽，包芸. 珠江河口的能量传播和能量耗散 [J]. 热带海洋学报，2011 (3)：16-23.

[932] 倪培桐，韦惺，吴超羽，等. 珠江河口潮能通量与耗散 [J]. 海洋工程，2011 (3)：67-75.

[933] 王艳，董国祥．珠江三角洲3000t内河集装箱船最佳航线探讨 [J]. 中国航海，2011 (3)：118-121.

[934] 范锦春．珠江河口治导线规划是河口地区城市发展的水利保障 [J]. 珠江现代建设，2011 (3)：1-5，15.

[935] 李团结，马玉，王迪，等．珠江口滨海湿地退化现状、原因及保护对策 [J]. 热带海洋学报，2011 (4)：77-84.

[936] 徐林春，郑国栋，黄东，等．桥梁工程阻水比与河道水位关系初探 [J]. 中国农村水利水电，2011 (4)：45-49.

[937] 余乐，吴世红．狮子洋水道水质变化趋势及其保护措施建议 [J]. 环境研究与监测，2011 (4)：15-19.

[938] 胡德礼，吴超羽，贾良文．珠江河口对外海潮波响应的固有频率研究——采用系统控制论方法 [J]. 海洋学报（中文版），2011 (4)：29-37.

[939] 陆永军，侯庆志，陆彦，等．河口海岸滩涂开发治理与管理研究进展 [J]. 水利水运工程学报，2011 (4)：1-12.

[940] 闫书明，方磊，张粱，等．港珠澳大桥护栏碰撞试验条件研究 [J]. 城市道桥与防洪，2011 (4)：87-89，10.

[941] 袁胜英，应强，辛文杰，等．伶仃航道三期试挖槽工程实施后泥沙回淤分析 [J]. 水运工程，2011 (4)：93-97.

[942] 王红兵，曾志远．港珠澳大桥施工水域辟用临时航道 [N]. 中国交通报，2011-04-26 (002).

[943] 甘浪雄，喻晓，高国章．船舶失控应急的港珠澳大桥桥区水域尺度 [J]. 中国航海，2011 (4)：76-80.

[944] 连涛．论江新联围水利工程的统一管理 [J]. 珠江现代建设，2011 (4)：12-14，24.

[945] 冯艳杰，卫建峰．港珠澳大桥 CORS 系统稳定性实时监测研究 [J]. 城市勘测，2011 (4)：99-102.

[946] 郭冉冉．港珠澳大桥试桩环保泥浆的制备工艺研究 [J]. 广东交通职业技术学院学报，2011 (4)：5-8，11.

[947] 刘晓东．港珠澳大桥总体设计与技术挑战 [C] //中国海洋工程学会．第十五届中国海洋（岸）工程学术讨论会论文集（上），2011.

[948] 徐军，刘磊，刘晓东．港珠澳大桥设计技术标准研究——设计寿命的确定及对策 [J]. 中外公路，2011 (5)：136-141.

[949] 连涛．厚软土层上穿堤建筑物基础选型的再认识 [J]. 珠江现代建设，2011 (5)：15-16，19.

[950] 李文丹，李孟国，韩西军，等．港珠澳大桥珠澳口岸人工岛工程二维潮流泥沙数学模型研究 [J]. 中国港湾建设，2011 (5)：27-30，39.

[951] 刘金生．小榄水道特大桥钢管拱竖向转体施工技术 [J]. 公路，2011 (5)：96-99.

[952] 韩西军，杨树森，李孟国，等．港珠澳大桥对珠江口港口航道影响研究[C] // 中国海洋工程学会．第十五届中国海洋（岸）工程学术讨论会论文集(中)，2011.

[953] 潘建非，邱丽．岭南水乡景观空间形态的分析与营造 [J]. 中国园林，2011 (5)：55-59.

[954] 广东省社会科学院海洋经济研究中心，《新经济》杂志社课题组，杨明．珠江河口河海分界与河口海域管理研究报告 [J]. 新经济，2011 (5)：79-87.

[955] 诸裕良，林晓瑜，张蔚．珠江河口盐水入侵预测模式研究 [C] //中国海洋工程学会．第十五届中国海洋（岸）工程学术讨论会论文集（中)，2011.

[956] 杨光，陈小文，罗挺，等．珠江三角洲网河区河障整治工作探讨 [J]. 人民珠江，2011 (5)：34-36.

[957] 罗丹．磨刀门咸潮测验的实践 [J]. 水利技术监督，2011 (5)：21-23.

[958] 孔兰，陈晓宏，刘斌，等．咸潮影响下磨刀门水道取淡时机初探 [J]. 水资源保护，2011 (6)：24-27.

[959] 作者不详．港珠澳大桥海中人工岛主体结构完成 [J]. 特种结构，2011 (6)：119.

[960] 宁京，戴建国．港珠澳大桥的非线性地震响应分析 [J]. 长安大学学报（自然科学版)，2011 (6)：31-35.

[961] 隗建波，宁茂权，莫阳春，等．港珠澳大桥沉管隧道基础处理方案沉降分析 [J]. 铁道勘测与设计，2011 (6)：9-12.

[962] 黄翠，翁映标，高琳，等．浅谈珠江三角洲河流污染及治理措施 [J]. 珠江现代建设，2011 (6)：15-18.

[963] 巫远泉．自航耙吸式挖泥船在崖门出海航道整治工程疏浚工程中的清障施工 [J]. 科技与企业，2011 (6)：73-74.

[964] 包芸，叶浩，许炜铭．白藤堵海引起的水动力巨大变化和其后恢复的动力原因 [C] //中国海洋工程学会．第十五届中国海洋（岸）工程学术讨论会论文集(中)，2011.

[965] 陈业超．横门水文站测流代表线验证分析 [J]. 水利科技与经济，2011 (6)：29-32.

[966] 杜闯东，任成国，张志达．狮子洋隧道盾构地中对接技术 [C] //中国土木工程学会隧道及地下工程分会隧道掘进机（盾构、TBM）委员会，中铁隧道集团有限公司南京指挥部．第二届隧道掘进机（盾构、TBM）专业委员会第一次学术研讨会暨中铁隧道集团城市盾构项目管理、施工技术、设备维保交流会论文集，2011.

[967] 胡海英，黄国如．珠江三角洲潮位时间序列的混沌特性分析 [J]. 水电能源科学，2011 (6)：21-23.

[968] 林中英．珠江口航道船舶操纵与避碰方法 [J]. 中国水运（下半月)，2011 (7)：11-12.

[969] 陈猷，王贵作，刘定湘，等．流域管理与行政区域管理事权划分完善对策研究——以淮河、珠江、太湖、长江、松辽流域为例 [J]. 水利发展研究，2011 (7)：88-92.

[970] 梁观球．塑料排水板堆载预压在河道软基筑堤中的应用 [J]. 民营科技，2011 (7)：162，324.

[971] 刘宝龙．容桂水道特大桥主跨施工技术 [J]. 山西建筑，2011 (7)：141-142.

[972] 官文通．容桂水道特大桥中跨合龙段施工技术 [J]. 山西建筑，2011 (7)：156-157.

[973] 孙婷，王和锋，曾宇航，等．珠江口港口航道海洋疏浚泥处置利用现状研究 [J]. 中国新技术新产品，2011 (7)：197-198.

[974] 赵吉国，谭超，杜秀忠，等．洪奇沥水道民三联围险段河床演变分析及加固建议 [J]. 广东水利水电，2011 (7)：1-4.

[975] 孙宗勋，陈军，谢强，等．珠江口西岸海水入侵现状调查分析 [J]. 环境科学与技术，2011 (8)：81-84.

[976] 李文丹，李孟国，杨树森，等．港珠澳大桥建设对水沙环境影响数学模型研究——Ⅰ. 模型的建立和验证 [J]. 水运工程，2011 (8)：1-8.

[977] 邱大灿，程书萍，葛秋东．大型工程前期决策综合集成管理模式研究——港珠澳大桥建设管理理论思考 [J]. 建筑经济，2011 (8)：44-47.

[978] 杨京，罗挺．关于珠江三角洲河道清障工作的一些思考 [J]. 广东水利水电，2011 (8)：30-32.

[979] 唐元平，衷海燕．民国时期西江三角洲的水利开发与围际纷争 [J]. 江西社会科学，2011 (9)：128-133.

[980] 赵学问，车进胜，林超明．珠江三角洲高等级航道网规划与建设概述 [J]. 中国水运（下半月），2011 (9)：15-16.

[981] 周雯，郭振仁，赵肖．珠江三角洲河口盐水入侵耦合模型的研究及应用 [C] // 中国环境科学学会．2011中国环境科学学会学术年会论文集（第一卷），2011.

[982] 黄涛．黄茅海河口区沿程潮差异常变化研究 [J]. 广东水利水电，2011 (9)：22-24，34.

[983] 李孟国，李文丹，杨树森，等．港珠澳大桥建设对水沙环境影响数学模型研究——Ⅱ. 模型的应用 [J]. 水运工程，2011 (10)：1-6.

[984] 包芸，黄宇铭，阮波．磨刀门水道具有垂向间断和连续结构的盐水楔 [J]. 中国科学：物理学 力学 天文学，2011 (10)：1216-1223.

[985] 罗丹，邓夕虹．珠江河口澳门附近水域涉水工程咨询项目的管理特点和适应性 [J]. 中国工程咨询，2011 (10)：35-37.

[986] 陈翩翩，殷楚．粤港澳将共享船舶交通管理数据 [N]. 珠海特区报，2011-10-12 (001).

[987] 宫鹏杰，李虎成，郑国栋，等．佛山市龙湾大桥桥址河段河床演变分析 [J]. 广东水利水电，2011 (10)：12-15.

[988] 蔡忠泽．顺德水道特大桥深水钢板桩围堰设计与施工 [J]. 铁道标准设计，2011 (10)：65-68.

[989] 孔兰，陈晓宏，闻平，等.2009/2010 年枯水期珠江口磨刀门水道强咸潮分析 [J]. 自然资源学报，2011 (11)：1858-1865.

[990] 余乐，吴世红，李静．狮子洋水道水质变化趋势及其保护措施建议 [J]. 环境科学与管理，2011 (11)：53-57.

[991] 蔡佩林，曾艳英．港珠澳大桥建设对珠江口东西两岸港口的影响 [J]. 水运管理，2011 (12)：30-32，38.

[992] 杨帆．"09.7" 西江及三角洲洪水水情分析 [J]. 广东水利水电，2011) (12)：42-43，46.

[993] 董文峰，万方家．磨刀门水道入江海船的研究 [J]. 珠江水运，2011 (12)：23-26.

[994] 李英，陈越．港珠澳大桥岛隧工程的意义及技术难点 [C] // 中国力学学会结构工程专业委员会，宁波工程学院，中国力学学会《工程力学》编委会，土木工程防灾国家重点实验室（同济大学），水沙科学与水利水电工程国家重点实验室（清华大学），土木工程安全与耐久教育部重点实验室（清华大学），清华大学土木工程系．第 20 届全国结构工程学术会议论文集（第 Ⅰ 册），2011.

[995] 刘勇南．东平水道航道整治工程设计风险分析与控制 [J]. 珠江水运，2011 (16)：41-48.

[996] 闫书明，贾宁，方磊，等．港珠澳大桥护栏安全性能评价标准 [J]. 交通标准化，2011 (16)：115-119.

[997] 李蘅，倪锦初，杜泽金．港珠澳大桥隧道人工岛暗埋段基坑防渗方案研究 [J]. 人民长江，2011 (16)：1-4.

[998] 作者不详．港珠澳大桥西人工岛钢围堰基本合龙 [J]. 施工技术，2011 (17)：43.

[999] 黄建坤．浅谈模袋混凝土技术在航道建设中的应用 [J]. 珠江水运，2011 (22)：62-64.

[1000] Feng, X. B., Yan, Y. X., Zhang, W.. Application of two-dimensional wavelet transform in near-shore x-band radar images [J]. Journal of hydrodynamics, 2011, 23 (2): 179-186.

[1001] 张燕．基于 3S 技术的珠江口海岛自然旅游资源特征与动态变化 [D]. 广州：广州大学，2011.

[1002] 赖荣康．珠海地区咸潮影响因子统计与分析 [D]. 青岛：中国海洋大学，2011.

[1003] 陈明媚．珠江流域水污染治理的问题与对策 [D]. 广州：华南理工大

学，2011.

[1004] 赖荣康．珠海地区咸潮影响因子统计与分析［D］．青岛：中国海洋大学，2011.

[1005] 朱伟亮．珠江三角洲航道工作快艇的定型研究［D］．广州：华南理工大学，2011.

[1006] 刘丽丽．桥梁纵向景观识别系统研究［D］．武汉：华中科技大学，2011.

[1007] 广东省水利水电科学研究院．复杂断面海堤越浪量及其相关指标研究［R］，2011.

[1008] 北江流域管理局．北江大堤加固达标工程关键技术研究与应用［R］，2011.

[1009] 广东省水利水电科学研究院．北江干流石角河段结合航道疏浚布置河砂可采区的可行性论证［R］，2012.1.

[1010] 唐诚，赵艳，刘欣．珠江口海岸带未来海平面上涨的脆弱性评估［C］//中国海洋湖沼学会，中国科学院海洋研究所．中国海洋湖沼学会第十次全国会员代表大会暨学术研讨会论文集，2012.

[1011] 梁励韵，刘晖．珠江三角洲网河区的城市水系规划［J］．华中建筑，2012（1）：106-110.

[1012] 覃超梅，于锡军．海平面上升对广东沿海海岸侵蚀和生态系统的影响［J］．广州环境科学，2012（1）：25-27.

[1013] 作者不详．咸潮试验设施［J］．人民珠江，2012（S1）：1.

[1014] 作者不详．咸潮试验研究［J］．人民珠江，2012（S1）：83.

[1015] 王磊，罗朝林，陈若舟，等．盐潮风浪流多因子耦合同步测控系统［J］．人民珠江，2012（S1）：73-75.

[1016] 刘欢，吴加学，任杰．珠江河口崖门小尺度动力结构［C］//中国海洋湖沼学会，中国科学院海洋研究所．中国海洋湖沼学会第十次全国会员代表大会暨学术研讨会论文集，2012.

[1017] 吴门伍，严黎，周家俞，等．港珠澳大桥对伶仃洋滩地演变影响试验研究［J］．水利水运工程学报，2012（1）：49-56.

[1018] 李昌宇．珠江河口湾最大浑浊带的三维动力学研究［C］//中国海洋湖沼学会，中国科学院海洋研究所．中国海洋湖沼学会第十次全国会员代表大会暨学术研讨会论文集，2012.

[1019] 倪培桐，韦惺，刘欢．珠江河口潮能及其耗散的空间分布［J］．中山大学学报（自然科学版），2012（1）：128-132.

[1020] 吴门伍，严黎，周家俞，等．港珠澳大桥对伶仃洋滩地演变影响试验研究［J］．水利水运工程学报，2012（1）：49-56.

[1021] 柳志平，刘泉声，程勇，等．卸荷土体本构模型选用及其参数的确定——以港珠澳大桥拱北隧道明挖段基坑为例［J］．岩土工程学报，2012（S1）：197-202.

[1022] 余晶，程勇，贾瑞华．港珠澳大桥珠海连接线拱北隧道方案论证［J］．现代

隧道技术，2012 (1)：119-125，131.

[1023] 韩鸿胜，闫勇，韩西军，等．港珠澳大桥工程方案人工岛局部动床冲刷物理模型试验研究 [J]. 水道港口，2012 (1)：25-29.

[1024] 汤召志，王明年，于丽，等．港珠澳大桥沉管隧道通风变频节能技术研究 [J]. 地下空间与工程学报，2012 (S1) 1418-1421.

[1025] 张东斌．港珠澳大桥岛隧工程钢筋自动化加工技术 [J]. 建筑机械化，2012 (S1)：110-113.

[1026] 曹慧江，肖烈兵．港珠澳大桥岛隧工程沉管基槽开挖回淤强度研究 [J]. 水运工程，2012 (1)：12-17.

[1027] 张劲文，朱永灵，高星林，等．港珠澳大桥岛隧工程设计施工总承包模式构建 [J]. 公路，2012 (1)：133-136.

[1028] 吴迪军，熊伟．港珠澳大桥工程坐标系设计 [J]. 测绘通报，2012 (1)：53-55，90.

[1029] 罗岸，陆汉柱，麦栋玲．江新联围大洞口水闸通航孔水力冲沙试验研究 [J]. 水利水电工程设计，2012 (1)：40-43.

[1030] 蒋陈娟，杨清书，戴志军，等．近几十年来珠江三角洲网河水位时空变化及原因初探 [J]. 海洋学报 (中文版)，2012 (1)：46-56.

[1031] 熊德迟，李杰．新丰江水库直饮水工程对东江三角洲咸界的影响分析 [J]. 人民珠江，2012 (S1)：66-69.

[1032] 刘树锋，黄健东，张从联．咸潮影响河段取水水源可靠性的分析 [J]. 水资源保护，2012 (1)：54-58，75.

[1033] 作者不详．磨刀门咸潮原型测验 [J]. 人民珠江，2012 (S1)：84.

[1034] 卢素兰，徐峰俊．磨刀门水道咸潮变化模拟及咸情防控研究 [J]. 人民珠江，2012 (S1)：69-72.

[1035] 苏波，刘吉，冯业荣，等．磨刀门咸潮中的风效应初探 [J]. 人民珠江，2012 (S1)：21-25.

[1036] 苏波，刘吉，卢陈，等．枯水期磨刀门与洪湾水道盐度比较分析 [J]. 人民珠江，2012 (S1)：17-20.

[1037] 高时友，陈子燊．枯季磨刀门河口垂线流速分布特征 [J]. 人民珠江，2012 (S1)：1-4.

[1038] 袁丽蓉，苏波，余顺超，等．磨刀门河口瞬时盐度分层状态及其动力分析 [J]. 人民珠江，2012 (S1)：12-16.

[1039] 袁丽蓉，卢陈，余顺超，等．磨刀门日潮平均盐度变化及驱动力分析 [J]. 人民珠江，2012 (S1)：8-12.

[1040] 刘吉，苏波，何贞俊，等．"黑格比"风暴潮对磨刀门水道沿岸取水的影响 [J]. 人民珠江，2012 (S1)：25-27.

[1041] 刘吉，苏波，袁丽蓉，等．枯水期磨刀门水道纵向盐度变化分析 [J]. 人民珠江，2012 (S1)：4-7.

[1042] 周庆欣，席望潮．珠江区水资源配置模型 [J]. 人民珠江，2012 (1)：6-9.

[1043] 赵薛强，张永，何宝根，等．基于GIS技术的珠江河口水下地形冲淤变化分析 [J]. 人民珠江，2012 (1)：79-82.

[1044] 刘欢，吴加学，任杰．珠江河口崖门小尺度动力结构 [C] // 中国海洋湖沼学会、中国科学院海洋研究所．中国海洋湖沼学会第十次全国会员代表大会暨学术研讨会论文集，2012.

[1045] 苏灵，梁才贵．广西境内西江干流洪水特征变化初探 [J]. 水文，2012 (1)：92-96.

[1046] 袁丽蓉，杨清书，陈荣力，等．西江磨刀门河口日均咸潮入侵距离与潮差的关系 [J]. 四川大学学报（工程科学版），2012 (S2)：183-187.

[1047] 彭静．珠江河口大系统水环境分析技术集成研究 [J]，2012 (2).

[1048] 徐群，莫思平，季荣耀，等．港珠澳大桥对伶仃洋河口潮流环境的影响 [J]. 水利水运工程学报，2012 (2)：79-83.

[1049] 侯佳艳，何杰，辛文杰．崖门出海航道大风天泥沙骤淤分析 [J]. 水利水运工程学报，2012 (2)：55-61.

[1050] 应强，辛文杰，袁胜英．港珠澳大桥通航水域航道演变分析 [J]. 水利水运工程学报，2012 (2)：97-103.

[1051] 郭学强．上游调水对珠三角咸潮影响力分析 [J]. 水利科技与经济，2012 (2)：9-11.

[1052] 董好刚，黄长生，陈雯，等．珠江三角洲环境地质控制性因素及问题分析 [J]. 中国地质，2012 (2)：539-549.

[1053] 黄建坤．浅析珠三角区域堤坝工程软基处理 [J]. 珠江水运，2012 (2)：70-72.

[1054] 徐群，莫思平，季荣耀，等．港珠澳大桥潮流物理模型设计的关键问题 [J]. 水利水运工程学报，2012 (2)：91-96.

[1055] 应强，辛文杰，袁胜英．港珠澳大桥通航水域航道演变分析 [J]. 水利水运工程学报，2012 (2)：97-103.

[1056] 易宁，欧阳东，宁博．港珠澳大桥沉管隧道早期应力参数化分析与裂缝控制 [J]. 混凝土，2012 (2)：130-133，137.

[1057] 辛文杰，贾雨少，何杰．港珠澳大桥沉管隧道试挖槽回淤特征分析 [J]. 水利水运工程学报，2012 (2)：71-78.

[1058] 李涛，高义，李晓敏，等．珠江口有居民海岛土地利用时空演化特征分析 [J]. 安徽农业科学，2012 (2)：1169-1174，1235.

[1059] 吴建新．民国时期广东的农田水利事业 [J]. 古今农业，2012 (2)：87-99.

[1060] 陈克．东平水道特大桥主墩承台钢板桩围堰施工技术 [J]. 山西交通科技，2012 (2)：60-63.

[1061] 李晓龙．清代珠三角的里社与乡村组织——以桑园围为例 [J]. 中山大学研究生学刊（社会科学版），2012 (2)：33-42.

[1062] 薛建强．磨刀门水道咸潮运动规律初步分析 [J]. 广西水利水电，2012 (2)：26-27，33.

[1063] 倪培桐，吴超羽，刘欢．“门”地貌单元的能量耗散和过程机制 [J]. 热带海洋学报，2012 (2)：34-40.

[1064] 肖莞生，李兴荣．西北江三角洲网河枯水径流频率分析 [J]. 广东水利水电，2012 (3)：35-38.

[1065] 李平日，乔彭年．珠江口伶仃洋萎缩消亡估算 [J]. 热带地理，2012 (3)：260-262.

[1066] 杨文珊．顺德水道整治工程的项目管理 [J]. 中国水运（下半月），2012 (3)：84-85.

[1067] 卢鹏宇．基于经济地理视角的港珠澳大桥建设意义分析 [J]. 广东广播电视大学学报，2012 (3)：66-69.

[1068] 张劲文，朱永灵．港珠澳大桥主体工程建设项目管理规划 [J]. 公路，2012 (3)：143-147.

[1069] 陈一梅，马骏．复式断面河道一级护岸平台高程的确定方法 [J]. 东南大学学报（自然科学版），2012 (3)：565-570.

[1070] 李活文．对羚山泵站计算机监控设备及安装的探讨 [J]. 中华民居，2012 (3)：25.

[1071] 卢真建．珠江三角洲近 20 年水位变化情况分析 [J]. 珠江现代建设，2012 (3)：8-14，29.

[1072] 时翠，陈晓宏，张强．近几十年来珠江三角洲 1 月和 7 月水位变异分析 [J]. 热带地理，2012 (3)：233-240.

[1073] 龚文平，刘欢，任杰，等．黄茅海河口潮波的传播特征与机理研究 [J]. 海洋学报（中文版），2012 (3)：41-54.

[1074] 游大伟，聂宇华，蔡兵，等．0814 号强台风（黑格比）引发的珠江口超高潮位与海平面上升关系分析 [J]. 热带地理，2012 (3)：228-232.

[1075] 卢素兰，李越．狮子洋河道设计频率下的河床冲刷问题研究 [J]. 广东水利水电，2012 (3)：10-12，22.

[1076] 赵明利，王平，谢健，等．珠江口采砂海域使用权挂牌管理实践及建议 [J]. 海洋开发与管理，2012 (3)：38-41.

[1077] 李超雄．长短桩结合的水泥搅拌桩复合地基沉降计算理论研究与工程实践 [J]. 广东水利水电，2012 (3)：1-5.

[1078] 韦桂秋，王华，蔡伟叙，等．近 10 年珠江口海域赤潮发生特征及原因初探 [J]. 海洋通报，2012 (4)：466-474.

[1079] 苏波，黄雁敏，梁卓其，等．2011—2012 年枯水期磨刀门咸潮活动基本情况 [J]. 人民珠江，2012 (4)：1-3.

[1080] 徐林春，赵明登，张庭荣，等．桥梁建设与河道行洪纳潮的适应性分析 [J]. 武汉大学学报（工学版），2012 (4)：442-446.

[1081] 李兴荣，肖莞生，唐伟明.Copula函数在西北江三角洲网河枯水联合分布中的应用 [J]. 广东水利水电，2012 (4)：35-40.

[1082] 罗岸，陆汉柱，麦栋玲.一种潮流悬沙模型试验加沙系统的研究和应用 [J]. 广东水利水电，2012 (4)：13-16.

[1083] 林鸣，梁桁，刘晓东，等.海上挤密砂桩工法及其在港珠澳大桥岛隧工程的应用 [J]. 中国港湾建设，2012 (4)：72-77.

[1084] 孙英广，梁桁.港珠澳大桥珠澳口岸人工岛填海工程总平面优化设计 [J]. 水运工程，2012 (4)：1-4.

[1085] 张东斌.港珠澳大桥岛隧工程钢筋自动化加工技术 [C] //中国建筑学会建筑施工分会，中国工程机械工业协会施工机械化分会.中国建筑学会建筑施工分会、中国工程机械工业协会施工机械化分会2012年会暨机械化施工新技术经验交流会会刊，2012.

[1086] 李森，余良辉，周力伟.港珠澳大桥岛隧工程钢圆筒制造技术 [J]. 中国港湾建设，2012 (4)：78-80.

[1087] 梁桁，孙英广，毛剑锋.港珠澳大桥珠澳口岸人工岛填海工程设计关键技术 [J]. 中国港湾建设，2012 (4)：33-38.

[1088] 李超，王胜年，王迎飞，等.港珠澳大桥全断面浇筑沉管裂缝控制技术 [J]. 施工技术，2012 (22)：5-8，18.

[1089] Zhang W.，Mu S. S.，Zhang Y. J.，et al. Seasonal and interannual variations of flow discharge from Pearl River into sea [J]. Water Science and Engineering，2012，5 (4)：399-409.

[1090] 顾立忠，郑国栋，李虎成，等.珠江三角洲网河区工程群体对河流的宏观影响研究 [J]. 广东水利水电，2012 (5)：5-8，13.

[1091] 鲁远征，吴加学，刘欢.河口底边界层湍流观测后处理技术方法分析 [J]. 海洋学报（中文版），2012 (5)：39-49.

[1092] 程香菊，詹威.数值分析磨刀门水道咸潮上溯控制工程措施的效应 [J]. 水动力学研究与进展（A辑），2012 (5)：597-604.

[1093] 包芸，黄宇铭，林娟.三分法研究丰水年和枯水年磨刀门水道咸界运动典型规律 [J]. 水动力学研究与进展（A辑），2012 (5)：561-567.

[1094] 曾智勇.狮子洋水下盾构隧道工程地质勘察 [C] //中国铁道学会铁道工程学会工程地质与路基专业委员会第二十三届年会论文集.2012.

[1095] 晟华.港珠澳大桥主体桥梁工程建设进入实施阶段 [J]. 筑路机械与施工机械化，2012 (5)：2.

[1096] 张彦昌，黄永军.港珠澳大桥隧道沉管安装定位及姿态监测技术 [J]. 海洋测绘，2012 (5)：25-28.

[1097] 汤伊琼，郑凡.珠海市游艇港口岸线利用规划 [J]. 水运工程，2012 (5)：116-120.

[1098] 孙鹏，刘春玲，张强.东江流域汛期旱涝急转的时空演变特征 [J]. 人民珠

江，2012（5）：29－34.

[1099] 龙巍，宋腾飞．全方位立体化监管港珠澳大桥水域［N］．中国水运报，2012－05－23（003）．

[1100] 徐群，莫思平，季荣耀，等．港珠澳大桥对伶仃航道和铜鼓航道回淤影响研究［J］．水道港口，2012（5）：393－396.

[1101] 孔兰，陈晓宏．海平面上升的研究现状及其影响对策研究［J］．人民珠江，2012（5）：35－42.

[1102] 苏波，刘吉．2011—2012年枯水期磨刀门特大咸潮成因初探［J］．人民珠江，2012（5）：73－75.

[1103] 任杰，刘宏坤，贾良文，等．磨刀门水道盐度混合层化机制［J］．水科学进展，2012（5）：715－720.

[1104] 卢康明，吴伟强．西海水道汛期水位预报方法［C］// 水利部水文局，国际水文计划（IHP）中国国家委员会，国际水文科学协会（IAHS）中国国家委员会，中国水利学会水文专业委员会．中国水文科技新发展——2012中国水文学术讨论会论文集，2012.

[1105] 毛孝发，吴伟才．广州东平水道特大桥钢桁架拱制造Q420qE钢焊接及热矫形工艺研究［C］// 中国土木工程学会桥梁及结构工程分会．第二十届全国桥梁学术会议论文集（上册），2012.

[1106] 刘斌，孔兰，刘丽诗．基于主成分分析的磨刀门水道咸潮影响因素研究［J］．人民珠江，2012（6）：24－26.

[1107] 高文军．广珠铁路江门水道特大桥主桥设计［J］．中国水运（下半月），2012（6）：203－204.

[1108] 王小莉．跨狮子洋水道多塔斜拉桥的安全设计［J］．安全与环境工程，2012（6）：137－141.

[1109] 方神光，陈文龙，崔丽琴．伶仃洋河口水域纳潮特性分析［J］．海洋科学，2012（6）：105－112.

[1110] 陈俊生，莫海鸿，刘叔灼，等．港珠澳大桥沉管隧道管节预制厂选址研究［J］．现代隧道技术，2012（6）：122－127.

[1111] 林登春．顺德水道特大桥墩基钢板桩围堰的设计与验算［J］．科技信息，2012（7）：537－538.

[1112] 港珠澳大桥岛隧工程首节沉管开始预制［J］．城市道桥与防洪，2012（7）：218.

[1113] 维军，蔡伟文，王蜜．港珠澳大桥项目的风险管理探讨［J］．中国保险，2012（7）：12－19.

[1114] 石荣贵，龙爱民，周伟华，等．珠江口磨刀门咸潮及其对环境要素变化的影响［J］．海洋科学，2012（8）：86－93.

[1115] 张正义．西江干流下游感潮河段水流传播规律分析研究［J］．广东水利水电，2012（8）：17－20.

[1116] 资利军，卢普伟．港珠澳大桥的隧道工程盾构法与沉管法的地质适应性分析 [J]. 建筑施工，2012 (8)：840-842.

[1117] 资利军，梁邦炎，卢普伟．港珠澳大桥隧道工程沉管法与盾构法方案比选 [J]. 建筑施工，2012 (8)：838-839.

[1118] 王彦林，闫禹．港珠澳大桥外海人工岛快速成岛技术 [J]. 施工技术，2012 (8)：47-51, 66.

[1119] 作者不详．港珠澳大桥主桥建设进实施阶段 [J]. 施工技术，2012 (8)：46.

[1120] 郭洪志，包芸．大中小潮磨刀门水道垂向和纵向盐水运动规律 [C] // 中国力学学会，《水动力学研究与进展》编委会，中国造船工程学会，周培源基金会，中国船舶科学研究中心．第十一届全国水动力学学术会议暨第二十四届全国水动力学研讨会并周培源诞辰110周年纪念大会文集（下册），2012.

[1121] 郭来娣．珠江流域内河旧码头改造工程设计思路 [J]. 珠江水运，2012 (14)：8-9.

[1122] 余晶，程勇，贾瑞华．港珠澳大桥珠海连接线拱北隧道方案论证 [J]. 公路，2012 (9)：244-249.

[1123] 吴迪军，熊伟，姚静．港珠澳大桥主体工程测量关键技术浅析 [J]. 测绘通报，2012 (9)：58-60.

[1124] 王胜年，李克非，范志宏，等．港珠澳大桥120年使用寿命的混凝土结构耐久性对策研究 [C] // 中国土木工程学会混凝土与预应力混凝土分会混凝土耐久性专业委员会．第八届全国混凝土耐久性学术交流会论文集，2012.

[1125] 王海霞，梁邦炎．风险分析在港珠澳大桥隧道工程工法比选中的应用 [J]. 建筑施工，2012 (10)：1038-1040.

[1126] 周永川．港珠澳大桥结构健康监测系统总体设计及应用 [J]. 中国交通信息化，2012 (10)：71-73.

[1127] 陈小玲，刘书含，韦世荣，等．珠江源　北盘江　西江　北江　东江　磨刀门六方之水合聚南宁 [J]. 珠江水运，2012 (11)：24.

[1128] 作者不详．广东磨刀门出海口取水仪式 磨刀门出海口之水 见证珠江门户战略 [J]. 珠江水运，2012 (11)：34-35.

[1129] 刘思达，黄强．施工平面控制网的技术设计与平差 [J]. 水利科技与经济，2012 (11)：29-30.

[1130] 苏建华，张建峰．港珠澳大桥主体工程桥区航道布置及航标设计方案 [J]. 水运工程，2012 (12)：83-88.

[1131] 蔡升．关于航道边坡开挖中稳定问题的探讨——以劳龙虎水道航道整治工程三角围裁弯工程为例 [J]. 珠江水运，2012 (12)：34-35.

[1132] 章途鑫．广珠铁路跨江门水道大桥通航净空尺度论证 [J]. 珠江水运，2012 (14)：52-53.

[1133] 郭东韡，郑万坤．港珠澳大桥沉管隧道沉降分析研究 [J]. 山西建筑，2012 (16)：212-214.

[1134] 卢普伟，梁邦炎，资利军．港珠澳大桥隧道工程沉管法与盾构法比选分析[J]．施工技术，2012 (17)：89-91.

[1135] 孙武，王义明，王越雷，等．珠江三角洲地面风场的特征及其城市群风道的构建 [J]．生态学报，2012 (18)：5630-5636.

[1136] 吴立斌，郭冉冉，李国刚．港珠澳大桥 C45 桩基混凝土配合比的设计 [J]．山西建筑，2012 (23)：128-130.

[1137] Wang Y.，Jiao J. J.．Origin of groundwater salinity and hydrogeochemical processes in the confined Quaternary aquifer of the Pearl River Delta，China [J]．Journal of Hydrology，2012 (438-439)：112-124.

[1138] 珠江水利科学研究院．盐潮风浪流同步测控系统 [R]，2012.

[1139] 珠江水利科学研究院．珠江压咸补淡关键技术与实践 [R]，2012.

[1140] 何为．珠江河口分汊机制及其对排洪和咸潮上溯的影响 [D]．上海：华东师范大学，2012.

[1141] 汤召志．港珠澳大桥沉管隧道运营通风节能技术研究 [D]．成都：西南交通大学，2012.

[1142] 王松．港珠澳大桥组合连续箱梁桥施工及运营阶段空间有限元分析 [D]．武汉：武汉理工大学，2012.

[1143] 毛玉东．港珠澳大桥组合连续箱梁模型试验研究 [D]．武汉：武汉理工大学，2012.

[1144] 汤佳茗．穿堤涵闸的变形控制设计研究 [D]．广州：华南理工大学，2012.

[1145] 陈文彪，陈上群，等．珠江河口治理开发研究 [M]．北京：中国水利水电出版社，2012.

[1146] 章文，刘丙军，辛彦博，等．珠江河口区盐度变化周期特征分析——以磨刀门水道为例 [J]．热带地理，2013 (1)：28-33.

[1147] 张峰．西江流域分布式水文模拟及其应用研究 [D]．上海：东华大学，2012.

[1148] 孙婷．珠江口疏浚泥处置方案研究 [D]．青岛：中国海洋大学，2012.

[1149] 王康．珠江骨干水库统一调度管理信息系统分析与设计 [D]．广州：华南理工大学，2012.

[1150] 林娟，张耀中，包芸．磨刀门水道盐水楔垂向结构及其对应流速分布特性 [C] //中国力学学会，西安交通大学．中国力学大会——2013 论文摘要集，2013.

[1151] 肖莞生，陈子燊．基于小波分析的珠江河口区盐度与流速、潮位的相关分析 [J]．热带地理，2013 (1)：34-39.

[1152] 张华，阮家顺，万仲恒，等．港珠澳大桥 U 肋角焊缝超声相控阵探伤技术 [J]．无损检测，2013 (1)：31-37.

[1153] 王新磊，张勇，何琼．浅谈港珠澳大桥路线总体设计 [J]．市政技术，2013 (S1)：92-95.

[1154] 仇正中，吴启和，牛照．港珠澳大桥埋置式承台基坑冲淤试验研究 [J]．中

国港湾建设，2013（1）：25-28.

[1155] 何小龙，程勇，郭小红，等．港珠澳大桥珠海连接线工程拱北隧道设计［J］．土工基础，2013（1）：21-24，40.

[1156] 包芸．珠江河口磨刀门水道盐水上溯和咸潮灾害研究［C］//中国力学学会，西安交通大学．中国力学大会——2013论文摘要集，2013.

[1157] 徐礼强，于海霞，胡晓张，等．基于分层系数法的磨刀门水道咸淡水混合规律研究［J］．人民珠江，2013（1）：28-35.

[1158] 金占伟，郑冬燕．珠江流域最严格水资源管理对策［J］．人民珠江，2013（S1）：16-17.

[1159] 广东省水利厅．广东省珠江河口滩涂保护与开发利用规划［R］，2013.1.

[1160] 陈昆仑，王旭，李丹，薛德升．1990—2010年广州城市河流水体形态演化研究［J］．地理科学．2013（2）.

[1161] 许陈澄，诸裕良，齐庆辉．磨刀门航道整治工程对咸潮上溯的影响［J］．水运工程，2013（2）：99-106.

[1162] 孔兰，陈晓宏．珠江口潮水位年内变化特征识别［J］．水资源保护，2013（2）：6-9，17.

[1163] 刘沐宇，王松，张强．港珠澳大桥组合连续箱梁桥剪力钉受力分析［J］．武汉理工大学学报，2013（2）：118-123.

[1164] 王中文，刘志峰，罗永传．港珠澳大桥大直径钻孔灌注桩自平衡法实验研究［J］．岩土工程学报，2013（S2）：1216-1219.

[1165] 熊金海，熊伟，吴迪军．港珠澳大桥GNSS连续运行参考站系统的建设及应用［J］．工程勘察，2013（2）：75-78.

[1166] 李盛．水泥土搅拌法在水闸基础处理中的应用［J］．水利科技与经济，2013（2）：109-111.

[1167] 吴迪军，熊伟，周瑞祥，等．港珠澳大桥GNSS连续运行参考站系统设计与实现［J］．测绘科学，2013（2）：62-64.

[1168] 刘欢，任杰，吴加学，等．珠江河口底边界层湍流事件研究［J］．水动力学研究与进展A辑，2013（3）：339-348.

[1169] 张挺，黄锦林，陈小丹，等．珠江河口导流海堤沉降监测及计算分析［J］．广东水利水电，2013（3）：11-14.

[1170] 罗扣，王东晖，张强．港珠澳大桥浅水区非通航孔桥组合梁设计［J］．桥梁建设，2013（3）：99-102.

[1171] 赵传林，张怡戈，杨润来．港珠澳大桥岛隧工程西人工岛暗埋段隧道模板设计及施工技术［J］．中国港湾建设，2013（3）：49-54.

[1172] 魏松旗．港珠澳大桥非通航孔85m组合梁桥面板首件工程施工工艺探讨［J］．中国高新技术企业，2013（3）：89-93.

[1173] 夏继红，鞠蕾，林俊强，等．河岸带适宜宽度要求与确定方法［J］．河海大学学报（自然科学版），2013（3）：229-234.

[1174] 董满宇，王炳钦，廖剑宇，等．近50年东江流域极端降水事件变化特征[J]．资源科学，2013 (3)：521-529.

[1175] 吕乐婷，彭秋志，廖剑宇，等．近50年东江流域降雨径流变化趋势研究[J]．资源科学，2013 (3)：514-520.

[1176] 逯玲燕，詹杰民，耿兵绪．基于通量收支分析的珠江口冲淡水扩展规律研究[J]．水动力学研究与进展A辑，2013 (3)：252-259.

[1177] 熊伟，吴迪军．港珠澳大桥GNSS连续运行参考站系统的设计与建设[J]．铁道勘察，2013 (3)：1-4.

[1178] 魏衡．港珠澳大桥的区域效应探讨[J]．山西建筑，2013 (3)：14-16.

[1179] 张晓江．广州南沙港铁路小榄水道公铁两用特大桥设计创新技术[J]．公路，2013 (3)：75-78.

[1180] 魏松旗．港珠澳大桥非通航孔85m组合梁桥面板首件工程施工工艺探讨[J]．中国高新技术企业，2013 (3)：89-93.

[1181] 刘欢，吴加学，武亚菊．珠江河口底边界层湍流动力特征[J]．海洋工程，2013 (4)：55-61.

[1182] 范中亚，林澍，曾凡棠，等．珠江口门枯季动力过程及盐度分布特征[J]．热带地理，2013 (4)：400-406.

[1183] 覃小群，刘朋雨，黄奇波，等．珠江流域岩石风化作用消耗大气/土壤CO_2量的估算[J]．地球学报，2013 (4)：455-462.

[1184] 刘明虎，孟凡超，李国亮．港珠澳大桥青州航道桥工程特点及关键技术[J]．桥梁建设，2013 (4)：87-93.

[1185] 黄修林，丁庆军，宋晓波，等．港珠澳大桥C60桥面板混凝土配合比设计与性能[J]．混凝土，2013 (4)：108-111.

[1186] 吴启和，田唯，牛照，等．珠澳大桥埋置式承台基坑开挖边坡稳定性研究[J]．公路，2013 (4)：1-5.

[1187] 吴迪军，熊伟，何婵军．港珠澳大桥首级控制网四期测量成果比较与分析[J]．测绘科学，2013 (4)：83-85.

[1188] 王驰，徐群，王学兰．港珠澳大桥整体物理模型试验管理研究[C] // 中国海洋工程学会．第十六届中国海洋（岸）工程学术讨论会（下册），2013.

[1189] 赵传林，刘明虎，孙鹏．港珠澳大桥青州航道桥主塔墩钢套箱设计与施工[J]．中国港湾建设，2013 (4)：1-6.

[1190] 范中亚，林澍，曾凡棠，等．珠江口门枯季动力过程及盐度分布特征[J]．热带地理，2013 (4)：400-406.

[1191] 孙万民，吕春武，唐梦尧，等．河口海域地形变化检测技术探讨[J]．海洋测绘，2013 (4)：45-47.

[1192] 李春初．珠江河口咸潮问题之我见[J]．热带地理，2013 (4)：496-499.

[1193] 陈子燊，刘占明，黄强．西江水文干旱历时与强度的遭遇概率分析[J]．湖泊科学，2013 (4)：576-582.

[1194] 彭靖．YSI多参数水质监测仪在不同河口咸潮监测中的应用［J］．水利科技与经济，2013（4）：13-15.

[1195] 刘曾美，余增鑫．磨刀门水道水位与上游洪水及下游潮位的关联性分析［J］．人民珠江，2013（4）：35-39.

[1196] 广东省水利水电科学研究院．北江干流（乌石至河口）河段航道整治工程防洪评阶报告［R］，2013.5.

[1197] 郑悦华，秦蓓蕾．广州市西江引水工程对珠三角网河区的影响分析［J］．水利规划与设计，2013（5）：9-10，13.

[1198] 沈正，赵颖，宁楚湘，等．珠江流域水资源管理系统总体设计［J］．人民珠江，2013（5）：61-63.

[1199] 冯伟忠，张娟，游大伟，等．被高估的"海平面上升对珠江口风暴潮灾害评估影响"的原因探析［J］．热带地理，2013（5）：640-645.

[1200] 卢真建，徐辉荣，刘霞，等．珠江磨刀门水道咸潮特性分析研究［J］．水利规划与设计，2013（5）：17-19，53.

[1201] 衷海燕，潘雪梅．民国珠江三角洲的水利生态与沙田开发——以中山县平沙地区为中心［J］．中国农史，2013（5）：89-98.

[1202] 苏慈，王晓佳，吴存全．甘竹溪特大桥长平台斜拉挂篮的构造分析［J］．广东公路交通，2013（5）：8-12.

[1203] 唐三波，郭文宇．浅谈国内大型工程项目文化建设——以港珠澳大桥岛隧工程项目为例［J］．珠江水运，2013（5）：75-77.

[1204] 孙树青．钢圆筒围护结构在港珠澳大桥岛隧工程人工岛建设中的应用［J］．中国水运（下半月），2013（5）：249-250.

[1205] 港珠澳大桥西人工岛岛头最后钢圆筒拆除［J］．施工技术，2013（5）：47.

[1206] 刘俊勇．涉水码头工程防洪补救措施典型案例分析［J］．人民珠江，2013（5）：16-19.

[1207] 姜守俊．内伶仃岛以北海域填海造地活动及其引发的环境地质问题探讨［J］．广东水利水电，2013（5）：16-19.

[1208] 王蓉．浅谈羚山泵站进水前池右侧基础滑坡的产生原因及其处理措施［J］．大众科技，2013（5）：65-67.

[1209] 郑悦华，秦蓓蕾．广州市西江引水工程对珠三角网河区的影响分析［J］．水利规划与设计，2013（5）：9-10，13.

[1210] 作者不详．海平面上升可能使珠江三角洲灾害增加［J］．水文地质工程地质，2003（5）：60.

[1211] 阳建云，徐元．关于港珠澳大桥航道航标配布的几点探讨［C］//中国水利学会．中国水利学会2013学术年会论文集——S5河口治理与保护，2013.

[1212] 方神光，王少波．磨刀门水道枯季水动力特性分析［J］．水文，2013（5）：70-74，51.

[1213] 叶丰，黄小平，施震，等．极端干旱水文年（2011年）夏季珠江口溶解氧的

分布特征及影响因素研究 [J]. 环境科学，2013 (5)：1707-1714.

[1214] 蔡树群，郑舒，韦惺．珠江口水动力特征与缺氧现象的研究进展 [J]. 热带海洋学报，2013 (5)：1-8.

[1215] 方神光．珠江河口磨刀门水道咸潮上溯主要影响因素探讨 [J]. 人民长江，2013 (5)：23-26.

[1216] 刘欢，吴加学，武亚菊．珠江河口地形致动力结构研究——以崖门为例 [J]. 海洋学报（中文版），2013 (5)：29-36.

[1217] 吴旗韬，张虹鸥，苏泳娴，等．港珠澳大桥对珠江口两岸经济发展的影响 [J]. 海洋开发与管理，2013 (6)：96-99.

[1218] 刘俊勇，吴娟．港珠澳大桥人工岛无结构三角形网格数学模型研究 [J]. 人民珠江，2013 (6)：50-54.

[1219] 魏巍，李培英，马媛，等．珠江口海域工程地质环境质量综合评价区划 [J]. 热带海洋学报，2013 (6)：58-62.

[1220] 严杰，陈宏文，梁建，等．珠江口沿岸地区资源环境与经济发展研究 [J]. 安徽农业科学，2013 (6)：2725-2727.

[1221] 黄育波，郭文宇．港珠澳大桥岛隧工程首节沉管顺利对接 [J]. 交通企业管理，2013 (6)：2-3.

[1222] 张海燕．港珠澳大桥预制承台墩身墩帽安装技术 [J]. 江西建材，2013 (6)：220-221.

[1223] 苏慈，王晓佳，吴存全．甘竹溪特大桥长平台斜拉挂篮的设计与关键技术 [J]. 广东公路交通，2013 (6)：1-5.

[1224] 胡敏涛．港珠澳大桥主体工程建设期应急管理技术探讨 [J]. 公路交通科技（应用技术版），2013 (6)：147-149.

[1225] 吴广定，童治中，郁文．港珠澳大桥九洲航道桥完成全部钻孔桩施工 [J]. 世界桥梁，2013 (6)：95.

[1226] 赵传林，徐波，秦观．港珠澳大桥超大型预制墩台吊装工艺探讨 [J]. 中国港湾建设，2013 (6)：50-52.

[1227] 蒋然，陈韦丽，王伟，等．珠江河口沉积物氨氮内循环增量的碳源相关性研究 [C] //中国水利学会．中国水利学会 2013 学术年会论文集——S1 水资源与水生态，2013.

[1228] 刘国珍．横琴岛人工河对周边水域防洪影响分析 [C] //中国水利学会．中国水利学会 2013 学术年会论文集——S3 防汛抗旱减灾，2013.

[1229] 章文，刘丙军，陈晓宏，等．珠江口磨刀门水道盐度变化与潮汐过程的相关性分析 [J]. 中山大学学报（自然科学版），2013 (6)：11-16.

[1230] 赵善德．先秦东江三角洲先民择地谋生述论 [J]. 兰州学刊，2013 (7)：34-41.

[1231] 张振宏，林志军，谢东恒．浅谈软土地基上导流明渠的施工方法 [J]. 广东水利水电，2013 (7)：85-87.

[1232] 陈春燕．西北江枯水期调水对三角洲主要河道水流影响研究［C］//中国水利学会．中国水利学会 2013 学术年会论文集——S3 防汛抗旱减灾，2013.

[1233] 吴春熠，许征．珠江河口桥梁工程防洪影响评价编制若干问题探讨［C］//中国水利学会．中国水利学会 2013 学术年会论文集——S3 防汛抗旱减灾，2013.

[1234] 胡长友，刘方，李刚．港珠澳大桥隧道工程地震液化判别［J］．水运工程，2013 (7)：57-61.

[1235] 廖建航．港珠澳大桥岛隧工程精细化地质勘察管理［J］．水运工程，2013 (7)：15-18.

[1236] 李建宇，梁桁．港珠澳大桥岛隧工程隧道基础沉降计算及参数选取［J］．水运工程，2013 (7)：84-89.

[1237] 郭玉华，祝刘文，俞奕．港珠澳大桥西人工岛室内试验结果比对及分析［J］．水运工程，2013 (7)：90-94.

[1238] 胡长友，罗俊．港珠澳大桥岛隧工程水文地质特征分析［J］．水运工程，2013 (7)：65-68.

[1239] 林鸣．港珠澳大桥岛隧工程精细化勘察组织与实施［J］．水运工程，2013 (7)：1-8.

[1240] 汪文霞，郭强，侯晓勤．港珠澳大桥高精度工具式导向沉桩装置的应用研究［J］．公路，2013 (8)：47-50.

[1241] 秦基珍，顾剑，董再更．港珠澳大桥桥梁施工方案简介与预算定额项目研究［J］．公路，2013 (8)：236-243.

[1242] 张艳艳，何贞俊，潘文慰，等．河床下切对取水工程选址的影响研究［C］//中国水利学会．中国水利学会 2013 学术年会论文集——S5 河口治理与保护，2013.

[1243] 诸裕良，闫晓璐，林晓瑜．珠江口盐水入侵预测模式研究［J］．水利学报，2013 (9)：1009-1014.

[1244] 戴海伦，代加兵，舒安平，等．河岸侵蚀研究进展综述［J］．地球科学进展，2013，09：988-996.

[1245] 杨振波，师华，杨海山，等．港珠澳大桥桥梁工程钢结构防腐涂装关键技术与质量控制［J］．涂料技术与文摘，2013 (9)：11-17.

[1246] 陈越．港珠澳大桥岛隧工程建造技术综述［J］．施工技术，2013 (9)：1-5.

[1247] 马翔宇．港珠澳大桥钢箱梁外表面涂装配套性能研究［J］．涂料技术与文摘，2013 (9)：18-25，48.

[1248] 姜忠，张继芳，姜南．浅析生态治河理念及在珠海横琴岛的应用［J］．水利发展研究，2013 (9)：53-56.

[1249] 王建军，刘鑫，王晨涛，等．孔压静力触探（CPTU）计算软土固结系数及其在港珠澳大桥工程中的应用［J］．公路，2013 (9)：56-62.

[1250] 谭超，黄本胜，龚文平，等．珠江磨刀门河口排洪动力特征及拦门沙演变响

应的初步研究 [J]. 水利学报，2013 (9)：1023-1029.

[1251] 唐权辉，任杰，王兆礼，等. 北江干流年最枯月流量变化特征及其影响因素分析 [J]. 水电能源科学，2013 (10)：13-16，78.

[1252] 刘曾美，覃光华，陈子燊，等. 感潮河段水位与上游洪水和河口潮位的关联性研究 [J]. 水利学报，2013 (11)：1278-1285.

[1253] 王彦林，吴泽生. 港珠澳大桥东、西人工岛施工图设计安全风险评估 [J]. 施工技术，2013 (11)：64-68.

[1254] 广东正方圆工程咨询有限公司. 鸡鸦水道（含黄沙沥）航道工程可行性研究报告 [R]，2013.11.

[1255] 金帅，盛昭瀚，丁翔. 港珠澳大桥项目协调决策体系演变与启示 [J]. 建筑经济，2013 (12)：27-31.

[1256] 白杨，王昂. 港珠澳大桥珠海连接线拱北湾跨海大桥施工方法 [J]. 价值工程，2013 (12)：111-112.

[1257] 卢真建，刘霞，潘玉敏，等. 西江干流河床演变分析研究 [J]. 广东水利水电，2013 (12)：4-8，24.

[1258] 广东正方圆工程咨询有限公司. 泥湾门—鸡啼门水道航道工程可行性研究报告 [R]，2013.12.

[1259] 赵学问. 东平水道思贤滘设计通航水位变化趋势分析 [J]. 珠江水运，2013 (13)：15-17.

[1260] 张伶俐，杨金鑫，廖昔虬，等. 港珠澳大桥沉管隧道接头防水技术 [J]. 中国建筑防水，2013 (13)：26-29，33.

[1261] 杨阳，李锐祥，朱鹏利. 珠江冲淡水季节变化及动力成因 [C] //广东海洋湖沼学会，广东海洋学会，中国海洋学会热带海洋分会. 热带海洋科学学术研讨会暨第八届广东海洋湖沼学会、第七届广东海洋学会会员代表大会论文及摘要汇编，2013.

[1262] 王东晓，刘钦燕，谢强，等. 与南海西边界流有关的区域海洋学进展 [J]. 科学通报，2013 (14)：1277-1288.

[1263] 港珠澳大桥进行沉管隧道压舱混凝土施工 [J]. 施工技术，2013 (18)：121.

[1264] 王世俊. 珠江磨刀门河口研究现状与展望 [J]. 人民长江，2013 (21)：19-23.

[1265] 王建新. 珠海市斗门区北部四联围堤围达标加固工程测量技术探讨 [J]. 科技传播，2013 (22)：191-192.

[1266] 林力成. 小榄水道特大桥结构设计 [J]. 山西建筑，2013 (22)：162-164.

[1267] 王艳. 陈村特大桥主桥箱梁挂篮施工安全控制 [J]. 中国高新技术企业，2013 (29)：92-93.

[1268] 诸裕良，周允谦，许陈澄. 珠江三角洲洪水位重现期变化研究 [J]. 科学技术与工程，2013 (33)：9894-9901，9921.

[1269] 珠江水利科学研究院. 珠江河口复杂动力过程及复合模拟技术研究 [R]，2013.

[1270] 司徒尚纪．珠江文化与史地研究［M］．中国评论文化有限公司，2013.
[1271] 王淼．土工砂袋变形与受力特性研究［D］．杭州：浙江大学，2013.
[1272] 珠江水利委员会．深圳湾综合治理规划［R］，2013.
[1273] 李小雪．基于孔压静探试验的伶仃洋海域土层分类方法研究［D］．中国地质大学，2013.
[1274] 尤潇．港珠澳大桥节段式沉管隧道路面施工组织研究［D］．西安：长安大学，2013.
[1275] 李鹏．港珠澳大桥钢—混组合连续梁桥疲劳特性有限元分析［D］．武汉：武汉理工大学，2013.
[1276] 周永川．港珠澳大桥交通仿真系统的设计与实现［D］．成都：电子科技大学，2013.
[1277] 陈亮．大跨度混合梁连续刚构桥抗震分析［D］．长沙：中南大学，2013.
[1278] 李婷．感潮河道重污染区生态修复技术及应用研究［D］．广州：广东工业大学，2013.
[1279] 王娜玲．珠三角内河航道网络结构及其优化研究［D］．广州：华南理工大学，2013.
[1280] 李媛．北江白石窑坝下河段水流特性研究［D］．长沙：长沙理工大学，2013.
[1281] 蒙子伟．珠三角历史桥梁的调查与研究［D］．广州：广东工业大学，2013.
[1282] 马静．虎门港内河港口行政管理变革研究［D］．大连：大连海事大学，2013.
[1283] 成协新．珠江河口综合治理的探讨［J］．陕西水利，2014（S1）：128-130.
[1284] 尹海卿．港珠澳大桥岛隧工程设计施工关键技术［J］．隧道建设，2014（1）：60-66.
[1285] 刘明虎，孟凡超，李国亮，等．港珠澳大桥青州航道桥设计［J］．公路，2014（1）：44-51.
[1286] 冯清海，刘明虎，李国亮．港珠澳大桥青州航道桥塔墩防船撞数值模拟与性能分析［J］．武汉理工大学学报（交通科学与工程版），2014（1）：143-146，235.
[1287] 吴启和，牛照，田唯，等．港珠澳大桥埋置承台与桩波流作用动力响应分析与试验研究［J］．中外公路，2014（1）：121-124.
[1288] 孙钧．港珠澳大桥强回淤水道软基沉管隧道节段接头结构处治问题研讨［J］．地下工程与隧道，2014（1）：1-5，54.
[1289] 唐权辉，任杰，王兆礼，等．北江干流年最大洪峰流量变化特征及其影响研究［J］．水文，2014（1）：65-71.
[1290] 宋晓飞，石荣贵，孙羚晏，等．珠江口磨刀门盐水入侵的现状与成因分析［J］．海洋通报，2014（1）：7-15.
[1291] 孙昌利，杨光华，张挺，等．洪奇沥险段堤身裂缝原因分析及处理方案［J］．广东水利水电，2014（1）：18-22.
[1292] 刘俊勇．复杂河口数值模拟技术应用研究［J］．珠江现代建设，2014（1）：1

-6.

[1293] 郝维索，沈洋．佛山市龙湾大桥主桥总体设计与技术创新 [J]. 上海公路，2014 (1)：48-51.

[1294] 张炯，庄佳，李志扬．近岸突堤围填与桥墩结合工程的水动力影响分析 [J]. 中国水运（下半月），2014 (2)：337-339.

[1295] 卢陈，刘晓平，高时友，等．珠江磨刀门河口调水压咸的时机研究 [J]. 水动力学研究与进展（A辑），2014 (2)：197-204.

[1296] 陈玲舫，陈子燊，黄强．珠江河口磨刀门水道的亚潮振荡特征及其对水文气象要素的响应 [J]. 海洋通报，2014 (2)：126-131.

[1297] 黄婷．热带气旋“尤特”及“2013·8”洪水分析 [J]. 人民珠江，2014 (2)：44-48.

[1298] 刘俊勇，林凤标．涉水桥梁工程防洪补救措施案例分析 [J]. 珠江现代建设，2014 (2)：1-4，30.

[1299] 李海晖．泵站技术供水系统改造方案及应用 [J]. 人民珠江，2014 (2)：63-65.

[1300] 杨明海．西江干流龙滩等已建大型水库工程调度方案研究通过审查 [J]. 人民珠江，2014 (2)：117.

[1301] 郁达，张汶海，吕升奇，等．东平水道数字航道综合管理平台系统开发 [J]. 中国水运，2014 (2)：42-44.

[1302] 孙英广，梁桁，毛剑锋．港珠澳大桥岛隧工程桂山沉管预制厂总平面设计 [J]. 水运工程，2014 (2)：42-45.

[1303] 林巍．港珠澳大桥沉管隧道管节压舱水系统 [J]. 中国港湾建设，2014 (2)：11-16，44.

[1304] 刘俊勇．珠江三角洲大型节制闸对河网水动力调控作用研究 [J]. 人民珠江，2014 (2)：32-36.

[1305] 汤雁冰，熊建波，方翔，等．港珠澳大桥主体混凝土结构耐久性实时监测设计 [J]. 中国港湾建设，2014 (2)：29-32，65.

[1306] 陈阿静，于治水，张华军，等．港珠澳大桥Ⅰ型肋板焊接变形预测及控制 [J]. 热加工工艺，2014 (3)：170-173.

[1307] 吕卫清，吴卫国，苏林王，等．港珠澳大桥沉管隧道长大管节水动力性能试验研究 [J]. 土木工程学报，2014 (3)：138-144.

[1308] 朱毅峰，袁建国．合理利用河口资源，维护河口健康生命 [J]. 人民珠江，2014 (3)：4-6.

[1309] 刘俊勇．珠江三角洲河网主要汊道分洪输沙作用研究 [J]. 人民珠江，2014 (3)：17-21.

[1310] 阮波，包芸．磨刀门水道垂向盐水楔及其流动的二维精细模拟 [J]. 计算机辅助工程，2014 (4)：35-39，75.

[1311] 陈文龙，王华，彭瑜．珠江河口涉水建设项目防洪综合影响研究 [J]. 人民

珠江，2014 (4)：4-7.
[1312] 尹小玲，朱磊，江辽．海潮模型在珠江口潮位预测中的精度评估 [J]. 中国防汛抗旱，2014 (4)：25-28.
[1313] 刘胜玉，张荧，梁永津，等．珠江八大入海口门可溶态铜的时空变化及其影响因素 [J]. 生态毒理学报，2014 (4)：657-662.
[1314] 程占，程勇，夏凡．港珠澳大桥拱北隧道总体建设方案 [J]. 公路，2014 (4)：251-254.
[1315] 张炯，庄佳，查大伟，等．节制闸影响下的滨海感潮网河区河道水源分析方法 [J]. 珠江现代建设，2014 (4)：1-4.
[1316] 陈文龙，邹华志，董延军．磨刀门水道咸潮上溯动力特性分析 [J]. 水科学进展，2014 (5)：713-723.
[1317] 付利群，吴锦添．台风“韦森特”对中山沿海风暴潮增水分析——以横门水道小隐测站为例 [J]. 人民珠江，2014 (5)：133-135.
[1318] 别业山，刘沐宇，张强．港珠澳大桥长短组合桩基础有限元分析及受力研究 [J]. 武汉理工大学学报，2014 (5)：101-105.
[1319] 刘明虎，薛花娟．港珠澳大桥超高强度平行钢丝斜拉索设计与技术研究 [J]. 桥梁建设，2014 (5)：88-93.
[1320] 黎敏，张学政，李青，等．港珠澳大桥桥墩120年寿命高性能混凝土配合比设计 [J]. 混凝土，2014 (5)：100-102，105.
[1321] 龙廖干．柳工欧维姆完成港珠澳大桥首节钢箱梁调节 [J]. 建筑机械化，2014 (5)：19.
[1322] 王照田．浮泥观测在港珠澳大桥试挖槽中的应用 [J]. 人民珠江，2010 (5)：7-9.
[1323] 刘俊勇．对近年珠三角区域外洪与内涝问题的新思考 [J]. 人民珠江，2014 (5)：16-20.
[1324] 包芸．人类重大工程改变河口潮波传播方向引发的灾害与恢复 [J]. 中国科学：物理学 力学 天文学，2014 (5)：531-538.
[1325] 侯俊敏．樵桑联围堤顶超高的选取 [J]. 技术与市场，2014 (5)：109-110.
[1326] 何蕾，李国胜，李阔，等．1959年来珠江三角洲地区的海平面变化与趋势 [J]. 地理研究，2014 (5)：988-1000.
[1327] 王胜年，苏权科，范志宏，等．港珠澳大桥混凝土结构耐久性设计原则与方法 [J]. 土木工程学报，2014 (6)：1-8.
[1328] 戚政伟，胡昌炳．港珠澳大桥岛隧工程施工安全风险与控制措施 [J]. 铁道建筑，2014 (6)：31-34.
[1329] 卓家超，钱所军．港珠澳大桥钢管复合桩的施工问题及改进措施 [J]. 中国港湾建设，2014 (6)：37-41.
[1330] 钱所军，陈园，刘军军．港珠澳大桥珠澳口岸人工岛地基处理方案 [J]. 中国港湾建设，2014 (6)：11-14.

[1331] 张庭荣．珠江三角洲网河区河道管理范围内跨河桥梁工程评价要点分析 [J]. 2014 (6).

[1332] 徐林春，黄东，李海彬，等．浮标追踪在一维感潮网河水流数学模型验证中的应用 [C] // 中国力学学会，《水动力学研究与进展》编委会，中国造船工程学会，中国石油大学（华东）．第十三届全国水动力学学术会议暨第二十六届全国水动力学研讨会文集——H 水利水电和河流动力学，2014.

[1333] 钟伟强，黄健东．顺德水道乐从段弯道险段整治研究 [C] //中国力学学会，《水动力学研究与进展》编委会，中国造船工程学会，中国石油大学（华东）．第十三届全国水动力学学术会议暨第二十六届全国水动力学研讨会文集——H 水利水电和河流动力学，2014.

[1334] 黎敏，李青，徐鸿玉，等．港珠澳大桥承台大体积混凝土防裂技术与控制措施 [J]. 中国港湾建设，2014 (7)：7-10.

[1335] 叶荣辉，钱燕，孔俊，等．珠江三角洲洪潮实时预报关键技术 [J]. 武汉大学学报（信息科学版），2014 (7)：782-787.

[1336] 姚天虹．水上承台钢板桩围堰在小榄水道特大桥中的运用 [J]. 重庆建筑，2014 (7)：35-37.

[1337] 刘明清，郭振仁，陈清华．珠江口咸潮上溯对水生植物群落的影响研究 [J]. 环境科学与技术，2014 (8)：21-25.

[1338] 杜闯东．狮子洋隧道盾构地中对接技术及实施 [J]. 隧道建设，2014 (8)：771-777.

[1339] 中铁建港航局集团勘察设计院有限公司．那扶河及镇海湾出海航道工程工程可行性研究报告 [R]，2014.8.

[1340] 陈剑云．李家沙斜拉桥成桥静动载试验分析 [J]. 城市道桥与防洪，2014 (8)：116-118，124，12.

[1341] 杨帆，黄勇强，江少英．基于思贤滘实测流量的西北江下游二次校正流量预报模型 [J]. 广东水利水电，2014 (8)：62-65，80.

[1342] 广东省水利水电科学研究院．鸡鸦水道（含黄沙沥）航道工程防洪评价报告 [R]，2014.9.

[1343] 广东省水利水电科学研究院．那扶河及镇海湾出海航道工程防洪评价报告 [R]，2014.9.

[1344] 港珠澳大桥沉管隧道首条大 Omega 止水带安装成功 [J]. 水运工程，2014 (9)：96.

[1345] 孙钧．港珠澳大桥岛隧工程深厚软基与大回淤条件下的工程处治研究 [J]. 隧道建设，2014 (9)：807-814.

[1346] 张清华，崔闯，卜一之，等．港珠澳大桥正交异性钢桥面板疲劳特性研究 [J]. 土木工程学报，2014 (9)：110-119.

[1347] 李进辉，刘可心，黄俊，等．港珠澳大桥超大断面预制沉管混凝土温控监测预警系统开发及应用 [J]. 铁道建筑，2014 (9)：11-14.

[1348] 刘明清，刘志刚，赵肖，等．盐度对河口区水体中NH _ 3 - N降解的影响研究 [J]. 环境污染与防治，2014 (9)：47 - 49，54.

[1349] 陈泽南．港珠澳大桥工程环境保护措施及效果分析 [J]. 中国港湾建设，2014 (10)：5 - 8.

[1350] 广东省水利水电科学研究院．泥湾门—鸡啼门水道航道工程鸡啼门口门段防洪评价报告 [R]，2014. 10.

[1351] 广东省水利水电科学研究院．泥湾门—鸡啼门水道航道工程珠海段防洪评价报告 [R]，2014. 10.

[1352] 朱嘉，刘建辉，蔡晓琼．珠江口外伶仃岛海滩修复研究 [J]. 海洋开发与管理，2014 (11)：36 - 40.

[1353] 港珠澳大桥九洲航道桥L1号临时墩建成 [J]. 施工技术，2014 (11)：56.

[1354] 吴泽生．摩擦焊工艺技术在港珠澳大桥中的应用 [J]. 施工技术，2014 (11)：20 - 22.

[1355] 杨秀礼，邵曼华，徐杰．港珠澳大桥沉管碎石垫层铺设船（平台）抛石整平总体方案选型 [J]. 施工技术，2014 (11)：17 - 19，35.

[1356] 王丹．桥梁建设标准过低对东江北干流内河航运发展影响的思考 [J]. 珠江水运，2014 (12)：35 - 36.

[1357] 李步恩，邱辉元．港珠澳大桥岛隧工程西人工岛隧道防水施工技术 [J]. 中国建筑防水，2014 (14)：35 - 40.

[1358] 米金升，任明朝．刚柔并济的工程哲学——港珠澳大桥沉管隧道世界首创“半刚性”结构 [J]. 建筑，2014 (18)：8 - 12.

[1359] 李超，刘昌义，张宝兰，等．港珠澳大桥预制沉管混凝土容重控制技术试验研究 [J]. 施工技术，2014 (18)：1 - 5.

[1360] 苏国佐．甘竹溪特大桥主墩塔吊选型及施工安装 [J]. 价值工程，2014 (18)：125 - 126.

[1361] 鲁延召．从内伶仃岛不设防看近海防御的局限性 [J]. 兰台世界，2014 (28)：69 - 70.

[1362] 东莞市虎门港同舟石化码头有限公司．东莞虎门港同舟石化码头有限公司立沙岛石化公用码头扩建工程防洪影响评价报告 [R]，2014.

[1363] 珠海九洲邮轮有限公司．马骝洲水道南侧临时码头工程防洪评价报告 [R]，2014.

[1364] 珠海九洲邮轮有限公司．珠海横琴新区横琴码头工程防洪评价报告 [R]，2014.

[1365] 广州市港务局．广州港深水航道拓宽工程防洪评价报告 [R]，2014.

[1366] 广东广珠城际轨道交通有限责任公司．珠海市区至珠海机场城际铁路下穿马骝洲水道隧道工程防洪评价报告 [R]，2014.

[1367] 深圳市前海开发投资控股有限公司．深圳前海湾清淤工程（一期工程）防洪评价报告 [R]，2014.

[1368] 珠海市港口管理局．珠海港高栏港区南迳湾防波堤整治工程论证研究报告[R]，2014.

附　录

附录1　民国时期文献

[1] 高要水灾赈灾报告．宝昌印务出版，民国24年．
[2] 督办广东治河事宜处报告书．督办广东治河事宜处，民国4-17年．
[3] 督办广东治河事宜处工程报告书，督办广东治河事宜处，民国4-17年．
[4] 韩江治河处报告书．韩江治河处，民国14年．
[5] 广东水利（一至四号）．广东治河委员会出版，民国19-23年．
[6] 中国水利问题．商务印刷馆，民国26年．
[7] 西江宋隆防涝计划．督办广东治河事宜处，民国17年12月．
[8] 二十年来广东治河报告汇刊．广东治河委员会出版，民国25年．
[9] 哈安姆，古乃齐，李承三．广州市附近地质．两广地质调查所特刊，1930.7.
[10] 陈国达．广州三角洲问题．科学，1934 (3).
[11] 珠江水利工程总局．珠江水利——水文统计专号，民国34年．
[12] 吴尚时，曾昭璇．珠江三角洲．岭南学报，1947 (1).
[13] 珠江水利局．珠江水利，1947-1948.
[14] 中国水利工程学会会刊．水利，1931-1948.
[15] 陈国达．中国岸线问题．中国科学，1950 (2-4).
[16] 重修花县志．卷三　交通．

附录2　1949年以前珠江河口有关开发利用简况

珠江河口的开发利用及治理历史，其实就是人类与河口的共生历史，同时也是河口不断演变的过程和人类对河口不断认识的过程。宏观上，从人类行为的自觉性、主动性以及影响程度衡量，珠江河口的开发利用及治理，可以划分成唐宋以前、明清至中华民国、新中国成立至今三大阶段，每个阶段河口发育演变状况以及人类关注问题、人类行为及其影响等都有较大区别和不同特点。认识和总结这一漫长的历史过程，对珠江河口的研究治理具有重要意义。

先秦至汉唐时期

秦汉时期以前，三角洲的推展不快，这是由于珠江三角洲的增长与流域的山地开发关系密切，珠江流域气候湿热，植物的增长与流域的山地开发关系密切，河口来沙不多。据

《珠江三角洲农业志》记载，远在三四千年前的新石器时期，珠江三角洲及其附近地区已有人类居住，从事着原始农业生产和渔猎、采集活动。其中与河口相关的，无疑是人类对蚝、蚬等咸、淡水生物的采集和食用。根据对珠江河口地区贝丘遗址的研究，当时在河口地区的人类活动主要分布在三角洲上部地区，集中在高要羚羊峡、三水芦苞、西樵山、顺德、新会、广州和东江三角洲等地。

在距今 2000 年的西汉时代以后，三角洲地区才逐渐脱离浅水海湾环境。公元前 3 世纪秦代所设置的南海尉，故址就在广州，因南临大海，故称南海。唐以后，随着人类生产活动范围的日益扩大，植被遭受破坏，水土流失增加，东、西、北三江出海口泥沙沉积也日益增长，大片沙坦陆续露出水面，加速了三角洲的发育成长，这就为三角洲地位和围堤的迅速发展创造了物质基础。唐代未见有关珠江河口堤围修建的记载，但从有关社会经济文献中，从侧面反映出那个时代河口变迁及开发利用状况。9—10 世纪的唐末宋初，大海距离广州较远，番禺县已设立，县城似为海湾中的半岛，东江河口大致在石龙附近。

宋代

宋元时期，尤其是南宋人口大量南迁，主要定居于三角洲腹部地势较低洼地带，并逐步开发河滩地，沿东、西、北江及部分支流修建多处堤防，其中以西江桑园围、东江防潮堤等。宋元祐三年（1088 年）东莞县令李岩筑福隆堤，“以捍东江水患”，翌年筑咸潮堤 12 条。宋元时期堤围，主要是防御洪潮，捍卫民居田土，不具备围垦工程的意义。（《清代珠江三角洲三种类型的农业工程》）一些建于支流及海滨的小堤围，用于捍卫冲积已久的沙田，高程较低，规模也小，堤围内沙田多采用潮田（潮排潮灌）的耕作方式。南宋以来是珠江河口演变发育以及开发利用的重要时期之一。随着南宋偏安江南，大量人口南迁，土地需求和生活资料需求不断增长，围垦开发利用得到进一步的加强。随着河口地区围垦开发规模的不断加大和围垦价值的不断增长，堤防安全及防洪问题必将成为开发利用的重要问题，文献记载的出现，充分说明了这一活动的常态化和重要性。

珠江三角洲的堤围是在公元 10 世纪的宋代兴起的。据史志记载，堤围始筑于 996 年（宋至道二年），其中筑于北宋（960—1127 年）的 14 条，南宋（1127—1279 年）7 条，其他 7 条尚未清楚是在北宋或南宋修筑的，共 28 条。据有史可考的不完全资料统计，堤长共达 66024 丈余，捍卫农田面积达 24322 顷。自宋代的堤围兴建之后，对促进珠江三角洲农业生产的发展起到了极大的作用。当时筑堤最早的地方是西江干流的北岸支流上，近羚羊峡下的长利围和赤顶围。

堤围分布以西江沿岸最多，除长利、赤顶两围外，还有香鹅围、金西围、竹洞围、腰古围、下泰和围内小围及桑园围等；其次是东江，有东江堤、牛过蓢堤和苏礼围；再次是北江，有村头围、榕塞西围、罗格围和存院围。此外，在当时的岛屿及海坦上亦修筑有一些海堤，但数量不多。如在虎门附近的，东莞有咸潮堤，番禺黄阁有石基，顺德桂洲北部有扶宁堤，中山小榄附近有小榄小围和贴边的四沙小围等。

元代

到了 13 世纪后半期的元代，珠江三角洲的堤围，由于生产发展的需要，在宋代筑围的基础上，继续加以巩固和扩大。一方面进行修缮旧堤，另一方面集中于西江沿岸继续筑新堤。

元代修筑堤围共11处，内计堤围有34条，长度共50526丈，捍卫农田2332顷。这些堤围都集中分布于西江及高明河两岸，由西江沿岸自上而下的分布。在高要县羚羊峡附近有鸭塘围，在西江南流两岸，西有金溪围、秀丽围，东有大路围、奚陵围等，即今西樵大围内的小围；在高明河两岸已筑有今南岸四围、大沙围、陶筑围和三洲围内的小围等。

从元代堤围分布的位置来看，增筑的堤围仍在珠江三角洲边缘地区，并未向下发展，仅沿着西江两岸在宋代还未有筑堤的地方进行修筑。

堤围高度一般在1～1.5丈之间，比宋代增加1～2倍。当时高明河岸的小围高度，堤高1.2丈的有陶筑堤、南岸堤、俊洲堤、企山堤、蛤莱堤、东坑堤、铁册堤、梅子岗堤、暗珠堤等堤，堤高1丈的有霄陵堤、菇茭堤、伦涌堤、石头庙堤等堤。

元代所修的堤围规模比宋代小，但筑围技术有所提高，堤围其捍田面积，一般在100顷以下，最大的只有500顷，最小的仅有7顷。

明代

明、清时期，河口地区的围垦开发与防洪减灾活动多见于文献，河口社会属性得到了空前加强，但同时围垦开发管理也有了规范和发展，而且围堤已初步具备人工围垦的意义（《清代珠江三角洲三种类型的农业工程》）。明代围垦以平原腹部江河两岸冲积地为主，同时向滨海河口新生浮露沙坦推进，围垦不限于冲积已久的"已成之沙"，而且扩展到仅见坦形的"新成之沙"，是明代围垦的显著特点。在顺德平原上，嘉靖年间已有"种芦渍土成田也，数千亩可跻而待也"，以及"筑堰堤，种草朗，辄成沃壤"的记载，即在仅见坦形的沙坦上修筑堤围，以及种植"芦"一类耐咸、耐浸的植物，加速沙坦成田速度。可见明代大规模的人工促淤工程已出现于珠江口门地区。

在前代堤围兴建的基础上，在广大劳动人民大力修筑底下，14世纪后期的明代，筑围范围迅速向口门扩展。这时，不但沿河两岸的堤围得到极大发展，海堤围垦亦进入了盛期。

堤围分布于西江干流羚羊峡附近和绥江、西江、北江三条河流交汇之间一带地区的堤围有高要县的景福围、丰乐围、头溪围，四会、三水两县间的大兴围和灶岗围。由于明代在这一带修筑了不少堤围，使这一带沿河两岸堤围密布，连低洼沼泽地带也不例外。这一带堤围是以明初修筑的为多。

堤围分布于北江干流及其支流一带地区的堤围主要有清远县的上中下围、石角围、长岗围；三水县的鸦鹊围、高丰围、古灶围等；南海县的良凿围、筲箕尻围、茶步围、波湾围、河塱围、良安围等；顺德县的南顺东西围、白驹围等。

堤围分布于甘竹滩附近一带地区的堤围，在甘竹滩以西，位西江干流西岸的有高鹤县古劳围，新会县天河围和粉洞水两岸的堤围。这些堤围多筑于明初至明中叶。分布于甘竹滩东南的，有顺德龙山大成围、大洲围，龙江的鸡公围，古塱和光华两村的马营围等。这些堤围大都筑于明末。是继宋代之后，向三角洲内部扩展分布位置最南的堤围。

明代200余年，在河岸平原上所修建的堤围，主要分布于西江干流及其支流新兴江、粉洞水平绥江及其支流青岐水；北江干流及其南通市汉芦苞涌、西南涌、官窑涌以及石门水道的沿岸。

明代的堤围规模，据现有史志记载，最大的是丰乐围，护田面积达700顷，其300顷、500顷的有，几十顷的亦有，甚至有些少至1顷左右的。

清代

清代大规模的围垦工程普遍出现于珠江口门的出海水道及滨海地带。一方面，由于内河两岸的沙坦已开发得差不多；另一方面，珠江口门滨海地区有广阔水面可供开发。清代中期以后这一地区的围垦工程发展最为迅速。在珠江口门滨海地区大规模修筑堤围开发未成之沙是这时期人工围垦的显著特点。道光年间有人描述这一状况是："昔筑石坝以护沙，今筑石坝以聚沙，昔因河以为田，今且筑海为田。"大规模的围垦工程，使珠江三角洲主要大沙田的基本轮廓在清代已经具备。平原的冲积大大加快，急速地改变了珠江口的自然地貌，使之按人类意志形成农业地貌。清代乾隆、嘉庆、道光年间的记载，使人强烈地感到这一巨大的变化。在珠江水道流经的顺德、香山、新会、番禺、东莞等地，以前的广阔水面上"石坝横截海中"，或"有靠河私设堤者，拦江私筑石坝者，海口不甚宽阔处圈田蓄沙，预图日后报垦者"。

17世纪中期以后的清代，珠江三角洲平原面积迅速扩大，人口日渐增多，水患次数急剧上升，对减少水患，进一步扩大耕地面积，发展生产，便成为当时广大人民的共同愿望。这时，河岸平原的堤围修建迅速向滨海地区扩展，在小围或潮田基础上发展成较大的堤围；海坦围垦的发展速度也极快，由"新成之沙"又扩展到"未成之沙"上。故到了清代，已是珠江三角洲历代堤围和围垦发展进入较盛的时期了。

清代修筑的堤围以19世纪中后期的道光至光绪期间最多。其分布主要集中于顺德县地的甘竹滩以南和外海附近的新会与中山县地，其他各县也有继续修筑。

筑于顺德县境内的堤围共有87条以上，长度达11万丈以上，占清代在整个三角洲增筑总堤长的50%强，为清代筑堤最多的地区。堤围遍布顺德县全境，其中分布最南的有均安的连成围、杏坛的七乡围以及其东面的桂洲围等。

筑于甘竹滩以南和外海附近的新会与中山县地堤围共筑有10条，其中较大的有新会外海的龙溪围、荷塘的桂园围、中山的古镇围、榄都大围与新会交界的百顷围等。

筑于磨刀门附近及横门口一带的堤围，因近口门，分布零散、细小，一般在各沙洲的潮田上修筑。

民国时期

在民国时期，无论是河岸堤防，还是海坦围垦方面，都没有很大的改善和发展。据历史文献及访问材料，此间成立了专门水利机构，修缮老堤围，新筑防洪水闸及扩垦部分海坦等。1914年成立广东治河处，1929年改为广东治河委员会，1936年改为广东水利局，后又改为珠江水利局，着重管理干流堤防岁修、堵复决口、培修险段和少量的联围工程。各江堤亦于1934年成立围董会，以求统一管理。对海坦的围垦，则全无设立机构加以控制。

民国时期，随着西方先进的水文理论的引入，水文站点设立，水文测验及水下地形测量得以初步开展，初步的整治规划理念及实践得到了运用，尤其可贵的是对西江分洪的研究，以及提出河口地区河道治理的宏观构想和治理方略，体现了对上游流域对河口地区的重大影响的初步认识，是流域系统治理理念的萌芽。1915 年 7 月，广东出现大面积暴雨，西江、北江同时出现 200 多年来最大洪水。当时因时局动荡，卸任北京民国临时政府海军部正首领的谭学衡，因“公正廉明，名望素着，测量之学尤所夙谙”，再次被袁世凯政府启用，任命为广东治河督办，负责根治西江水患。谭学衡聘请外国工程师海德生、柯维廉对广东全省河道进行勘测，重新修筑加固溃决的天河围堤，并开挖天沙新河（天河至白沙河），修建耙冲水闸等水利设施，改善水系循环。谭学衡拟订《西江防潦条陈》上报广东省政府，列出了各河道、港口、围堤的整治改良方案，成为此后历次天沙河整治及广东河道治理的标本和范式。

附录 3　珠江三角洲历代的水患简述

唐代至元代

珠江三角洲地区水患，自 7 世纪的唐代才开始有记载，但记载不多，仅见三四处地方，即在今南海县、顺德县西部、广州附近一带、东江北岸的石滩附近和唐时的沿海地区。

明代至清乾隆

自 14 世纪中至 18 世纪末的明代至清中（乾隆年间），珠江三角洲的水患有明显的加剧。这期间的 428 年当中，水灾发生次数共达 216 次，平均相隔不到 2 年发生一次。若以三个县连同发生的大水灾来计算，共有 70 次，平均每隔 6 年出现一次。其水灾发生次数比元代增加了 15 倍。尤以明中叶以后水灾更有显著的增加，在 15 世纪后期的明成化以后，无论是水灾发生次数，还是大水灾次数，均比明成化前增加 10 倍。如明洪武至天顺（1368—1464 年）的 95 年中，发生水灾 21 次，平均相隔不到 5 年发生一次；而自明成化到清乾隆（1465—1795 年）的 330 年中，共发生 195 次，平均每隔 1.7 年发生一次。在堤围崩溃方面，亦有同样趋势，自明成化以后崩围次数明显增多，在明成化前只有两次崩围记载，但在明成化后增加到 40 次。

清嘉庆至新中国成立以前

1796 年的清嘉庆至新中国成立前共历 165 年，发生水灾 137 次，平均每隔 1.2 年发生一次。而大水灾共发生 62 次，平均相隔不到 3 年发生一次。特别是在辛亥革命以后至新中国成立前这段期间，水灾几乎年年发生，可谓无岁无之，堤围屡被冲决，洪患愈见严重；同时，每次水患的发生，已不仅局限于局部地区，而遍及珠江三角洲的整个范围。各县志因潦患造成禾稼失收、塌屋溺人的记载则屡见不鲜。